TIANJING
YUNDONG
SHIYONG
JIAOCHENG
XINBIAN

田径运动实用教程新编

主　编⊙刘永东

本书编委会

主　编：刘永东
副主编：徐　佶　苏　斌　吴劲松
编　委（以姓氏笔画为序）：
　　　　王　倩　王志明　田　峰　刘永东
　　　　李竹青　苏　斌　杨世木　吴劲松
　　　　张　青　林德华　施宝兴　姚新明
　　　　袁运平　徐　佶　董广新　彭　红
　　　　赖勇泉　简文森　解正伟

广东高等教育出版社
Guangdong Higher Education Press
·广州·

图书在版编目（CIP）数据

田径运动实用教程新编/刘永东主编. —广州：广东高等教育出版社，2016.8（2024.8 重印）
ISBN 978-7-5361-5587-9

Ⅰ. ①田… Ⅱ. ①刘… Ⅲ. ①田径运动-体育院校-教材 Ⅳ. ① G82

中国版本图书馆 CIP 数据核字（2016）第 058540 号

出版发行	广东高等教育出版社
	社址：广州市天河区林和西横路
	邮编：510500　营销电话：（020）87553335
	http://www.gdgjs.com.cn
印　刷	广州市怡升印刷有限公司
开　本	787 毫米×1 092 毫米　1/16
印　张	15.25
插　页	2
字　数	358 千字
版　次	2016 年 8 月第 1 版
印　次	2024 年 8 月第 4 次印刷
定　价	39.00 元

（版权所有，翻印必究）

前 言

田径教材是传承田径运动教学、训练最新研究成果的主要载体之一。目前在体育院校田径教学中可选用的田径教材众多，各版本教材侧重点也有所不同，但有一个共同点——理论性与系统性均较强。各种版本的田径教材云集了全国田径界的专家、学者参与编写，水平高、参考价值大，对田径运动教学、训练起到了积极的推动作用。随着教学改革的不断深入，田径教学在课程体系、教学内容、教学手段和教学模式等方面都有了新的变化。为了进一步提高田径课程的教学质量，培养学生的实践能力，编写组对《田径运动实用教程新编》进行了修订，力争在上一版本教材的基础上有所突破和创新。教材在编写的思路上注重体现新的教育理念，力求保持教材的科学性、系统性和实用性；在内容上侧重于理论与实践的结合，突出实用性，力图体现田径教学训练的新理论、新观点、新方法；同时也融进了作者们多年教学、训练的经验总结和体会，以期从新的视角展示最新的田径运动研究成果。

《田径运动实用教程新编》由刘永东担任主编，徐佶、苏斌、吴劲松担任副主编。参与各章节编写的人员有（按章序排列）：徐佶（第一章），刘永东、解正伟（第二章），彭红、解正伟（第三章、第四章），徐佶、姚新明、施宝兴、袁运平、董广新、王志明（第五章，第六章，第十一章第一、二、三、四、五节），苏斌、张青、简文森、杨世木、赖勇泉（第七章，第八章，第十一章第六、七节），吴劲松、王倩、林德华、李竹青、田峰（第九章，第十章，第十一章第八、九、十节）。全书由刘永东、徐佶、苏斌、吴劲松完成串编定稿工作。

本教材在编写过程中，参考、吸收和引用了国内外众多专家、学者的研究成果，为本教材的撰写提供了丰富的素材，在此深表谢意。同时对由于疏忽而未能在本教材中注明被引用者的姓名和论著的出处深表歉意。

本教材的撰写虽经过长时间的酝酿和深思熟虑,力求将田径教学训练的最新研究成果展示给读者,但由于编写者水平有限,书中有些观点也许还不成熟,有待商榷,甚至错漏之处也在所难免,因此,恳请广大读者和同行不吝赐教,以便在日后再版时进一步修正和完善。

田径运动实用教程新编编写组
2016 年 3 月

目　录

第一章　田径运动概述 ……………………………………………… (1)
　第一节　田径运动的定义与分类 ……………………………………… (2)
　第二节　田径运动的起源与发展 ……………………………………… (4)
　第三节　田径运动的现状 ……………………………………………… (8)

第二章　田径运动教学理论与方法 …………………………………… (11)
　第一节　田径运动教学的一般规律 …………………………………… (12)
　第二节　中小学田径运动的教学目标 ………………………………… (17)
　第三节　田径运动的教学方法 ………………………………………… (20)
　第四节　中小学田径运动的教学特点及注意事项 …………………… (31)
　第五节　田径运动教学的考核与评价 ………………………………… (33)

第三章　田径运动竞赛组织与裁判工作 ……………………………… (38)
　第一节　田径运动竞赛组织工作 ……………………………………… (39)
　第二节　田径运动竞赛的编排记录公告工作 ………………………… (41)
　第三节　田径运动竞赛裁判工作 ……………………………………… (50)

第四章　田径运动场地 ………………………………………………… (58)
　第一节　田径运动场地的发展演变 …………………………………… (59)
　第二节　标准田径运动场地的设计和布局 …………………………… (59)
　第三节　标准田径运动场地介绍 ……………………………………… (61)

第五章　短跑 …………………………………………………………… (68)
　第一节　短跑运动发展概述 …………………………………………… (69)
　第二节　短跑技术 ……………………………………………………… (70)

第三节　短跑技术的教学 …………………………………………………… (74)
　　第四节　短跑训练 …………………………………………………………… (83)

第六章　跨栏跑 …………………………………………………………………… (92)
　　第一节　跨栏跑运动发展概述 ……………………………………………… (93)
　　第二节　跨栏跑技术 ………………………………………………………… (95)
　　第三节　跨栏跑教学 ………………………………………………………… (98)
　　第四节　跨栏跑训练 ………………………………………………………… (111)

第七章　跳高 ……………………………………………………………………… (119)
　　第一节　跳高运动发展概述 ………………………………………………… (120)
　　第二节　背越式跳高技术 …………………………………………………… (122)
　　第三节　背越式跳高教学 …………………………………………………… (126)
　　第四节　背越式跳高训练 …………………………………………………… (136)

第八章　跳远 ……………………………………………………………………… (148)
　　第一节　跳远运动发展概述 ………………………………………………… (149)
　　第二节　跳远技术 …………………………………………………………… (150)
　　第三节　跳远教学 …………………………………………………………… (154)
　　第四节　跳远训练 …………………………………………………………… (162)

第九章　推铅球 …………………………………………………………………… (170)
　　第一节　推铅球运动发展概述 ……………………………………………… (171)
　　第二节　推铅球技术 ………………………………………………………… (173)
　　第三节　推铅球教学 ………………………………………………………… (177)
　　第四节　推铅球训练 ………………………………………………………… (183)

第十章　掷标枪 …………………………………………………………………… (189)
　　第一节　掷标枪运动发展概述 ……………………………………………… (190)
　　第二节　掷标枪技术 ………………………………………………………… (191)
　　第三节　掷标枪教学 ………………………………………………………… (195)
　　第四节　掷标枪训练 ………………………………………………………… (203)

第十一章　其他田径运动项目介绍 ……………………………………………… (211)
　　第一节　竞走 ………………………………………………………………… (212)
　　第二节　接力跑 ……………………………………………………………… (214)

第三节　中长跑 …………………………………………………（215）
第四节　障碍跑 …………………………………………………（217）
第五节　马拉松 …………………………………………………（219）
第六节　三级跳远 ………………………………………………（221）
第七节　撑竿跳高 ………………………………………………（223）
第八节　掷铁饼 …………………………………………………（226）
第九节　掷链球 …………………………………………………（229）
第十节　全能运动 ………………………………………………（231）

参考文献 ……………………………………………………………（235）

第一章

田径运动概述

学习要点：通过本章学习，使学生重点掌握田径运动的定义与分类，了解田径运动的起源和发展历程，学会用辩证唯物主义观分析田径运动的现状。针对当前田径运动的热点问题，用科学发展观正确把握田径运动未来的发展态势是本章的学习难点。

第一节　田径运动的定义与分类

一、田径运动定义的发展演变

田径运动是一项古老的体育运动。据记载，最早的田径比赛，是公元前776年在希腊奥林匹亚举行的第1届古代奥林匹克运动会（以下简称"奥运会"）上进行的短距离赛跑，跑道长192.25米。到公元前648年，又增加了跳跃、掷标枪、掷铁饼等比赛项目。但当时对这些项目的统称定义并没有取得一致意见，因此在远古时代没有田径运动这一定义。

现代田径运动发展100多年来，各国对田径运动的称法不尽一致，美国称为"track and field"，英国称为"athletics"，法国称为"athltisme"，日本称为"陆上竞技"，俄罗斯称为"轻竞技"等，都是以项目的特点为依据命名的。

田径运动在19世纪末传入我国，其名称从英文"track and field sport"翻译和演变而来。track意为"小路"，field意为"田地"，因此开始时称为"田径赛"，后来逐渐称为"田径运动"。20世纪90年代以前，国内体育院校田径教材对田径运动定义的表述大同小异，主要突出了田径运动的竞技属性。如1983年版的体育系通用《田径》教材认为"田赛"和"径赛"合称为田径运动；1988年版的《田径》教材将田径运动定义为"是径赛、田赛和全能运动的合称"；1994年版的《田径运动高级教程》将田径运动定义为"是由田赛和径赛、公路赛、竞走和越野赛组成的运动项目"。至今人们对田径运动的定义的文字表述并没有实质性变化，但从20世纪90年代开始，随着高等教育出版社出版的《田径》教材明确提出田径运动具有竞技和健身两种属性，人们对田径运动定义的理解在全面加深。目前，高等教育出版社出版的《田径》教材对田径运动的定义为："田径运动的内容包括男女竞走、跑、跳跃、投掷等40多个单项以及由跑、跳、投组成的全能项目。以时间计算成绩的竞走和跑的项目叫'径赛'，以高度和远度记成绩的称为'田赛'，'径赛'和'田赛'统称为'田径运动'。"接下来又解释了田径运动包括两种属性，即健身属性和竞技属性。人民体育出版社1999年版的《田径运动教程》也明确指出："全面地理解田径运动定义，不能仅从竞技体育一方面来认识问题。尽管田径运动的定义包含了运动竞赛的成分，但决不能狭义地把它视为田径运动的全部内涵和最终目的。"实际上，田径运动是人们在田径赛场上走、跑、跳、投等竞技运动项目和人们在闲暇生活中借助这些走、跑、跳、投等方式进行健身、娱乐等休闲活动的总称。但在田径教学中，为了操作与理解的方便，大家还是习惯于按竞技属性来定义田径运动，其内涵却已经包含竞技与健身、娱乐等属性。

二、田径运动的分类

田径运动可以按照不同的标准划分成多种类别。目前最常见的是以竞赛项目来划分。按照竞赛项目，田径运动分为田赛、径赛、公路赛、竞走和越野赛五大类。在五大类之下又通常按国际田联承认有世界纪录的项目进行分类。另外，各国或地区也都根据本国田径运动发展实际需要和使用方便进行设项和分类。正式国际田径比赛的主要项目分类如表1-1所示。

表1-1　正式国际田径比赛的主要项目分类*

类别		组别	项目
竞走		男子组	场地赛5公里、10公里
		女子组	公路赛20公里、50公里
跑	短距离跑	男子组	100米、200米、400米
		女子组	
	中距离跑	男子组	800米、1 500米、3 000米
		女子组	800米、1 500米
	长距离跑	男子组	5 000米、10 000米
		女子组	
	跨栏跑	男子组	110米栏（栏高1.067米）、400米栏（栏高0.914米）
		女子组	100米栏（栏高0.84米）、400米栏（栏高0.762米）
	障碍跑	男子组	3 000米
		女子组	
	马拉松	男子组	42.195公里
		女子组	
	接力跑	男子组	4×100米、4×400米
		女子组	
跳跃		男子组	跳远、三级跳远、跳高、撑竿跳高
		女子组	
投掷	铅球	男子组	铅球（球重7.26千克）
		女子组	铅球（球重4千克）
	标枪	男子组	标枪（枪重800克）
		女子组	标枪（枪重600克）
	铁饼	男子组	铁饼（饼重2千克）
		女子组	铁饼（饼重1千克）
	链球	男子组	链球（球重7.26千克）
		女子组	链球（球重4千克）
全能	男子十项全能		第一天：100米、跳远、铅球、跳高、400米； 第二天：110米栏、铁饼、撑竿跳高、标枪、1 500米
	女子七项全能		第一天：100米栏、跳高、铅球、200米； 第二天：跳远、标枪、800米

*注：因《田径规则》在径赛项目中使用的单位名称是"公里"，因此本表继续保留这一用法。

第二节 田径运动的起源与发展

一、现代田径运动的起源

田径运动历史悠久,其渊源可以追溯到原始人类时期。作为田径运动形式的走、跑、跳跃、投掷是人类生存的基本能力。在原始社会,无论是追逐野兽,还是进行部落间的争斗,长途跋涉、奔跑、跳跃、投掷,都是必不可少的生存技能。跑、跳、投的技能,既是出击所需,也是自卫所需。轻足善走,逾高超远,作为特殊的生存技能,为原始人类所重视。在日常生活中,人类不断重复这些动作,逐渐形成了走路、奔跑、跳跃和投掷等各种身体运动技能。

田径竞技运动是人类在走、跑、跳、投等基本身体运动基础上发展起来的一类竞技项目。据文字记载,从公元前776年开始举行的每一届古代奥运会都有田径项目的竞赛内容。然而,那时人们只是把田径运动看作是一种人体技能操练和提高生存能力的锻炼手段,并且把这些项目归在体操运动中。直到1804年田径运动才从体操中划分出来,分为步行、跑、跳跃、投掷四类。此后,世界各国的学校、军队等逐渐把田径运动作为锻炼身体、增强体质的重要手段。

1894年,现代奥运会组织在法国巴黎成立。1896年在希腊举行了第1届现代奥运会,在42个比赛项目中有12个田径运动项目,从此确立了其在奥运会的重要位置并揭开了现代田径运动发展的序幕。

二、世界现代田径运动的发展

现代田径运动的发展已有100多年历史,按其发展特点可划分为四个阶段:

(一)现代田径运动形成阶段(19世纪末—20世纪初)

学术界一般将1896年第1届现代奥林匹克运动会视为现代田径运动开始的标志。此后几十年,现代田径运动开始形成和发展,并在较低水平上逐步提高。

这一阶段,以比赛项目的增加和普及为主要特征,人们较为普遍参与的田径运动项目被不断列为正式比赛项目,同时田径运动也成为越来越多的人作为强身健体的主要体育活动内容。

第1届奥运会只有12个田径项目,到第6届时已增加到32个,20年间项目增加了20个。1912年国际业余田径联合会(以下简称"国际田联")成立,特别强调"业余"二字以突出田径运动的群众性。1914年国际田联首次公布的世界纪录中,有53项男子赛跑、跨栏和接力跑纪录,30项竞走纪录和12项田赛纪录。1924年国际上成立了女子田径联合会,并得到了国际田联的承认。女子田径运动项目从此开始进入世界比赛,并在1928年的第9届奥运会上正式成为奥运会比赛项目。

这一时期,有人开始通过照相机拍摄单片或间隔时间拍摄照片,对田径运动技术进行研究和提出改进技术的意见等。尽管场地、器械简陋,条件有限,但是田径运动以其经济实用、简单易行的特点使自身得到了发展。

(二) 田径运动不断发展阶段 (20世纪30—50年代)

20世纪开始，科学技术迅猛发展，为田径运动的进一步发展奠定了基础。1927年美国人发明了起跑器，1928年开始有摄影装置安放在跑道终点处，1932年田径比赛首次使用电动计时，1936年跨栏比赛中开始使用"L"形栏架，等等。大量新型田径器械的发明，使田径运动的发展与科学技术的进步紧密连在一起，促进了田径运动技术的革新和发展。

这一时期，人们开始意识到，合理的技术动作将使运动员在原有的身体条件下能够获得更好的田径运动成绩。因此人们围绕技术来探索、研究运动成绩的提高，把更多的注意力放在技术改进方面，从而使田径运动技术得到了显著发展（表1-2）。

表1-2 20世纪初—20世纪50年代部分田径项目技术变化发展情况

项目	技术演变发展
短跑	踏步式—迈步式后蹬—摆动式—屈蹬式
跨栏	跳栏式—跨栏式
跳远	蹲踞式—挺身式—走步式
跳高	跨越式—剪式—滚式—俯卧式—脊越式
铅球	原地正面—原地侧面—上步投—侧向滑步—背向滑步—旋转
铁饼	原地正面—原地侧面—上步投—侧向旋转—背向旋转

(三) 田径运动训练理论和方法发展阶段 (20世纪50—80年代)

20世纪50年代以后，田径各项技术已基本达到比较成熟的阶段，技术总体结构已经定型，只要有新技术出现，很快就会被所有的运动员了解和掌握。如1968年墨西哥奥运会上，美国运动员福斯贝里采用背越式跳高技术取得冠军后，在世界各地仅两三年时间就得到了普及。从某种意义上说，运动员是在技术水平基本相同的情况下，比体能、比自身技术的合理性和比赛中的水平发挥能力。因此，这时的研究转向了有关提高人体机能能力方面。第15届奥运会上，采用大运动量训练的捷克选手拉脱培克取得了5 000米、10 000米和马拉松三项冠军，促进了大运动量训练方法的推广。1960年第17届奥运会上新西兰运动员斯奈尔、马吉等分别在800米、5 000米、10 000米上取得好成绩后，新西兰的马拉松训练法又得以推广。此后以苏联和民主德国为代表的东欧各国及澳大利亚等国，在田径训练理论、方法和手段方面进行了大量的研究，将田径运动训练系统地分为有氧训练、无氧训练、爆发力训练、力量训练、耐力训练等，较好地适应了运动员机体在训练比赛过程中能量代谢的规律，并采用了大运动负荷的训练方法，通过超量恢复及应激刺激的适应，使运动员各种机能水平得到了有针对性的训练和迅速提高，从而以突出的体能在比赛中将世界田径运动水平提高到一个新阶段（表1-3）。

表1-3　20世纪30—60年代部分田径项目奥运会冠军成绩比较

项目	1932年第10届	1952年第15届	1968年第19届	1932—1952年提高幅度	1952—1968年提高幅度
100米	10.3秒	10.4秒	9.9秒	-0.1秒	+0.5秒
800米	1分49.7秒	1分49.2秒	1分44.3秒	+0.5秒	+4.9秒
110米栏	14.6秒	13.7秒	13.3秒	+0.9秒	+0.4秒
跳高	1.97米	2.01米	2.24米	+0.04米	+0.23米
跳远	7.64米	7.57米	8.90米	-0.07米	+1.33米
铅球	16.01米	17.41米	20.54米	+1.40米	+3.13米
标枪	72.71米	73.78米	90.10米	+1.07米	+16.32米

（四）田径运动科学系统的综合研究发展阶段（20世纪90年代至今）

20世纪90年代以后，由于"系统论、信息论、控制论"的理论发展和以计算机为代表的现代科学技术的普及，人们对田径运动的研究从零散、单一转向系统、整体，开始对田径运动从选材、训练、恢复、营养、场地器械等诸方面进行系统的综合研究，对大运动负荷训练进行了更加深入的分析，提出了以强度、质量为主的机体内保持平衡的训练理论；借助相关学科的最新成果，突破了一道道以前理论上认为"不可逾越的成绩障碍"，促进了田径运动竞技水平的极大提高。20世纪90年代以来，原有的世界纪录几乎全部被刷新。男子跳高从2.30米提高到2.45米，男子三级跳远达到了18.29米，男子100米达到了9.58秒，女子100米从11.10秒提高到10.49秒，等等，这些纪录在以前都是难以置信的。这些成绩表明科学系统化的训练使田径竞技运动在探索人类能力的极限上一步步持续发展。

三、中国田径运动的发展

回顾90余年的历程，我国现代田径运动的发展可分为五个阶段。

（一）引进和兴起阶段（1910—1948年）

现代田径运动在我国的兴起是经国外传教士于20世纪初带入的，当时只在教会创办的学校之间开展，后来才逐渐扩展到各级国立、私立学校。1910年、1914年中国第一届、第二届全运会田径赛的组织和规程、规则的制定，大多是外籍传教士包办，裁判员、工作人员等也是由外籍传教士担任，径赛距离和田赛成绩丈量都采用英制单位。1924年第三届全运会田径赛开始由中国人自己主办，径赛距离和田赛成绩丈量都采用了米制单位。1930年第四届全运会上开始设置女子田径项目。

这一时期，由于国家经济十分落后，战事频繁，民不聊生，田径运动开展得并不广泛，成绩也很低。但从历史发展角度看，此阶段不可缺少的引进、学习与宣传、推广，是我国现代田径运动的开端。

（二）学习和提高阶段（1949—1965年）

这个时期，我国田径运动主要是学习、引进苏联的田径运动技术、教学、训练理论与方法。这一时期国家为普及与提高田径运动竞技水平创造了各种条件,大量增设田径场馆、现代器材;国家体委和许多省市成立体育学院和体育系科,大量培养田径教学、训练、科研、管理人才;相继开办了很多有田径项目的体育学校和业余体育学校,大、中、小学的田径运动获得广泛的普及和提高,培养出了一些优秀田径运动员,并且有的运动员已开始向世界田径运动高峰攀登。

新中国成立后的17年里,我国男女跳高、跨栏,以及女子铁饼等项目,培养出了一批世界水平运动员。1957年,郑凤荣以1.77米的成绩创造了女子跳高世界纪录,震动了世界田坛。1965年,我国已有50多名运动员的成绩达到了1964年第19届奥运会田径项目报名标准,且有些项目已达到或接近世界水平。

(三) 停滞、缓慢发展阶段 (1966—1976年)

1966年,中国步入了"文化大革命"的十年动乱,许多田径业务能力强的教师、教练员、科研人员遭到批判,省市田径队纷纷被解散,取消了裁判员、运动员等级制度,田径训练场所被侵占,田径比赛大幅度减少,训练体制遭到毁灭性破坏,使许多有才能且正处于向田径运动高峰攀登的高水平运动员训练遭到夭折。这一时期给中国田径运动造成无法弥补的损失,致使我国与世界田径运动水平的差距再次被拉大。

(四) 快速发展阶段 (1977—1989年)

1977年国家开始拨乱反正,田径运动得到迅速恢复和发展。广大田径工作者热情高涨、积极工作,运动员满怀信心、刻苦训练。改革开放政策的实施,使运动员、教练员和理论工作者参加世界性、国际性比赛和学术交流的机会增多,使他们对科学化训练的认识达到较高的水平,使新的训练理念与方法手段不断应用到田径运动实践中。从而促使中国田径运动发生了又一轮质的飞跃,开始冲出亚洲、走向世界。1983—1984年我国运动员朱建华连续三次创造男子跳高世界纪录。同期,阎红、徐永久打破女子5公里、10公里竞走世界纪录。1984年,新中国运动员首次参加奥运会,即获得男子跳高铜牌。1987—1988年是铅球成绩提高最快的两年,黄志红和李梅素连续打破全国纪录,其中李梅素于1988年获得奥运会女子铅球比赛铜牌。在这一阶段,中国田径运动员创造了多次世界纪录和夺得一些世界冠军,积累了不少先进训练理论和丰富的训练经验。同时广泛运用先进仪器设备,不断吸收国外田径信息,专业学术研究和书刊不断增多,从而有力推动我国田径运动的快速发展。

(五) 科学化发展阶段 (1990年至今)

在这一阶段,中国田径的成绩有了飞速发展,在世界田坛产生了深远影响,对中国今后的田径运动发展起到了积极的推动作用。1992年第25届奥运会,陈跃玲获女子10公里竞走金牌,中国田径运动员实现了在奥运史上金牌零的突破。1993年第4届世界田径锦标赛上,我国女子田径运动员获得4金、2银、2铜奖牌的优异成绩,一时成为世界田坛的一支劲旅。同年,在第7届全运会上,曲云霞创造了女子1 500米世界纪录并保持至今,王军霞创造了女子3 000米世界纪录(保持至今)

和10 000米世界纪录。2004年刘翔在雅典奥运会上以12.91秒的成绩平了由英国名将杰克逊保持的110米栏世界纪录,夺得了中国男选手在奥运会上的第一枚田径金牌。2006年刘翔在瑞士洛桑田径超级大奖赛中以12.88秒的成绩打破了沉睡13年之久的110米栏世界纪录,令世人震惊,书写了中国田径新的历史!

在这一阶段,一些田径教练员对训练认识有了更新的理解。例如孙海平教练认识到长期大量的低强度训练容易产生疲劳,低强度不会对专项产生有效的刺激,不利于专项水平的提高;其"弹性力量"训练的创新和运用以及对跨栏项目新的训练规律的理解,丰富和发展了跨栏项目的训练理论。与此同时,各国最新的高科技器材已运用到我国田径的训练和比赛中。像刘翔的"zoom superfly G5 红色魔鞋",以及其他使用的环保型塑胶跑道和德国新式栏架都是最新的高科技器材等,这些均表明我国的田径运动已进入科学化发展阶段。

第三节　田径运动的现状

一、群众性田径运动更为普及

当今田径运动在世界各国已成为开展较为普及的体育运动。学校里开设体育课,田径运动作为主要教材内容和竞技项目,在青少年学生中广泛开展,田径运动的教学得到不断的改进与完善,先进的训练方法从实践中产生,并逐步形成了相应的理论体系。许多国家都定期举行职工、农民、军人和大、中学生田径运动会。有的国家还开展对田径运动健身内容与方法、终身田径运动的研究与实践。田径运动正在成为人们健身、娱乐和休闲生活的重要内容。

二、田径教学的技能化与健身化相结合

在学校体育方面,尤其是中小学体育中,随着人们对体育认识的深化和体育大众化的发展趋势,人们正在对以往作为"比赛项目"的田径概念进行拓展,在认识上除注重田径运动的竞技性特征外,还越来越重视田径运动的健身性功能。体现在田径运动教学中,在继续注重发展学生的走、跑、跳、投等身体基本活动能力的同时,开始设立体验性学习的内容,在田径教学中培养学生速度、耐力、力量、灵敏等身体素质的锻炼习惯和运动处方学习,并注意介绍田径运动中的竞技文化,扭转了田径教学中单一竞技化的倾向,从而构建了新的田径教学内容体系。

三、田径运动员职业化,训练科学系统化,运动水平不断提高,纪录不断更新

纵观世界田径运动发展史,田径运动成绩始终在朝着"更高、更快、更强"的方向不断发展。随着体育运动的迅速发展和水平的不断提高,体育逐渐向商业化、职业化转变,许多运动员将田径运动竞赛等作为自己的职业,并以此为生。因此,

国际田联原来参加比赛的运动员必须是业余选手的规定已被突破，职业运动员实际上已被国际田联认可。

职业运动员能更自觉、更集中精力地投入训练，保证训练的科学系统性。同时，现代田径训练充分利用科技手段，如用电脑控制负荷量的强度，用各种仪器测试运动员机能状况和身体素质发展水平，用高速摄影机和录像分析研究技术动作，用专门器械发展专门能力等，使训练更具有针对性、目的性。运动员的职业化，训练的科学系统化，极大地提高了训练效果。而田径场馆、器材设备的现代化以及裁判工作广泛采用现代科技电子仪器等，也为提高运动竞赛水平创造了条件，世界纪录不断被刷新。生理学家和有经验的教练员们曾预言的田径运动项目成绩的最高界限，一个个都被运动员的实践所冲破。这一切表明：当今田径运动水平仍处于不断发展之中，任何一个项目的纪录无论成绩有多高，都只是暂时的，总会被打破的那一天。这也是田径项目受人喜欢之所在。

四、比赛多，规模大，竞争强度高，运动员连续比赛能力强

20世纪70年代以前，国际性田径比赛主要是奥运会的田径赛。1979年，国际田联创立世界杯田径赛；1983年设立了田径锦标赛；1985年，国际田联理事会决定每年设立15场田径系列大奖赛；20世纪90年代又将世界杯田径赛和世界田径锦标赛改为两年一届。1994年开始在原有15场大奖赛的基础上再增加9场二级大奖赛。另外在全世界范围内，每年还有10场国际田联特许的比赛及各种洲际规模的比赛和世界室内锦标赛等各种比赛，世界规模的田径比赛十分频繁，运动员参加比赛的机会大大增加。

同时，世界比赛的规模在不断扩大，参赛会员国和地区运动员人数越来越多。如第26届奥运会，据统计共有193个国家和地区的运动员参加了田径比赛，1 920人参加了单项比赛，109个队436人参加了男女接力项目比赛。此外，由于各国在选派参加世界田径比赛的选手时为了提高参赛效益，一般都会派出能争夺奖牌的选手参加，而且运动员参加比赛都要经过预、次、复、决等多个轮次的竞争后才有可能夺得奖牌，致使竞争强度异常高，对运动员连续比赛能力的要求也越来越高。

五、训练负荷在变化，以赛带练现象在普及

训练负荷的组成因素中最重要的是负荷数量和负荷强度。过去训练时间长、数量大、强度较低的训练负荷组成结构，近年来正在被以强度作为训练负荷灵魂的训练负荷安排取而代之。目前，即使在准备期训练中，仍有一定比例的较大强度的训练（主要是专项技术和速度、爆发力训练），而训练时间和负荷数量则相对减少。这也是当今训练负荷安排方面的一个发展趋势，已为世界上大多数优秀运动员所接受和采用。

过去认为训练是积累，比赛是消耗的旧观念已被推翻，取而代之的是比赛阶段作为训练阶段的继续。目前世界上许多优秀运动员将合理地多次参加比赛作为改进和完善专项运动技术的一个重要途径。以赛带练已作为一种趋势在世界优秀田径运

动员中普及。世界高水平运动员几乎每周都要参加国际或国内的各种比赛和测验。他们一般以训练周或10～15天的加长训练周为小周期来制订训练计划，并在小周期末参加比赛和测验，以赛带练，赛练结合，将比赛作为训练过程中的一个重要组成部分。

六、重视营养与恢复，加强兴奋剂检查

现代世界田径运动水平很高，运动员训练负荷和强度较大，体能消耗快，必须靠营养补充和恢复手段做保障。因此，科学的营养搭配，用合理膳食和有针对性的营养补剂快速补充体内营养物质的消耗，增加肌肉内 ATP、ADP、CP 以及糖原的储备量等已成为训练与比赛中必须考虑的因素。而通过按摩、牵拉、桑拿浴等各种手段加快代谢物质的消除过程，消解局部肌肉的僵硬或痉挛，使紧张收缩后的肌肉得以充分放松，借助听轻快优美的音乐以使神经系统和精神状态放松和恢复等，也已成为大负荷的训练或比赛后所经常采用的措施。

与此同时，为了保证竞赛的公平性与田径运动事业的健康可持续发展，国际田联针对部分运动员在名利驱使下服用兴奋剂屡禁不止的现象，加大了兴奋剂的查处力度，采取了更加严厉的措施——赛外飞行检查，即在事先不通知的情况下，突然对运动员进行检查。飞行检查人数及次数逐年增加（有些运动员一年内要接受10～20次检查），对制止兴奋剂泛滥起到了很大作用。

七、世界田径运动实力格局正在发生较大变化

20世纪90年代之前，美国、苏联和民主德国是世界田坛上的三大霸主，并一直处于三足鼎立的局面，但在20世纪90年代初，这一局势出现了巨大的变化，苏联的解体使昔日强大的人才群分崩离析，不再能组织起足够的力量与美国抗衡。德国统一，并未形成 1+1=2 的实力，反而弱于民主德国的实力，也不能与美国抗衡。当今世界田径大赛中出现了美国一枝独秀，俄罗斯、德国、肯尼亚、古巴、英国以及牙买加均处于二流位置的格局。许多国家注重发展自己的强项，其中肯尼亚可称为中长跑强国。在世界田径大赛中除美国能获得较多的金牌之外，许多国家的运动员也能成为金牌得主，从而使世界田径运动实力格局发生着变化。

思考题
1. 如何正确理解田径运动的概念？
2. 简述田径运动的分类。
3. 简述世界田径运动的发展。
4. 简述我国现代田径运动的发展阶段。
5. 简述世界田径运动的现状。

第二章

田径运动教学理论与方法

学习要点：通过本章学习，明确田径课程的教学目标；了解田径教学的一般规律以及成绩考核与评价的基本要求；树立正确的教学思想和全面科学的评价思想；重点掌握田径教学方法、教学方法的选择与运用、中小学田径课的教学特点及要求。如何针对不同教学对象选择合理、科学的教学内容、教学方法，从而设计出一堂较为合理的田径技术教学课是本章的教学难点。

第一节　田径运动教学的一般规律

规律是事物内在的一种客观存在，并且它的存在是不以人的意志为转移的。田径课程教学的一般规律是指田径教学过程中存在的普遍规律，包括动作技能形成规律，认识事物规律，人体生理机能活动能力变化规律，青少年儿童身心发展规律，田径各项目的运动与生理特点及规律等。

一、动作技能形成规律

在田径教学过程中，学生学习动作技能要经历一个由不会到会、由泛化到分化，再到巩固提高和自动化的发展过程。这个过程一般包括三个阶段。

（一）粗略掌握动作阶段

学习任何动作的初期，通过教师的讲解和示范以及自己的运动实践，只能获得一种感性认识，对运动技能的内在规律并不完全理解。这一阶段的特点是大脑皮层兴奋与抑制扩散，处于泛化阶段，条件反射联系不稳定，表现为动作僵硬、不协调，不该收缩的肌肉收缩，出现多余动作，而且做动作很吃力。在这一阶段教学的主要任务，是使学生建立正确的动作表象，应抓住动作的主要环节和学生掌握动作中存在的主要问题进行教学，不应过分强调动作细节。

（二）改进与提高动作阶段

在不断的练习过程中，初学者对运动技能的内在联系有了初步的理解，一些不协调和多余的动作也逐渐消除。此时，大脑皮质的活动由泛化阶段进入了分化阶段，兴奋相对集中，特别是分化抑制得到发展，因此练习过程中的大部分错误动作得到纠正，能比较顺利、连贯地完成完整的技术动作。但动力定型尚不牢固，遇新异刺激，多余动作和错误动作又会重新出现。教学中应特别注意错误动作的纠正，让学生体会动作的细节，促进分化抑制进一步发展，建立动作的动力定型。

（三）巩固动作与自动化阶段

通过进一步反复练习，运动条件反射系统逐步建立，达到巩固的动力定型阶段，大脑皮层兴奋与抑制在时间和空间上更加集中和精确。此时，不仅动作协调、准确、优美，而且动作的某些环节还可出现自动化，甚至在环境条件发生变化时，技术动作也不易受破坏。但是，动力定型发展到了巩固阶段，也并不能一劳永逸。因为巩固了的动力定型还会消退，所以教学中应对学生提出进一步的要求，不断精益求精，使动力定型更加完善和巩固。

二、认识事物规律

人们在认识事物的过程中一般都从感性认识上升到理性认识，即遵循实践—认识—再实践—再认识的过程。因此，在掌握知识、技术、技能的过程中，应根据教学过程认识事物的客观规律，即引起动机、感知教材、理解教材、巩固知识、运用知识、检查评定等几个阶段来进行田径教学。中小学学生正处在身心发展时期，不同的年龄阶段，其认识事物具有不同的特点。

（一）学生感知的特点

小学生感知具有随意性、情绪性的特点，如在体育教学中，在观察教师讲解、示范或等待练习时，常被新异刺激所吸引而分散注意力，同时，小学生的感知是表面的、不精确的。到了中学阶段，学生能逐渐精确地分析事物。在田径教学中，要求教师运用生动形象的讲解、正确优美的示范动作，使学生的感知更集中、更正确。

（二）学生思维的特点

学生思维的发展是从具体到抽象，由低级到高级的过程。小学生的思维大多是具体的、生动的，他们所掌握的概念大部分也都是可以直接感知的，虽然他们已能进行初步的分析，但只能提出事物的最显著的特征。随着年龄的增长，学生对事物的概括逐渐由具体向抽象过渡。中学生，特别是高中学生的抽象逻辑思维不断发展，他们的分析、综合、比较能力逐步提高，对技术动作之间的联系和规律有一定的分析能力。例如，跳高与跳远技术动作均由助跑、起跳、腾空、落地四部分组成，通过分析、比较、综合，他们可以认识到跳高与跳远技术动作之间的异同点。

（三）学生注意的特点

小学生的有意注意正在发展，而无意注意则起主要作用。在教学中要经常采用集中注意力的游戏性练习，而且不要长时间做同一内容的练习，教学内容和教法要多样化；中学生注意的集中性和稳定性进一步发展，随着抽象思维能力的提高，有意注意的发展，学生能独立地去学习和锻炼，能有效地调节和控制自己的注意力，这就为掌握系统的知识、技术和技能提供了条件。随着学生年龄的增长，学生注意的广度、注意的稳定性以及注意的分配能力会不断地提高。在田径教学中，教师要善于利用注意规律，使学生听、看、想、练结合起来，既掌握动作的全过程，又领会动作与动作之间的内在联系。

（四）学生记忆和想象的特点

从记忆内容看，小学生以具体的形象记忆为主，中学生以抽象的材料识记为主。田径教学中，教师应向学生提出记忆要求，目的要明确，任务要具体。从记忆方法看，小学生以机械记忆为主，中学生以理解记忆为主。田径教学中，教师要根据记忆规律，帮助学生组织自己的记忆过程，使新旧知识联系起来，并得到强化。

小学生富于模仿性、再现性的想象，想象内容一般是事物的重现；中学生的想象活动有所发展，他们可以通过对词的思维进行想象。在教学中，教师应加强学生想象力的培养，教会学生建立大量的动作表象，才能更好地掌握动作技能。

三、人体生理机能活动能力变化规律

在参加体育运动的过程中，人体生理机能将发生一系列的反应和规律性变化，这些变化从正式练习、训练或者比赛前就已经发生，并一直持续到运动结束后的一段时间。按其发生的顺序大致可以分为准备阶段、进入工作状态、稳定状态、疲劳和恢复五个阶段的机能变化过程。

从运动生理学角度看，这个过程称为"进入工作状态"。这种变化具有一定的规律性。当人体开始运动时，由于机体物理上和生理上的惰性的影响，人体各器官系统的机能活动能力从相对的较低水平逐步上升，这一过程称为逐步上升阶段；之后在一段时间内，人体机能活动的能力稳定并保持最高水平，此阶段称为稳定阶段；人体机能活动到一定的程度产生疲劳，身体机能活动能力下降，经过休息，身体机能能力又逐步恢复到相对安静时的水平，这个阶段称为下降和恢复阶段。进入工作状态需要的时间，取决于工作的性质和个人的特点。一般来说，肌肉活动越复杂，进入工作状态需要的时间就越长；体育基础水平低的学生比水平高的学生所需时间长。此外，学生的年龄不同，机能活动能力的特点也不同。小学、初中的学生一般是上升时间短而快，最高阶段延续时间较短，承担急剧变化负荷的能力较低；高中生保持最高阶段的时间有所延长，承担强度大的急剧变化负荷的能力也有所提高。

在田径教学过程中，必须遵循人体生理机能活动能力变化规律，结合学生的具体情况，合理、科学地组织与安排好教学，教学准备部分做好准备活动，使学生的兴奋性达到最佳状态；教学基本部分合理安排教学内容，确定合理的休息时间和休息方式，促进身体机能的快速恢复；教学结束部分做好整理活动，消除疲劳，促进体力恢复。

四、青少年儿童身心发展规律

学生的身心发展有阶段性特征，体育教学过程要依据学生各个年龄阶段的身心特征安排教学内容、教学组织和教学方法，才能提高教学效果，促进学生健康成长。

（一）学生体育学习兴趣的特点

在小学阶段，学生兴趣广泛，但不稳定，在体育教学中，最初只愿意参加游戏、有趣味性的活动等，然后逐渐地对学习的内容和具体形象的事物感兴趣，特别喜欢带情节的游戏和竞赛性的练习，但兴趣不稳定，容易转移，对呆板、单调的活动易产生厌烦情绪。因此，在田径教学中要充分考虑小学生的心理特点，增加带情节化、游戏化和竞赛化的内容。

初中生对体育学习的兴趣不断分化，受性别、个性、体育基础、同伴和教师等因素的影响较大。男生多喜欢活动量大、竞争性强，能表现自己勇敢、敏捷的教学内容；女生则喜欢动作优美、柔韧，节奏韵律感强的教学内容，对脏、累的教学内容不大喜欢。因此，在田径教学中要根据学生性别、个性的特点，在选择教学内容、确定组织教法时做到区别对待。

高中生对体育学习的兴趣更加深刻、稳定，而且具有更大的选择性。女生对乒

乒球、羽毛球、排球等运动量不大的项目比较感兴趣，而对田径项目兴趣不高。因此，要加强正确引导，使学生明确田径运动的作用和意义。

（二）学生体育学习动机的特点

小学生体育学习的动机是与锻炼活动本身相联系的。如小学生特别喜欢上体育课，他们对游戏和多种运动项目感兴趣，通过体育活动表现自己的勇敢、果断、毅力，而对上课的目的和结果往往不太理会。随着年龄的增加，到初中，特别是到了高中阶段，学生逐渐理解体育锻炼的社会意义，开始把当前的学习、锻炼与将来自己的发展联系起来，自觉性逐步提高。在体育教学中，学生的学习动机是多元化的，经常是多种学习动机交织着起作用。因此，教师应深入了解学生体育学习和参加田径运动的真实想法，然后采取有效措施，不断强化学生正确的学习动机，使之成为推动学生自觉参加体育学习和锻炼的动机。

（三）学生体育学习态度的特点

在小学阶段，学生的学习态度正在形成；在中学阶段，学生对待体育学习的态度可以从体育学习中所产生的积极或消极的行为中表现出来。在体育教学中，当教学内容、方法、手段等符合学生的需要时，学生就会采取肯定、满意的态度，反之，就会产生否定、不满的态度。

中小学学生正处在生长发育高峰期，其身体形态、神经系统、骨骼肌肉系统、呼吸系统、心血管系统等存在着明显的年龄特征，身体形态的发育与身体机能的发展表现出一定的规律性（本章第四节有较详细介绍，本节不过多赘述）。田径教学的内容、方法、组织只有适应学生各年龄阶段生长发育的规律，才能对学生的身体健康产生积极的作用，并有效地提高教学质量。因此，了解青少年学生身心发展特点，认识学生身心发展规律，并按规律组织和安排教学，是田径课程教学的根本出发点。

五、田径运动项群生理特点及规律

田径运动的各种练习，动作结构不尽相同，活动性质、强度有很大差别，既有周期性和非周期性练习，也有混合性练习。走、跑是典型的周期性活动项目，其强度又包括最大强度的短跑、次最大强度的中跑、大强度的长跑、中等强度的超长跑和竞走等项目；投掷是典型的非周期性活动项目；跳跃则是典型的混合性项目。

（一）短跑

短跑是典型的周期性运动项目，在跑的过程中如何减少身体重心的波动，使动作更协调和平稳是取得优异成绩的前提，而身体的上肢与下肢、左侧与右侧、蹬与摆、步长与步频等方面的均衡协调发展则是跑得更为平稳的基础。

短跑过程中，肌肉活动达最大强度，整个身体处于极度紧张状态，大脑皮质兴奋与抑制过程频繁转换，骨骼肌大量反馈冲动进入大脑皮质，引起高度兴奋。短跑须在高度缺氧条件下进行，虽然氧债绝对值不高，但氧债可达总需氧量的90%以上。短跑结束时立刻停止一切肌肉活动，会产生多种不适，如头痛、目眩、恶心、呕吐、动作失调，甚至陷入半昏迷状态。严重时可发生"休克"现象。因此，在短跑教学中要遵循循序渐进原则，要根据教学对象合理安排练习强度，大强度短距离跑后不要突然呆立或坐立，避免不适现象的发生。

跑类项目的教学安排一般来说应先学习中长跑，然后是短跑、接力跑、跨栏跑。因为，在速度较慢的情况下掌握跑的技术后，对学习速度快的短跑有一定的帮助，掌握了短跑技术，就更有利于掌握接力跑和跨栏跑技术。

（二）中长跑

中跑属次最大强度运动，中跑过程中，呼吸系统、心血管系统与运动系统不相适应，不能同步进入工作状态的现象较短跑突出。跑程中氧债的绝对值高于其他项目，血乳酸含量也高于其他项目。

长跑属大强度运动项目，每分钟需氧量较中跑低，但总需氧量高于中跑。起跑 2~4 分钟后，心肺功能潜力可被充分发挥，摄氧量达到最大摄氧量水平，但最大摄氧量与需氧量仍存在差距，所以运动期机体会出现"假稳定状态"。

"极点"与"第二次呼吸"是中长跑过程中必然发生的两种生理现象。"极点"出现后，应继续坚持运动，随着内脏器官活动加强，氧气供应增加，乳酸得到氧化，就会出现所谓的"第二次呼吸"状态，一切不舒适的感觉都会消失。

在中长跑教学中，一方面应让学生了解中长跑过程中的生理特点，懂得"极点"与"第二次呼吸"产生的原因，以及二者之间的关系；另一方面要针对教学对象合理安排跑的距离和强度，以及练习的密度。因为，中跑结束后各项生理指标恢复至安静水平，需 1~2 小时。

（三）跳跃

跳跃项目最大的特点是克服自身的重量跳得更高或更远，因此，从某种意义上说，体重较轻有利于取得更好的运动成绩。从动作结构看，跳跃项目是由周期性的助跑与非周期性的起跳、腾空、落地四个部分组成的混合性运动项目。高度项目与远度项目由于起跳离地时所需的垂直速度和水平速度不同，因此在起跳技术要求上也有各自的特点。高度项目要求充分利用水平速度获得最大的垂直速度；远度项目则要求在最大限度保持水平速度的前提下，获得必要的垂直速度。在跳跃项目教学中，无论是高度项目或远度项目，助跑、起跳以及助跑与起跳的结合是教学的重点。在助跑阶段中，助跑的距离、节奏、速度利用率、倒数几步的步长变化等环节是该阶段的教学重点；在起跳阶段中，起跳脚的着地方式、着地位置、蹬与摆的配合等环节是该阶段的教学重点和难点；在助跑与起跳的衔接技术上，重点要解决好助跑速度与起跳的关系，避免跑快了、跳不起或跑慢了、发挥不出潜能的弊端。助跑速度的快慢必须以起跳技术和起跳能力为依据来确定。

跳跃项目的教学安排最好是先短后长，先跳远后三级跳远，而且跳远应在学习完短跑后再进行学习，掌握了跳远、跳高后，有利于掌握三级跳远的技术。撑竿跳高技术较为复杂，要求身体素质较高，最好在掌握了跑、跳、投的一些基本技术后再进行教学。

（四）投掷

投掷运动是典型的速度与力量相结合的项目，其最大的特点是克服器械的重量将器械掷得更远。在速度、力量等条件不变的情况下，体重越大越有利于取得好成绩。尤其在铅球、铁饼、链球等项目中表现得更为明显。从动作结构看，尽管铅球的滑步、标枪的助跑、铁饼与链球的旋转，以及四个项目最后用力的出手动作上不尽相同，但其技术原理非常相似，在教学中存在着很多相同之处。例如，助跑阶段（滑步、旋转）均要求使器械获得一定的预先速度，并形成超越器械的姿势，以便增大有效工作距离；在最后用力阶段，用力顺序都是自下而上，蹬、转、挺、推（铅球）、鞭打（标枪）、挥摆（铁饼），先下肢，然后躯干，最后传递到投掷臂。因此，在投掷教学中，可先学习铅球项目，当铅球项目掌握后，可以充分利用技能之间的迁移作用，一方面使学生明白投掷项目之间的共同点；另一方面利用已掌握的铅球技术促进标枪、铁饼与链球项目的学习。

投掷项目的教学安排一般是先学习推铅球，再学掷标枪，后学掷铁饼、掷链球。推铅球与掷标枪都属直线运动，器械出手又都在肩上，但掷标枪要求在高速奔跑中既要完成投掷步，又要完成引枪动作，最后用力时还要顺枪的纵轴用力，技术较铅球复杂，所以应安排在铅球之后学习；掷铁饼与掷链球同属旋转运动，比直线运动的难度要大，所以应安排在推铅球与掷标枪后进行学习。

第二节　中小学田径运动的教学目标

教学目标是指教学中师生预期达到的学习结果和标准。依据学段、学年可将中小学田径课的教学目标分为：学段教学目标、学年教学目标、单元教学目标、课时教学目标；依据《体育与健康课程标准》的划分方法可将学习目标分为运动参与目标、运动技能目标、身体健康目标、心理健康目标和社会适应目标五个维度。

田径课程目标。通过田径课程的学习，应达到以下课程目标：运用田径运动项目作为身体锻炼的手段，提高学生的身体素质，促进学生的生长发育，增强学生体能，全面发展走、跑、跳、投的运动能力；使学生掌握田径运动的基本知识、基本技术和基本技能，并且运用这些知识和技能科学地锻炼身体，形成坚持锻炼的良好习惯，形成健康的生活方式，形成积极进取、乐观开朗的生活态度；培养学生良好的思想素质，提高学生不怕困难、顽强拼搏的良好心理品质和意志品质，具有良好的合作精神、体育道德和社会适应能力。

学习领域目标。通过田径课程的学习，应在运动参与、运动技能、身体健康、心理健康和社会适应五个学习领域达到以下教学目标。

一、运动参与目标

（一）小学阶段

对田径运动项目表现出学习兴趣，乐于参加各种田径游戏活动，具有积极参与田径活动的态度和行为，乐于学习和展示简单的跑、跳、投运动动作，主动观察和评价同伴的技术动作。

（二）初中阶段

具有积极参与田径活动的态度和行为，自觉参加田径运动项目的学习，积极参与课外的田径运动，充分利用各种条件改进田径运动技术。

（三）高中阶段

积极参加田径运动，养成良好的田径锻炼习惯，知道田径锻炼手段的基本原理、作用，根据自身情况，制订个人锻炼计划，按计划坚持锻炼，并学会评价田径运动锻炼效果的主要方法。

二、运动技能目标

（一）小学阶段

应重视学生基本的田径运动知识、运动技能的掌握和应用，不过分追求运动技能传授的系统和完整，不苛求技术动作的细节；能知道和说出所练习的田径运动项目术语，学会观看田径比赛和表演；初步掌握两三项田径运动技能；懂得安全地进行田径活动。

（二）初中阶段

掌握田径运动的基础知识，了解所学田径项目的竞赛规则，懂得欣赏田径比赛和表演；基本掌握几项主要的田径运动技能；用较为科学、安全的田径手段和方法进行练习。

（三）高中阶段

在掌握田径运动基本知识的基础上，学会安全地进行田径运动的知识和方法，并获得在野外环境中的基本活动技能；懂得竞技田径运动与健身田径运动的区别，认识各种田径运动项目对身体健康、心理健康和社会适应的价值；应充分尊重学生的不同需要，引导学生根据自己的具体情况选择一两项运动项目进行较系统的学习，提高运动能力，并能较熟练地掌握一两项田径运动技能。

三、身体健康目标

（一）小学阶段

基本保持正确的身体姿势和正确的走、跑姿势，能指出坐、立、行、跑时正确和不正确身体姿势的区别；发展柔韧、反应、灵敏、协调、平衡和速度能力；知道进行田径运动时必须注意的营养卫生常识。

(二) 初中阶段

发展速度、有氧耐力和灵敏性。通过短距离跑和重复跑发展位移速度；通过定时跑、定距跑、越野跑、跳绳等发展有氧耐力；通过各种游戏、多种移动、躲闪、急停、变向跑、蛇形跑、障碍跑、跳跃等发展反应速度和灵敏性；认识和理解田径运动对身体形态发展和身体机能发展的影响。

(三) 高中阶段

发展肌肉力量和耐力。通过多种练习手段发展上肢、下肢、腰、腹肌肉力量；通过定时跑、定距跑、间歇跑、有氧耐力跑、越野跑等提高心肺功能和有氧耐力；认识和理解田径运动对身体健康的影响，理解身体健康在学习、生活中的重要意义，树立良好的健康意识。

四、心理健康目标

(一) 小学阶段

体验参加不同田径运动项目时的心理感受，体验身体健康情况发生变化时注意力、记忆力、情绪、意志等方面的不同表现；正确理解田径运动与自尊、自信的关系，通过积极的体育活动消除因田径运动能力较弱产生的自卑感；体验田径运动中进步或成功时的心情，体验田径运动中退步或失败时的心情，观察并简单描述同伴成功或失败时的情绪表现，知道通过田径运动等方法调节情绪；通过田径运动逐步形成克服困难的坚强意志品质。

(二) 初中阶段

了解田径运动对心理健康的作用，了解心理健康对身体健康的作用，进而认识身心发展的关系；通过设置适宜目标使学生在田径运动中不断获得成功并体验成功的感觉，逐步增强自尊和自信；学会肌肉放松的方法，学会自我暗示的方法，学会呼吸调节法，学会通过田径运动等方法调控情绪；通过耐力跑、障碍跑、跳跃等较为艰苦、剧烈、危险，以及具有挑战性的运动项目来体验困难环境中运动的乐趣，逐步形成克服困难的坚强意志品质。

(三) 高中阶段

通过田径课程的学习，使学生在和谐、平等、友爱的运动环境中感受到集体的温暖和情感的愉悦；在经历挫折和克服困难的过程中，提高抗挫折能力和情绪调节能力，自觉运用所学知识技能促进身心协调发展，培养坚强的意志品质；在不断体验成功的过程中，增强自尊心和自信心，培养创新精神，形成积极向上、乐观开朗的生活态度。

五、社会适应目标

（一）小学阶段

体验田径集体活动和田径个人活动的区别，帮助学生了解一般的游戏规则；学会在游戏活动和田径运动中尊重、关心他人，特别是关爱运动能力弱的同伴；知道在集体性田径活动中如何与他人合作。

（二）初中阶段

结合田径运动项目特点，培养良好的体育道德和合作精神，正确处理田径运动中竞争与合作的关系；学会尊重和关心他人，建立起对自我、群体和社会的责任感，建立和谐的人际关系。

（三）高中阶段

通过田径课程的学习，提高学生的交往能力，增强学生的社会适应能力，建立起对自我、群体和社会的责任感；形成现代社会所必需的合作与竞争意识，学会尊重和关心他人，建立和谐的人际关系；培养良好的体育道德和集体主义精神，学会获取田径运动和田径健身知识的方法。

第三节　田径运动的教学方法

随着田径教学理念、教学手段、教学内容的不断更新，田径教学方法也在不断地创新和发展，新的教学方法层出不穷。但是由于田径教学方法的复杂性、多样性，很难找到一个统一的逻辑依据，对它们进行完全的分类。本节仅仅针对田径项目的特点，介绍几种在田径教学中运用较多，并且行之有效的教学方法。

一、田径运动基本教学方法

（一）讲解与示范教学法

讲解与示范是田径技术教学中运用频率最高、运用范围最广的教学方法。国外有关研究表明，人们从听觉获得的知识，能记忆15%；从视觉获得的知识，能记忆25%。如果把视、听结合起来，能记忆的内容可达65%。所以在田径教学中，应重视视、听教学手段的运用。为了提高讲解与示范的教学效果，在实际运用中应做到以下几个要求。

1. 讲解

（1）讲解要精炼、准确，突出教学重点。

技术课教学的特点是以多练为主，讲解占的时间不能太多。有人认为讲解占课时的15%~20%比较适宜。因此，在讲解时间有限的情况下，更要重视讲解的质量。首先讲解内容要针对性强，要根据课程的任务，抓住重点、难点进行讲解，讲解不仅要讲清楚、讲准确，而且讲解的语言要精炼、易懂，便于理解和记忆。例如，讲解挺身式跳远动作要领为：轻快助跑、快速踏跳；蹬伸、摆腿，蹬摆结合。动作舒展提重心；腾空展体造型美。展髋放下摆动腿；收腹举腿往前伸；落地缓冲要团身。这样的讲解，准确、精炼地描述了动作的过程与部位，易使学生建立正确的动作概念。

（2）讲解要循序渐进，深入浅出。

在田径教学的讲解中，应根据课程的任务，由浅入深，由表及里，从一般的概念讲到技术细节，从细节讲到各细节之间的相互关系，然后才是技术原理分析。正如古代思想家朱熹所提倡的："君子教人有序，先传以小者近者，而后教以远大者"。例如，投掷项目可按以下顺序进行讲解：动作形式（雏形）→ 用力顺序 → 动作幅度、速度、连贯性 → 技术原理 → 完整技术、技术节奏及技术分析。讲解要做到课课有新内容、新知识，避免不分阶段一两次课就把整个教学进度讲授的内容全盘托出。

（3）讲解要生动形象，口诀化。

讲解要注意语调和用语。例如，讲标枪技术时，讲助跑的语调可轻松些；讲到引枪交叉步时，语速加快；讲到投掷出手时，语调高昂有力。这样讲解有利于学生注意力集中，兴奋性提高，跃跃欲试，同时还能使学生体会到动作的快慢节奏及配合用力，有助于技术动作的掌握。又如为了使学生对某些关键技术有更深刻的理解，可以引用其他相似的事物做比喻。生动形象地揭示该技术的特性与本质。例如，掷标枪最后用力地"鞭打"；背越式跳高杆上动作的"反弓成桥"；短跑落地动作的"扒地"；等等。这样的比喻能启发学生很快理解技术的要领。与此同时，在讲解中还可将技术动作要领高度提炼，进行口诀化。例如，背向滑步推铅球的滑步动作要领：摆、蹬、下、收；背向滑步推铅球的最后用力动作要领：蹬、转、挺、推、拨。这种简明扼要、口诀形式的讲解，便于学生记忆。

2. 示范

（1）明确示范目的。

示范的目的是使学生能更直观地看清技术，建立正确的技术概念，形成正确的动作表象。但根据教学的进程、教学的各个阶段、每次课的具体任务，每次示范的目的也有所不同。一般来说，初学阶段的示范，是使学生了解完整技术的形式，初步建立正确的技术概念，以完整的示范动作为主；掌握阶段的示范，是使学生明确某一环节的技术细节或纠正某一错误动作的示范，一般以分解示范为主；提高阶段的示范，除了纠正错误动作的目的外，主要是让学生明确完整技术节奏、动作幅度及速度，使学生在原有技术的基础上更加完善，一般以完整示范和分解示范相结合进行。

（2）选择正确的示范位置和方向。

示范时为了让每个学生都能清楚地观察到示范动作，必须组织调动好学生观察示范的位置与方向。

①观察直道"途中跑"技术的示范位置。正面观察跑的直线性、蹬摆的方向及脚落地的方位；侧面观察后蹬与摆动，以及蹬摆配合的技术等。

②观察直道跨栏跑的"跨栏步"及栏间跑的技术。正面观察"跨栏步"及栏间跑的直线性；侧面观察起跨、过栏的全身配合及栏间跑的重心高度与步长、节奏等。

③观察背越式跳高示范的位置（以左脚起跳为例）。正面观察（正对横杆位置）身体转体情况；侧面观察（第二立柱或称远端立柱一侧）起跳脚放脚位置、着地技术、摆臂、摆腿技术，以及过杆时的挺髋技术。

④观察跳远示范的位置。正面观察摆动腿、两臂摆动方向，以及上体姿势；侧面观察助跑节奏、倒数三步步长变化、起跳脚的着地、蹬伸、摆动腿与两臂摆动幅度、上体姿势等。

⑤观察推铅球、掷标枪示范的位置。后面观察（滑步或助跑方向的正后方）动作的直线性；正侧面观察（垂直于滑步或助跑方向）整体技术；斜侧面观察（与滑步或助跑方向约45°角）最后用力。观察推铅球时，站位距离出手点约12米处，观察掷标枪时，站位距离出手点约22米处。

（3）运用不同性质的示范，强化正确动作、抑制错误动作。

当学生的学习处于泛化阶段或由泛化向分化过程转化时，应以正确的技术，多次重复示范，使学生建立正确的视觉表象，强化正确动作。当分化抑制逐渐形成，学生分析与辨别能力也逐步提高时，除正确动作示范外，对学生的错误动作，也可做模仿性的动作"示范"，或利用"正误对比示范"的手段来达到强化正确动作、抑制错误动作的功效。

（二）演示法

演示法是教师在课堂上通过展示各种实物、直观教具，或进行示范性实验，让学生通过观察获得感性认识的教学方法。它是一种辅助性教学方法，要与讲解和示范法等教学方法结合使用。要使教师的教与学生的学结合起来，使看、听、想、练结合起来，选择运用最佳方案，才会收到最优的教学效果。

1. 明确演示法的目的

由于田径运动项目较多，在田径教学中对教师的运动能力要求较高，教师全面掌握跳、投、跑三大运动项目的难度较大。为了更好地展示教学示范，确保田径教学质量，教师可以运用多媒体技术辅助教学，运用演示法能够将高水平运动员的技术动作，生动的画面展现在学生面前，从而激发学生学习的热情。此外，教师还可以利用多媒体课件演示完整的田径技术动作，帮助学生加深对运动技术的理解，使学生更为清晰地看到完整动作结构、慢动作展示以及运动技术分解，形成正确的动作表象。

2. 演示手段分类

常用的演示手段分为两类：第一，是实物或模型、标本、图片、图画的演示，目的在于使学生获得某一事物或现象的外在感性认识；第二，是用连续成套的模型、标本、图片，或运用幻灯、电影、PPT等多媒体软件制作的课件等，进行序列性演示，使学生了解客观事物和现象发生发展的过程。特别是现代化多媒体软件的应用，如PowerPoint、课件大师、智能手机、Nike运动、咕咚运动手机软件以及GPRS、心率手表等演示与监控，能突破时间、空间的限制，使事物的静态变为动态，使抽象的理论具体化，使运动感知觉形象化、数据化、实时调控化。

3. 演示法的应用

在田径教学中运用多媒体技术进行演示教学，增强教学的交互性和时效性。目前，多媒体课件的制作工具包括 PowerPoint、Author Ware、课件大师、便携的笔记本、投影仪器、DV、智能手机运动软件、GPRS 卫星定位系统、可穿戴的移动监控设备等，教师既可以在网上搜集与授课内容相关的素材，将其整理制作成多媒体课件，也可以将授课过程中学生遇到的问题用多媒体课件系统、形象地展现出来，并引导学生分析问题、解决问题。教师可通过反复播放、定格、慢放、回放等操作，使短暂的技术动作停留在某一时点或某一空间定位上，而后再穿插对该技术动作的分析讲解，化解教学难点、突出教学重点，进而帮助学生对技术动作形成正确的认知，强化对田径技术理论的理解，提高学习效果。

4. 演示法的注意事项

第一，教师在选择演示的过程中，首先要依据所教授的技术动作，学生技术基础及接受能力，有针对性地选择演示内容、手段，并且可应用夸张变形的演示方法，加大错误动作的可视性，通过正确与错误的显著对比，使学生充分理解技术动作和学习规律，提高学习效果。

第二，在演示教学中，教师不能一味地只关注自己的亲身示范或课件演示，而是时刻要与学生进行交流互动，充分发挥教师的主导作用，突出强调学生的主体地位。

第三，教师运用演示法要根据教学条件和学生的实际需求，使演示教学具备一定的启发性、趣味性和可操作性，拓展学生的思路，引导和培养学生分析解决问题的能力。

（三）分解教学法与完整教学法

分解教学法是指将完整的动作分成几个部分，逐段进行教学的方法。一般适用于运动技术难度较高、动作结构复杂而又可分解的运动项目。这种教学方法的优点是把动作技术的难度相对降低，对复杂过程予以分解，便于学生掌握和突出教学重点、难点，还有利于增强学生学习的信心。其缺点是不利于学生对完整动作的领会，甚至妨碍其对完整动作的掌握。完整教学法是从动作开始到结束，不分部分和段落，完整、连续地进行教学和练习的方法，一般适用于运动技术难度不高、动作结构不太复杂而又没有必要进行分解的运动项目。这种教学方法的优点是教学中能保持动作结构的完整性，易于形成动作技术的整体概念和动作间的联系。其缺点是动作细节有时做得不够准确、细致。为了提高分解教学法与完整教学法的教学效果，在实际运用中应做到以下几个要求。

1. 分解教学法

（1）划分动作时，应注意其相互之间的内在联系，不能随意地分解成几个单个动作，要考虑每个动作前因后果的衔接关系，要保证每个练习符合基本技术的要求及其节奏特点和完整性，一般跨栏跑、跳跃、投掷等项目常采用分解教学法。

（2）使学生明确所划分的段落或部分在完整动作中的地位和相互联系。

(3) 分解法要与完整法结合运用，分解法的主要作用在于减少学生学习中的困难，最终达到完整掌握动作的目的。所以，分解动作的练习时间不宜过长，只要基本掌握即可与其他段落或部分连接起来进行练习。

2. 完整教学法

（1）在田径教学中的完整法与分解法也只是相对而言，实际上没有绝对的完整教学法，即使跑的项目，也不可能一开始就将起跑、起跑后的加速跑、途中跑、终点跑四个部分完整地进行练习，在教学中也必须一个个环节分别进行教学，因此，完整教法中也包含着分解教法的因素。

（2）在完整技术练习中，不可能一开始就做得很正确，也不应面面俱到地提出要求，以免造成顾此失彼现象，应分阶段地提出不同的重点和要求。

（3）在完整教学中，可有意识地降低动作难度帮助学生完整地掌握动作。如跨栏跑教学中适当降低栏架高度和缩短栏间距离，跳高教学中降低横杆高度，跳远教学中利用踏跳板，投掷教学中减轻器械重量等。

二、田径运动常用教学方法

（一）条件教学法

条件教学法是指利用具体、形象的标志物或借助外在条件的帮助，给学生指示动作的方向、幅度、轨迹、节奏以及通过触觉和肌肉的本体感觉，直接体会动作的要领，辨别空间与时间的关系，从而形成正确的动作。

1. 条件教学法的运作程序

（1）寻找出各项目的教学重点、难点或教学中易出现的错误动作。

（2）选择适宜的外在条件或利用具体、形象的标志物帮助学生体会正确的技术动作。

2. 条件教学法的运用实例

在跑的教学中，采用踩着直道分道线跑，培养学生跑的直线性；采用跑"格子"，帮助形成合理的步长、步频；利用自行车、摩托车等，在控制一定速度下进行牵引跑，以培养学生的肌肉反应及速度感觉；采用阻力跑（拖重物跑、拖降落伞跑、在练习者前推其双肩等），利于学生体会后蹬动作。

在跨栏跑的教学中，在起跨点、下栏点、栏间跑各着地点处画标志线，以帮助学生形成适宜的起跨距离、下栏距离，以及合理的栏间三步步长；或攻栏时，利用吊球、树枝来要求练习者的手臂、攻栏腿脚掌触及标志物，以提高攻栏效果。

在跳远教学中，踏跳板的应用，以利于学生延长空中腾空时间；助跑道上设立标志物，帮助形成良好的助跑节奏和合理的步长。在跳高教学中，也可通过设立标志物，画线等帮助确立合理的起跳点。

在铅球教学中，当练习者最后用力推球时，顺势推其投掷臂肩部，使其体会最后用力的送肩、伸臂推球的动作，或在出球方向前，设置一定高度的绳子，要求铅球在绳子之上越过，以帮助形成合理的出手角度。

除此以外，运用定时形式也较多，如按口令节奏做练习，按击掌或节拍器的节奏做练习，培养节奏感和速度感。

3. 条件教学法运用的基本条件

要求教师专业知识扎实，教学经验丰富，所选择的外在条件或设置的标志物能体现教学重点、难点，符合学生实际，有利于帮助学生形成正确的技术动作。

（二）探究学习教学法

探究学习是指在学习过程中教师注重引导学生，通过实践不断寻求答案的学习活动。探究学习按学生思维方式的不同，可分为归纳探究（从个别到一般）与演绎探究（从一般到个别）。

1. 探究学习教学法的运作程序

（1）提出要求解决或研究的问题。

（2）对所提出的问题，设置解答的假设（试探）。

（3）创设特定问题的情境，使学生面临实际矛盾之中。

（4）寻求解答问题的论点、论据并展开争论。

（5）对争论做出共同的结论。

2. 探究学习教学法的运用实例

现以短跑教学为例，说明"归纳探究"教学法的运作程序与步骤。

（1）短跑单元第一节课向学生提出一些问题：如"决定短跑运动成绩的因素是什么？""步长、步频何者更为重要？"，让学生去探究。

（2）让教学对象每人跑一次100米，并测下每位同学百米跑成绩、全程跑步长、全程跑步频三个数据，然后让学生对每个人的测试数据进行分析、讨论、归纳，从而寻找出规律，得出相应结论。经过分析、讨论、归纳，有的同学认为对于百米跑成绩而言，步长更为重要；有的同学则认为步频更为重要。

（3）教师让认为"步长更重要"的同学用加大步长的方法再跑一次，结果步长增加了，但步频下降了，百米成绩反而不如第一次的测试成绩。此时，认为"步长重要"观点的学生动摇了。同样让认为"步频更重要"的同学用加快步频的方法再跑一次，结果步频增加了，但步长缩短了，百米成绩也下降了。此时，认为"步频重要"观点的学生也动摇了。通过教师创设的特定情境，以及学生的尝试、探究使同学们陷入一种矛盾之中，不知所措。

（4）当学生面临实际矛盾之中时，教师要趁热打铁，积极引导学生自己寻求答案，可通过查阅有关资料寻找论点、论据，并展开争论。此时，同学们会存在各种不同的观点，各抒己见，找出很多论据来支持自己的观点。

（5）当学生百思不得其解，争论的结果又无法达成一致时，教师要从专业角度，并针对学生们争论的焦点、认识上存在的问题进行分析，最后得出结论。

3. 探究学习教学法运用的基本条件

（1）学生对所学项目的基本知识有一定的了解，一般适用于初中以上的学生。

（2）教师专业知识扎实，教学重点把握准确，并且善于启发引导。

（三）内隐学习教学法

所谓内隐学习教学法是通过给学生建立一个目标，使学生在一种无意识的状态下，完成一系列所期望的正确动作。运动心理学原理告诉我们：人在某种意识支配下，会无意识地做出一系列动作。大量研究结果表明：在人的心理现象中，除了意识领域外，还存在着一个巨大的尚未被认识的无意识领域。同样道理，人的学习除了有意识外，也可以在无意识状态下，不知不觉地进行，在人的有意识的学习系统之外存在着一个相对独立的内隐学习系统，该系统运行是自发进行的，无须主观努力，因而有着无限的心理资源和巨大的心理容量。

1. 内隐学习教学法的运作程序

（1）对要学习的动作技能进行技术分析。

（2）深入了解各动作之间的内在联系和因果关系。

（3）确立意识目标（意识提示、指向）。

2. 内隐学习教学法的运用实例

在背越式跳高教学中，为了使学生做出杆上挺髋动作，可运用"补偿运动"反射原理，要求学生在最高点时做头后仰动作，当学生做头后仰动作时，会无意识地做出挺髋动作（确立的目标是头后仰，并非挺髋，但头后仰与挺髋有因果关系）；跨栏跑起跨攻栏时，为了使学生做出攻栏动作，可运用"相向运动"反射原理，要求摆动腿异侧臂手掌触摸摆动腿脚掌，当做这个动作时，自然而然地形成上体攻栏动作（确立的目标是摆动腿异侧臂手掌触摸摆动腿脚掌，并非攻栏动作，但手掌触摸摆动腿脚掌与攻栏动作有因果关系）；推铅球教学中，为了使学生做出最后用力时的抬头挺胸动作，可要求学生铅球出手后，铅球跃过前方一定高度的横杆或橡皮绳，自然就会做出抬头挺胸的动作（确立的目标是铅球跃过前方一定高度的横杆或橡皮绳，并非最后用力时的抬头挺胸，但铅球跃过前方一定高度的横杆或橡皮绳与抬头挺胸有因果关系）。

3. 内隐学习教学法运用的基本条件

（1）教师对所学的技术动作有较深的理解和体会，能把握技术动作的重点、难点和关键，以及动作之间的内在联系。

（2）所确定的目标或意识，能使学习者无意识地做出一系列的正确动作。

（四）项群分类教学法

它是指将田径运动项目中动作结构基本相同，技术环节基本相似的技术动作归为一类，并将同类中的各项目衔接安排、混合教学。技能迁移是项群分类教学的理论基础，是学习和训练过程中必然发生的一种现象。迁移有正迁移、负迁移、零迁移三种情形，如何充分利用动作技能相互间的积极影响，是提高教学效果的有效途径之一。

1. 项群分类教学法的运作程序

（1）将各种动作结构基本相同、技术环节基本相似的技术动作进行分析、归纳，找出共同的规律，作为安排教学的依据。

（2）将具有共同要素的项目（项群类）衔接安排、混合教学。

（3）优化教学过程，将项群类中各项目相同的要素提取出来，避免重复教学，提高教学效率。

2．项群分类教学法的运用实例

通过对田径各项目的理论分析、专家调访，以及专家函调结果的模糊聚类，可将田径各项目分为三类：第一类为速度与耐力类，包括短跑、中长跑、跨栏、跳远、三级跳远；第二类为弹跳类，包括跳高、撑竿跳高；第三类为力量类，包括铅球、标枪、铁饼等。以力量类为例，根据运动技能迁移原理，将铅球、标枪、铁饼三个项目衔接起来集中进行教学，并分为两个阶段进行，第一阶段为单项教学阶段（30学时），其教学顺序为：铅球（12学时）→标枪（12学时）→铁饼（6学时）；第二阶段为组合教学阶段（16学时），每次课安排两个项目或三个项目混合教学，组合方式为：铅球＋标枪（4学时）→标枪＋铁饼（4学时）→铅球＋铁饼（4学时）→铅球＋标枪＋铁饼（4学时）。

3．项群分类教学法运用的基本条件

（1）项目的归类合理、有代表性，同一项群类项目确实含有相同的要素。

（2）教师专业基础知识扎实，具有较强的概括化能力，善于引导。

（3）教学方法、手段的选择得当，时机合理、及时。

（五）合作学习教学法

它是指以合作小组为基本形式，利用教学中动态因素之间的互动，在教师的引导下，让学生在合作互动的情景中探索问题，掌握技术，并以团体成绩为评价的主要依据进行评定成绩，从而共同达到教学目标的教学活动。在教学目标上突出教学的情意功能，追求教学的认知、情意和技能目标均衡；在教学过程上，强调师生之间、生生之间的互动，更注重学生"学"的活动，突出学生的主体地位；在教学形式上，强调以班级授课为基础，以合作学习小组为基本形式；在运作机制上，强调启发、引导、探究，强调合作与团队竞争相结合的机制；在评价上，采取团体成绩为主的评价方式。

1．合作学习教学法的运作程序

（1）分组。

依据不同的学习内容（运动项目），将全班学生平均分为好、中、差三个不同的水平等级，然后以六人为一个"合作学习小组"，每个小组包含好、中、差水平等级的学生各两名。

（2）教学组织与过程。

以"示范→尝试→引导→探究→掌握"为基本的教学程序和模式，以合作小组为基本学习形式。首先教师进行技术示范或利用其他媒体等手段将完整技术展示给学生，使学生对技术动作有一个基本的概念和感性认识，形成完整的动作表象。示范前教师要提出明确的学习目标和要求，帮助学生有目的地观察和思考；然后学生对技术动作进行尝试，初步体验技术动作，以便对动作结构、动作要领、动作过程有一个本体体验；在经过若干次的尝试后，教师要及时进行引导，特别对技术动作的重点、难点、关键要重锤、重敲，让学生以合作小组的形式，共同去探究问题、发现问题，并在教师的引导下对问题的成因进行技术分析和逻辑分析，从而提出解决问题的方法，最后达到共同掌握技术动作的目标。

（3）评价。

每个项目的考核成绩由两部分构成，个人成绩占50%；合作小组平均成绩占50%。即各项目考核成绩 = 个人达标成绩×50% + 小组达标平均成绩×50%。

2. 合作学习教学法的运用实例

以跳远教学为例，教学初对教学班每位同学的跳远技术、达标成绩，以及身高、速度、弹跳等几个主要的形态和素质指标进行测评。并按好、中、差分为三个不同的水平等级，然后以六人为一个"合作学习小组"（每个小组包含好、中、差水平等级的学生各两名）进行学习。教学结束时学生的考核成绩由两部分构成，个人成绩占50%；合作小组平均成绩占50%（各部分比例可根据具体情况调整）。

3. 合作学习教学法运用的基本条件

（1）学生对所学内容有一定的基础。

（2）教师心理学、教育学以及专业知识等方面掌握得较扎实，对学生的特点、个性，以及所学内容的基础情况较了解。

（3）为学生设置的教学情景符合学生实际，有利于学生相互之间互动，并且教师善于启发引导。

（六）程序教学法

程序教学法，就是按照规定的教学顺序把教学内容分成一些有规律的、逻辑上完整的分子重新组合序列，依据教学目的、任务和要求进行教学的全过程。又称为"小步子教学法"，即指对所学教材，按照严格的顺序，一步一步地学习的方法。根据反馈，如果某一步程序任务没有完成，则返回到前一程序教学步骤中重新学习，待该程序任务完成后，再进行下一步骤的学习。程序教学法分为两大程序，直线程序（由美国斯金纳首创的）和分支程序（由美国克洛德创立的）。

直线程序：

① → ② → ③ → ④ → ⑤ ……

分支程序：

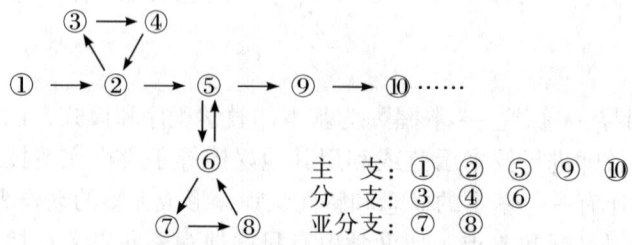

1. 程序教学法的运作程序

程序教学法的运作程序一般为：确定目的 → 选择程序 → 内容编制 → 制定序列 → 实践反馈 → 考核评定。

直线程序是把学习的内容直线排列循序渐进，由简到繁，由易到难，并把这些学习内容划分成很多连续的小单元（步子），展现给学生，要求他们把所有内容按照顺序一步一步地学完，不能随意跳跃任何步子。

分支程序是为适应学生的个性差异的需要而采取多重步子。学生完成一个步子学习后，立即进行测验，以测验结果判断已学会的学生是否能继续学习下一步的内容。未这会的学生，根据实际情况选择适宜的学习内容继续学习，或者复习上一步的内容直到掌握，再重新学习下一步新内容。

2. 程序教学法的运用实例

（1）直线程序教学模式。

以跨栏跑的栏间节奏跑教学为例，程序设计如图 2 - 1 所示：

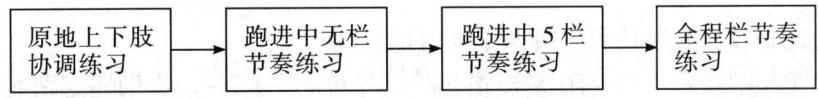

图 2 - 1　栏间节奏跑教学程序设计

程序之一：原地上下肢协调练习。
①原地摆臂节奏练习。
②肋木摆臂正压腿节奏练习。
③跨栏坐摆臂练习。
④原地半抬腿拍膝练习。

程序之二：跑进中无栏节奏练习。

栏间采用画白线、贴胶布的方法进行标记，诱导学生按标记的步长比例完成跨栏步和栏间跑，以获得尽可能合理的栏间节奏。
①60 米行进间模仿栏间节奏跑练习。
②60 米行进间拍膝跑或异侧够脚尖跑练习。
③60 米行进间模仿摆动腿攻栏与起跨腿侧平拉配合的剪绞练习。

程序之三：跑进中 5 栏节奏练习。

采用栏间距为 8.5 米、8.7 米、9.14 米，栏高分别设置为 0.762 米、0.84 米、0.914 米进行跨栏角和栏上过 5 栏练习。

程序之四：全程栏节奏练习。

采用栏间距为 8.5 米、8.7 米、9.14 米，栏高分别设置为 0.762 米、0.84 米、0.914 米进行跨栏角和栏上过栏练习。

（2）分支程序教学模式。

以挺身式跳远教学为例，程序设计如图 2 - 2 所示：

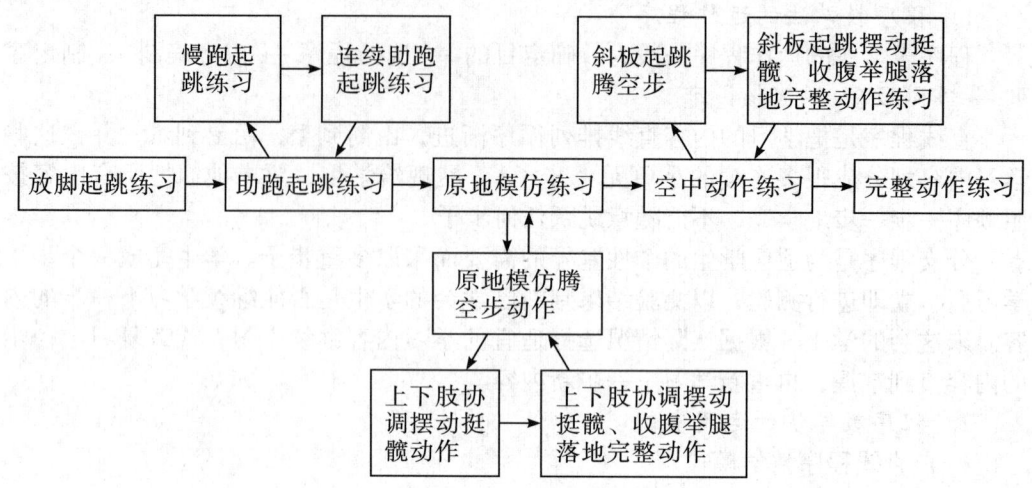

图2-2 挺身式跳远教学程序设计

①起跳脚放脚起跳技术：脚掌滚动着地起跳技术。

②助跑起跳技术：30~50米慢跑起跳动作练习→2~3步助跑起跳练习→50米连续助跑起跳练习。

③原地模仿练习：原地模仿腾空步动作练习→上下肢协调摆动挺髋动作练习→上下肢协调摆动挺髋、收腹举腿落地完整动作练习。

④空中动作练习：4~6步助跑踏斜板起跳腾空步练习→4~6步斜板起跳摆动挺髋、收腹举腿落地练习→4~6步斜板起跳腾空步、摆动挺髋、收腹举腿落地完整练习。

⑤完整动作练习：半程助跑起跳腾空落地练习→全程助跑完整技术动作练习。

3．程序教学法运用的基本条件

（1）教师对所教项目技术动作有较深入的认识与过硬的基本专业素质，并熟知学生在教学练习过程中普遍存在的一些规律与问题，熟悉所教运动技术的系统性和连贯性。

（2）程序教学法应结合学生实际情况，如个体差异、能力水平、心理水平、学习特点等因素因材施教，严格制定教学程序、合理安排教学内容与结构。

（3）程序教学法采用低起点，小步子，由简到繁，由易到难的方式编排设计，比较适用于初学者。

第四节 中小学田径运动的教学特点及注意事项

一、小学阶段学生生理与心理特点及教学注意事项

该年龄段的学生神经系统发育一般特征是神经灵活性较高，兴奋过程比抑制过程占优势，注意力集中时间较短，聚精会神地注意某一事物的时间为20~25分钟，长时间的讲解、示范会使学生失去兴趣。骨骼与肌肉生长发育一般特征是软骨成分较多，骨化过程尚未完成，肌肉发育不如骨骼发育快，肌肉群之间的各自发育速度也不完全一致，特别是小肌肉发育较慢。心血管与呼吸系统生长发育一般特征是心脏肌发育不如骨骼肌增长快，心脏收缩力弱，心跳频率快，呼吸频率也快，呼吸浅。心理活动一般特征是好奇心大，求知欲强，善模仿，爱游戏，富于想象力。

针对小学阶段学生生理与心理的特点，在田径教学中应注意以下几个方面。

（1）采用多样化练习和直观性教学手段，以及适宜的游戏练习，全面发展身体素质，掌握多种运动技能。

（2）要注意学习田径运动基本动作和基本技术，发展动作速率，提高步频能力。

（3）减少单调练习的时间，掌握好活动量，防止过于兴奋和疲劳，在发展跑的耐力时应采用形式多样的跑法或带有游戏性质的耐力跑，从而达到发展耐力的目的。

（4）对儿童坐、站立、走、跑等要进行正确姿势教育和严格要求，要减少减轻骨骼的震动、摩擦、负荷，在进行跑、跳练习时，尽量选择较软的场地，应穿软底鞋，避免跟骨受伤。

（5）在力量练习时，不宜负荷过重，应以动力性力量练习为主，少做静力性练习，以促进骨骼肌肉正常生长发育。

（6）儿童心脏搏动较快，呼吸较快，深度较浅，负氧债能力差，应安排一些较长时间而且强度小的跑步练习，增进心血管机能，发展有氧耐力。

（7）田径教学中游戏的目的要有助于提高教学效果，有助于走、跑、跳、投技能的形成，应主要采用集体竞技比赛的形式，使儿童们都以相同的活动量参加游戏，但不能以游戏完全替代田径教学。

（8）思想上必须重视安全工作，加强对学生的安全教育，课前认真备课，认真检查器材及布置好场地，课程的准备部分做好准备活动，课程的结束部分做好放松整理活动，将伤害事故的发生率降到最低限度。

二、初中阶段学生生理与心理特点及教学注意事项

该年龄段的学生神经系统发育一般特征是脑神经细胞的分化机能达到了成人的水平，第二信号系统的作用有显著的提高，理解和掌握运动技术能力显著增强，是

学习和掌握田径运动技术的最佳时期，同时神经活动过程的兴奋性和灵活性比成人高，使机体容易较快地进入工作状态。骨骼与肌肉生长发育一般特征是骨骼仍处于继续骨化的过程，脊柱仍有很大的柔韧性，肌肉质量增长，但肌肉增长仍落后于骨骼增长，他们的力量、速度在较快地增长，运动能力的自然增长也较快。心血管与呼吸系统生长发育一般特征是心血管和呼吸系统发育较快，机能也显著增强，肺活量逐渐增大，血压随年龄增长而增高，心脏工作主要靠加快收缩频率完成的，消耗能量比成人多。少年初期是半幼稚、半成熟的时期，是独立性和依赖性、自觉性和幼稚性并存的时期，这个时期的学生具有半儿童半成人的心理特征，力图批判地学习知识和运动技术。

针对初中阶段学生生理与心理的特点，在田径教学中应注意以下几个方面。

（1）采用多样化的练习手段和方法，全面发展身体素质，掌握多种运动技能，特别要注意发展反应时、速度、协调性和动作速率。

（2）田径教学课的准备活动时间应比成人短，整个教学安排的运动量不要太大，确保学生身体正常发育生长。

（3）力量练习时不要采用负荷量过重的练习，多采用跳跃和中小力量练习，特别要注重发展较弱肌肉群的力量，使各肌肉群协调发展，使各运动动作协调高效。

（4）第二性征的出现，男女少年性别差异显著，在教学中应按男女分组进行，如条件限制无法分组时，要注意区别对待。

（5）该年龄段学生有时过高估计自己的能力，控制不住自己的行动，容易参加力不能及的练习和运动，不利于身心健康发育，不利于正确掌握田径技术，甚至造成伤害事故，教师要掌握适宜的练习负荷，加强引导并监督学生按计划进行练习。

（6）要使学生明确学习目的，端正学习态度，培养学生学习田径的兴趣，深刻认识到田径各项与其他项目之间的内在联系和互相促进作用，从而认识到学习田径的重要性。

（7）要根据学生认识事物的发展规律、人体机能运动规律和动作技能形成规律，由已知到未知、由浅入深、由易到难、由简到繁，合理地安排教学内容，科学地选择教学方法。

（8）思想上必须重视安全工作，加强对学生的安全教育，特别是投掷、跳跃、跨栏等内容的教学要重视安全措施，课前认真备课，认真检查器材及布置好场地，课程的准备部分做好准备活动，课程的结束部分做好放松整理活动，将伤害事故的发生率降到最低限度。

三、高中阶段学生生理与心理特点及教学注意事项

该年龄段的学生神经系统发育一般特征是中枢神经系统指挥机体各器官、系统的能力进一步提高，兴奋和抑制过程已趋平衡和稳定，大脑分析综合能力增强，智力进一步发展，调节自身运动能力比较强，学习运动技术更加协调，神经系统的机能已基本达到成人水平。骨骼与肌肉生长发育一般特征是男生的骨骼、肌肉都发育较快，骨骼较粗、较重，凸起部分较为明显，女生的骨骼相对较细、较轻，骨面较

为圆滑；男生肌肉增多，脂肪较少，女生肌肉相对较少，脂肪较多；男生比女生肌肉力量较大，女生肌肉弹性和柔韧性较好，且他们的骨骼、肌肉发育接近成人或基本达到成人水平。心血管与呼吸系统生长发育一般特征是男生生理机能还处于发展阶段，女生生理机能发展已逐步趋向稳定阶段，他们的心脏每分钟搏动次数和呼吸频率都较少，男生比女生还少，肺活量都增大，男生肺活量增大更为明显，他们的心血管与呼吸系统机能已能承受持续较大强度的练习。心理活动一般特征是自觉性、独立性已有显著增长，独立思考能力得到高度发展，接近成人水平，兴趣也较稳定，也是世界观开始形成的时期。

针对高中阶段学生生理与心理的特点，在田径教学中应注意以下几个方面。

（1）在田径教学或训练中应适当参加多项练习（全能运动和球类运动），进一步全面发展身体素质。

（2）进行大强度练习时应避免或减少超负荷量的练习，不应采用过多对兴奋或抑制要求很高的练习，以便使他们神经系统兴奋与抑制过程平衡和稳定更加巩固。

（3）女生由于体重明显增加，往往导致动作幅度减小，动作有些迟钝，要加强腿部力量、腹肌力量、肩带肌力量和柔韧性的练习，尽量保持较大的动作幅度。

（4）要注意培养学生独立完成各种练习的能力，提高分析问题和解决问题的本领，帮助学生树立正确的世界观。

（5）教学课中运动量的安排要科学、合理，应根据学生的健康状况、素质水平和技术掌握情况来确定，一般规律为"量"和强度成反比，"量"较大时，强度不能太大，反之，强度增加时，"量"要适当降低。一般来说，教学课的运动量不能太大，以中等量为宜。

（6）在教学的提高阶段，要精讲多练，让学生有更多的时间进行练习，充分体现学生的主体作用，促进学生技术的掌握、巩固和提高。同时还应根据各学生的具体情况，注意个别对待。

（7）思想上必须重视安全工作，加强对学生的安全教育，特别是投掷、跳跃、跨栏等内容的教学要重视安全措施，课前认真备课，认真检查器材及布置好场地，课程的准备部分做好准备活动，课程的结束部分做好放松整理活动，将伤害事故的发生率降到最低限度。

第五节　田径运动教学的考核与评价

考核是田径教学过程中不可缺少的重要环节，通过考核可以提供教学反馈信息，及时发现问题和不足，以便调整教学计划，改进教学方法，从而使教学过程组织得更科学；通过考核有助于培养学生自我评价的能力，不仅使学生了解自己掌握田径基本知识、技术和技能的程度，而且还是鞭策学生不断进取，积极向上的有效手段。因此，国内外都很重视成绩的考核和评价。

当前，在全国范围内正在进行"体育与健康"课程的改革，新的课程标准是建立在全新教育理念基础上，对原有的体育课程进行改革，在成绩考核方面，突出强调教学评价的多样性，使课程有利于激发学生的运动兴趣，养成体育锻炼的习惯，促进学生在身体、心理和社会适应能力等方面健康、和谐地发展。课程标准将课程目标细化为运动参与、运动技能、身体健康、心理健康和社会适应五个领域目标。这五个学习领域实际上由两条主线组成：一条是身体活动主线；另一条是健康主线。

田径课程作为体育教育专业课程方案中的一门必修课程，其教学思想、教学目标、课程考核内容、标准等必须与中小学"体育与健康"课程改革的理念相吻合，避免脱节，以适应当今体育教学改革的需要，但又不能完全按照中小学"体育与健康"课程标准进行考核，还应结合体育教育专业的特点确定考核的内容、范围和形式。考核与评价内容是教学目标的缩影，考核必须体现学习内容和课程目标的范围与属性。在田径课程的考核中，应把学生的基本知识、基本技术、基本技能、学习态度和情意表现纳入学习成绩考核与评定的范围。

一、学生成绩考核与评价的基本要求

从田径课程学生成绩考核与评定的内容看，基本知识与运动成绩的评定容易量化，属客观性评价范畴；而学习态度、情意表现、基本技术的评定则难以量化，属定性的、主观性的评价。因此，在田径成绩考核与评价中，应注意以下四方面的结合。

（一）学生评价与教师评价相结合

教学是教师与学生的双边活动，在教学系统中教师起主导作用，学生则是教学的主体。在成绩评价中，如果单纯由教师进行评价，难免会有不准确，甚至带有主观偏见性，这在一定程度上会挫伤学生学习的积极性，久而久之使学生慢慢地厌倦田径课，不利于学生养成终身坚持体育锻炼的习惯。因此，在田径教学中，从课程设计到学生成绩评价的各个环节，始终要把学生放在一个重要位置来看待。在注意发挥教学活动中教师主导作用的同时，要特别强调学生学习主体地位的体现，充分发挥学生的主观能动性，利用评价手段，因势利导，指导和帮助学生正确地进行自我评价和相互评价，让每个学生都能参与到教学中来，通过自我评价和相互评价更好地看到自己的进步或不足，从而激励和鞭策自己更有效地学习。当然，在强调学生评价的前提下，并不否认教师的评价。应将学生自评、同学互评、教师评价有机地结合起来。

（二）形成性评价与终结性评价相结合

终结性评价是我国各级学校田径课程教学中普遍采用的成绩评价方法。由于这种"一锤定音"的评价方式往往是在阶段学习或学期、学年结束时进行，因而在很大程度上失去了评价的反馈功能，对激励学生学习，帮助改进教与学的方法以及提高教学效果成效不大。由于终结性评价，其着眼点更多的是甄别作用，目的在于对学生的田径课程学习成绩进行优、良、中、差的等级评定。这种评价方法往往导致考试成绩好的学生沾沾自喜，不求进步；考试成绩差的学生则容易产生畏难情绪，最终失去学习的信心。目前，世界上很多发达国家在体育课程中已普遍采用形成性评价。其着眼点在于学习的整个过程，通过各种评价方法和工具，经常对学生的学习态度、情意表现、技能掌握程度、体能锻炼效果等方面进行评定，并将结果及时反馈给学生，以便及时得到强化。尽管终结性评价方法简便易行，而形成性评价比较烦琐，不易操作，但形成性评价方法更有助于学生有效地学习和进步。因此，在教学中应将形成性评价和终结性评价有机结合起来。

（三）相对评价与绝对评价相结合

所谓相对评价是指根据个人在学习中进步的幅度进行评价；绝对评价则是指在评价中不考虑个体差异，均采用统一的评价标准进行评价。目前，在我国各级、各类学校中，对学生体育成绩的评价普遍采用的是绝对评价方法，即以学生最后成绩达到的程度为依据进行评分。由于每个学生的身体条件不同，起点各异，往往造成身体条件差的人无论怎样勤学苦练，也得不到高分；相反，体育基础好的学生并不需要努力却轻而易举地得到高分。这种评价方法在应用上固然方便，但并不能反映学生学习成就上的变化及教学效果的优劣，在一定程度上影响了学生学习的积极性。

近年来，美、日、德、俄等国在体育课程的学习评价中，往往将绝对评价与相对评价结合起来，特别是对体能和运动技能的评价，更多地运用相对评价方法，尤其重视对学生"努力程度""进步幅度"的评价。日本对学生体育学习成绩的评定充分考虑到学生学习态度和行为的进步，提出了依据每个学生的实际进步情况进行考评的思想；美国最佳体适能教育计划更是强调个体评价的意义，指出学生应依据个人的进步得到评价，而不是通过相互比较或统一的标准来衡量。由此可见，相对评价有助于学生看到通过自己努力所取得的进步，并得到强化和肯定，从而激起进一步学好的愿望。当然在肯定相对评价方法的同时，也不能完全否定绝对评价的作用，在教学中应将两种评价方法合理、科学地结合起来。

（四）主观性评价与客观性评价相结合

在田径课程的成绩考核中，运动成绩、身体素质、体能等可测量性指标比较容易量化，一般采用客观评价方法就能有效地测评出所要评价的内容，但学生的学习态度、心理、情意表现、自信心、意志品质、行为等则难以准确量化，一般采用主观性评价方法。在主观性评价中，由于评价者的角度不同、学识水平不同，评价的侧重点也不尽相同，也许会有不同的倾向性，导致评价结果的"三性"受到一定的影响。因此在对学生学习态度、兴趣、努力程度、意志品质等方面的内容进行评价时，可定性和定量相结合，主观和客观相结合，将定性的东西合理量化。例如对于学习态度的测评，除了可采用态度量表的形式外，还可对学生课中、课外参加练习的次数、表现等进行记录和统计，以此反映学生运动参与程度。总而言之，一切主观性的评价内容都可通过学生课中练习次数，投入程度等行为表现进行量化，为客观化评价奠定基础。

二、学生成绩考核与评价的内容和方法

田径课程教学的考核内容应包括理论、技术、技能、学习态度与情意表现。技

术考核又分为技术评定和成绩达标。

（一）田径运动基本知识的考核与评定

对田径基本知识的考核一般可采用笔试、口试等方式进行。在具体操作形式上可采用开卷与闭卷相结合，主要考查学生对田径运动的作用、意义、基本常识等方面掌握的程度。

（二）田径运动成绩的考核与评定（成绩达标）

各校可根据各自实际情况确定田径考核项目。测试手段、要求一般按田径竞赛规则进行。

达标成绩的评定应考虑学生个体差异、努力程度和进步幅度等因素，可按绝对成绩与相对成绩（进步成绩）结合起来进行评价。教学结束时的达标成绩依据"绝对评价标准"进行评分；进步成绩（教学结束时的达标成绩－教学初始时的达标成绩）依据"相对评价标准"进行评分。达标总成绩＝绝对成绩×50％＋进步成绩×50％（绝对成绩、进步成绩所占比例可根据实际情况进行调整）。

（三）田径运动技术的考核与评定

1. 专家评价法

所谓专家评价法就是选择各个项目经验丰富的行家对学生的技术动作进行定量评价。这是田径教学技术评定中最为常用的方法。该方法的特点是操作方便，但是，由于专家评价法主要依靠专家们的主观经验进行评定，因此，评价结果的有效性、可靠性在很大程度上会受到专家们的知识、业务水平、经历、专业经验的影响。为了提高评价结果的"三性"，所挑选的专家必须具备较高深的专业知识，公正无私，具有独立见解。

专家评价结果的有效性和评价的质量，与参加评价的专家人数有关。参加的专家人数过少，则每一名专家所起的作用就越大，对评价结果所产生的影响也就越大。这样，势必会夸大每个专家的作用。而参加的专家人数过多，又不便于操作。在田径教学的技术评价中，一般认为3名专家进行评分比较适宜，可采取去掉最高分、最低分，取中间分为最后得分；也可采取3名专家的平均分为最后得分。

2. 全程技术与半程技术比较法

学生完整技术动作所表现出来的运动成绩与分解技术动作所表现出来的运动成绩的差值，可以作为衡量完整技术动作效果的评价指标。

（1）跨栏项目：全程栏成绩－平跑成绩（数值越小反映技术越好）。跨栏周期平均速度/平跑速度（反映跨栏跑与平跑速度差距大小。该系数越接近1，表明跨栏跑时平跑速度利用率越高，跨栏技术水平相对越高。优秀运动员可达90％左右）。栏间跑第一步速度/跨栏步速度（反映过栏技术与栏间跑技术结合能力。该系数大于1，表明过栏后立刻转入栏间跑，跑跨结合好。优秀运动员的该系数超过1）。跨栏步速度/栏间跑第三步速度（反映栏间跑第三步技术与跨栏步技术结合情况。该系数越接近1，表明过栏时水平速度下降越小，栏间跑技术与跨栏步技术结合越紧密。优秀运动员可达90％以上）。

（2）跳类项目：全程助跑成绩 - 半程助跑成绩（数值越大反映技术越好）。

（3）投掷类项目：完整投掷成绩 - 原地投掷成绩（数值越大反映技术越好）。

（四）学习态度与情意表现的评定

作为学习的评定，从教育测量学的角度出发，是指根据一定的标准对教育过程中所产生的思想、学业、行动和个性等方面的变化进行评价的过程。目前一些发达国家在各门课程的评价中愈来愈重视学生的学习态度和情意表现。

1. 学习态度的评价

对于学生学习态度的评价指标可包括以下几个方面。

（1）在田径课中能否全身心地投入。

（2）能否积极思考，为达到目标而反复练习。

（3）能否认真接受教师的指导。

（4）田径课出勤情况。

（5）课外能否积极地进行练习。

（6）运动成绩与运动技术的进步幅度。

2. 情意表现的评价

对于学生情意表现的评价指标可包括以下几个方面。

（1）能否战胜胆怯、自卑，充满自信地进行学习与练习。

（2）能否敢于和善于克服各种主观、客观的困难与障碍，挑战自我、战胜自我，坚持不懈地进行学习与练习。

（3）能否善于运用各种心理调节手段调控自己的情绪（平静面对挫折和失败），排除干扰，心静如水地进行学习与练习。

3. 学习态度与情意表现的评定措施

对于学习态度、情意表现等方面的考核，可采用自我评价、相互评价和教师评价相结合的方式进行评定。

田径课程考核内容、考核方法、评分标准，以及总成绩的计算方法，各校可根据本校教学目的、特点自行确定，不必千篇一律。

思考题

1. 田径教学中如何遵循田径课程教学的一般规律？试举例说明。
2. 在田径教学中，运用讲解教学时应注意什么？
3. 在田径教学的示范中，应如何选择和确定适宜的示范位置？
4. 在田径教学中，选择教学方法应遵循什么标准？
5. 任选一种教学方法设计一堂田径教学课。
6. 试述小学、初中、高中田径课教学的特点及要求。
7. 试述田径课程学生成绩考核与评价的基本要求。
8. 田径课程学生成绩考核应包括哪些内容？

第三章

田径运动竞赛组织与裁判工作

学习要点：本章编写突出了田径运动竞赛组织与裁判工作的实操性，一般田径比赛可根据举办规模和组织条件，直接参照本章应用。通过本章学习，使学生了解田径运动竞赛组织与编排记录公告组赛前、赛中、赛后工作内容，重点掌握田径运动竞赛裁判分工及裁判工作人员配备，所需器材和物品的内容和工作方法。如何在实践中组织、编排、执裁是本章学习的难点。

第一节 田径运动竞赛组织工作

一、田径运动竞赛组织机构和工作系统

田径运动会的组织与实施是一项复杂而细致的管理工作，为了统一领导，便于工作，必须建立一定的组织机构，其形式和规模根据实际需要确定。

（一）竞赛组织机构

田径竞赛的组织工作是以体育主管部门为主，在其他有关部门密切配合下进行的，领导机构为采取委员会制的组织委员会（以下简称"组委会"）。一般设主任1人，委员若干。无论比赛规模大小，组委会均是全面领导运动会各项工作的最高机构。建立组委会下设的各专门职能机构是田径竞赛组织、管理工作的关键，是保障田径比赛顺利完成的重要环节。因此，合理设置机构、划分明确职能、工作落实到人，对圆满完成竞赛任务至关重要。组织委员会的机构设置一般包括办公室、竞赛组织、行政后勤、仲裁委员会、资源开发、新闻宣传、外事接待、安全保卫等主要工作机构（图3-1）。

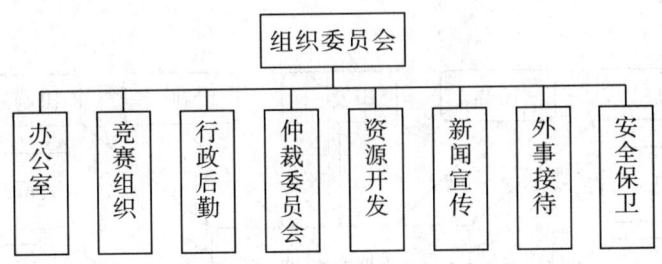

图3-1 组织委员会的机构设置

（二）组织工作系统

大型田径比赛组织需建立纵向联系，指令反馈的工作系统。如图3-2所示，由竞赛组织委员会统领所有有关竞赛组织工作，由各个业务处分管相关行政、组织、仲裁、资源、新闻、外事、安全等工作，由技术官员与组委会共同确保所有技术性安排完全符合IAAF（国际田径联合会）《田径竞赛规则》和《田径场地设施标准手册》的规定，以及有关职责和财务等责任问题。由仲裁委员会处理有关竞赛的所有抗议和申诉，并对比赛期间发生的需要仲裁的其他事宜做出裁决。由总裁判长和检录、径赛、田赛、全能裁判长及外场裁判长确保竞赛规则得到执行，并处理比赛期间发生的有关竞赛的任何问题。各项目的主裁判、裁判员、领队、教练员、运动员要在竞赛规则下，公正执裁，文明参赛。

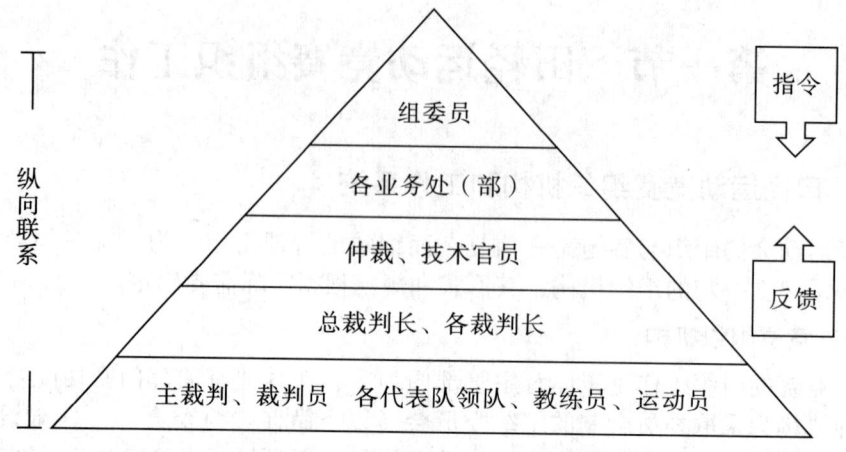

图3-2 组织工作系统架构

（三）田径竞赛计算机技术信息中心

大型田径比赛使用计算机管理系统，设立技术信息中心，将径赛和田赛的全部比赛成绩输入计算机系统综合管理。技术信息中心的主要功能是确保在每个代表队、组织者、技术代表、竞赛管理部门之间，有关技术和其他涉及比赛的信息顺畅交流，如图3-3所示。

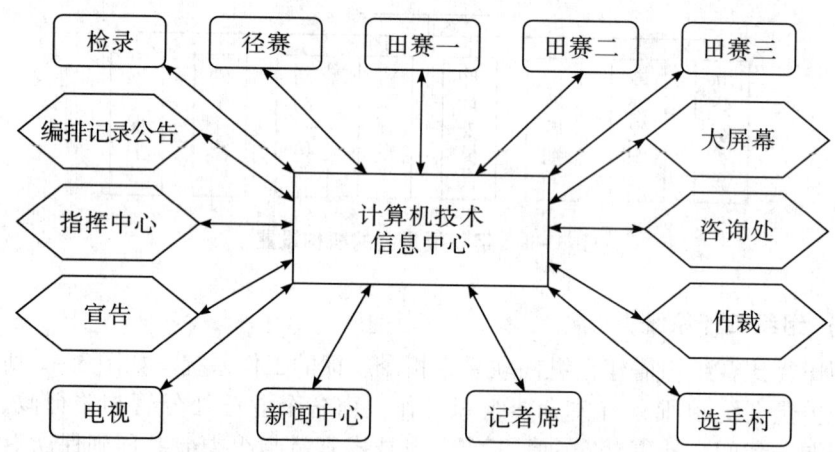

图3-3 田径竞赛计算机技术信息中心系统

二、田径运动竞赛的组织实施过程

运动会的组织实施一般分为赛前准备、比赛实施、比赛结束三个阶段。

（一）赛前准备阶段的工作

（1）制订竞赛计划，提出申办申请，提交上级部门批准。

竞赛计划内容：竞赛目的和名称、比赛的规模、地点和举办日期、参赛人员的资格和数额。

(2) 筹备并建立竞赛组织机构和工作系统。

(3) 制定组织方案和竞赛规程，在赛前两个月发送到参赛单位。

①组织方案内容：运动会的名称、目的和任务、运动会的规模、运动会的组织机构、运动会的经费预算、工作步骤。

②竞赛规程内容：落实组织方案、比赛项目、参加比赛办法、报名办法、计分及奖励办法、最新田径规则和补充规定、注意事项。

(4) 发送报名表，组织报名，一般在赛前20天截止。

(5) 竞赛组织准备工作。

①组织编排、印刷、发放秩序册。

②选聘裁判员、工作人员、志愿者等。

③制作各类竞赛使用表格。

(二) 比赛实施阶段的工作

(1) 参会报到，组委会、组织机构、裁判员、工作人员、各参赛队按时报到。

(2) 赛前竞赛会议，包括组委会、裁判员会、领队会和技术会议等。

(3) 赛前组织、裁判、服务工作培训，仪器设备调试，赛事运行对接联调。

(4) 开幕式流程安排。

(5) 比赛期间，根据竞赛技术规程和竞赛规则，按比赛日程组织比赛。

(6) 闭幕式流程安排。

(三) 比赛结束阶段的工作

(1) 运动员、裁判员离会。

(2) 竞赛工作总结。

(3) 资料整理，归档。

(4) 编印、发放比赛成绩册。

第二节 田径运动竞赛的编排记录公告工作

田径运动会编排记录公告工作是田径运动会最为重要的一个环节，直接安排比赛进程。编排记录公告工作分为赛前、赛中和赛后三个阶段。

一、赛前编排工作

(一) 赛前编排准备工作

(1) 按照竞赛计划确定竞赛时间，以及有关竞赛的各项活动的时间。

(2) 参赛单位人数、组别设置。

(3) 对场地条件和器材数量进行统计筹备，满足竞赛之需。

(4) 明确赛次安排、录取办法、录取名次和计分办法。

（5）审查报名工作，检查报名人数、运动员报项、参赛资格（如注册单位、年龄、学籍、学制、健康证明）等是否符合竞赛要求。

（二）竞赛分组编排

1. 各项统计工作

组别、各单位参加人数、各项男女运动员参赛人数、兼项统计（表3-1）等。

表3-1 兼项统计表

项目	兼项							
	100米	……	跳高	……	推铅球	……		
100米								
……								
跳高								
……								
推铅球								
……								

2. 编排运动员顺序号码

按大会规定顺序编号或按报名先后顺序编号，一般东道主排在最后。

3. 径赛项目分组编排

制定分组计划表时应考虑的因素较多，如各项报名参赛的人数、各组比赛所需时间、裁判的业务水平、接力及跨栏跑的摆栏和撤栏时间等。一般按照报名的人数进行赛次安排，如表3-2所示，各项目每组的比赛估算时间可参照表3-3所示。从而确定每个赛次安排几组比赛，总共需要多少时间。

表3-2 径赛分组计划表

报名人数	预赛			次赛			复赛			决赛		
	组数	每组录取人数	参加人数	组数	每组录取人数	参加人数	组数	每组录取人数	参加人数	组数	跑道数	
54	8	3	24	4	4	16	2	4	8	1	8	
	7	4	28									
	8	4	32									
	8			2								

表 3-3　各项比赛估算时间表*

	项　　目	径赛每组时间或田赛全赛时间	备注（全国）
径赛	100 米、200 米、400 米	4:00~5:00	
	800 米	6:00~8:00	
	1 500 米	8:00~10:00	
	3 000 米、3 000 米障碍	15:00~20:00	12:00~15:00
	5 000 米	20:00~25:00	
	10 000 米	40:00~50:00	40:00~45:00
	100 米栏、110 米栏	5:00	不包括摆栏和撤栏时间
	400 米栏	5:00	
	4×100 米接力	8:00~10:00	10:00
	4×400 米接力	10:00~15:00	10:00
	马拉松	3:20:00~3:30:00	3:10:00~3:20:00
	3 000 米竞走	25:00~30:00	20:00~25:00
	5 000 米竞走	40:00~45:00	30:00~35:00
	10 000 米竞走	70:00~75:00	55:00~60:00
	10 公里竞走	70:00~75:00	55:00~60:00
	20 公里竞走	2:00:00~2:10:00	1:50:00~2:00:00
	50 公里竞走	5:10:00~5:20:20	5:00:00
田赛	跳远、三级跳远	3:00~3:30×(总人数+8)	
	铅球	3:00~3:30×(总人数+8)	
	跳高	10:00~12:00×(总人数)	
	撑竿跳高	13:00~15:00×(总人数)	
	铁饼	4:00~4:30×(总人数+8)	
	标枪	5:00×(总人数+8)	
	链球	6:00×(总人数+8)	

*注：因《田径规则》在径赛项目中使用的单位名称是"公里"，因此本表继续保留这一用法。

(1) 径赛项目分组的方法。

① 蛇形分组法。如果已获得参赛运动员赛前的报名成绩，可采用"蛇形分组法"进行分组。如男子 100 米共 23 人，有 8 条跑道，可按成绩优劣排好运动员的卡片或号码，再蛇形排列（图 3-4）。

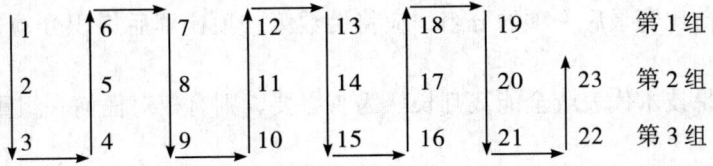

图 3-4　蛇形排列分组法

蛇形排列中如有同单位运动员在同一组，可上下调动。预赛可随机抽签排定道次。下一赛次分组时，可按前一赛次的成绩以蛇形分组方法进行，但抽签排道次时，应让成绩好的4人抽第3、4、5、6道，成绩差的4人抽第1、2、7、8道。

② 斜线分组法。分组时如无运动员赛前成绩，人数又较多，可采用"斜线分组法"，将参赛运动员卡片或号码按单位依次上下排列，然后用斜线通过卡片或号码分组。如表3-4所示。

表3-4 斜线分组法

顺　序	北京	天津	上海	武汉	沈阳	西安	成都	广州	郑州	济南
第1组	1	11	21	31	41	51	61	71	81	91
第2组	2	12	22	32	42	52	62	72	82	92
第3组	3	13	23	33	43	53	63	73	83	93

（2）径赛项目分组的原则。

① 按参赛人数、跑道数、赛次、录取方法进行分组，每组尽可能均等。
② 同一项目、同一单位运动员尽量避免排在同一组。
③ 不分道的比赛项目每组人数不应超过跑道数的2倍。
④ 长距离跑分组决赛时，一般把成绩好的集中编在一组。
⑤ 一次性决赛的径赛项目，按成绩优劣分组。
⑥ 全能项目（径赛）分组时每组最好5人或5人以上，但不得少于3人，最后一个径赛项目应把前面各单项累积分较多的运动员编在一组。

4. 田赛项目编排

（1）田赛项目一般不分组，比赛顺序由大会抽签排定。注意同单位的运动员不应连续排定，应前、中、后较均等调整。

（2）省市级以上运动会赛前经过确认，将不参赛者从中剔除，可按原抽签顺序，也可由技术代表抽签排定顺序。

（3）参赛人数过多，可进行及格赛，以确定正式参赛运动员。及格标准应明确规定在竞赛规程或补充通知中，也可在赛前技术会议上宣布。

（4）在场地设备条件允许情况下，可以在不同场地分组同时进行比赛。如果时间允许，也可两组衔接进行。

5. 全能项目分组编排

（1）全能比赛每个单项的分组将由技术代表或全能裁判长安排。
（2）如有可能，将比赛前规定阶段内单项成绩相近的运动员分在同组。
（3）各组运动员人数最好5人或5人以上，但不得少于3人。
（4）全能比赛最后一项的分组，应将倒数第二项比赛后累积分领先的运动员分在一组。
（5）如果技术代表或全能裁判长认为有必要，则有权对任何一组重新编排。

（三）竞赛日程编排

竞赛日程编排是一个涉及面广、考虑因素多的工作过程，竞赛日程编排得是否合理，直接影响整个比赛的进行和运动员技术水平的发挥。

1. 竞赛日程的编排方法

（1）创建竞赛项目赛次时间估算表。

根据规定的竞赛项目和赛次，将每个比赛项目的组别赛次、参赛人数、所分组数及所需时间分别估算，并创建项目赛次时间估算表，如表3-5所示。

表3-5 竞赛项目赛次时间估算表

序号	项目赛次组数	预估时间
1	男子甲组100米预赛27人4组	16~20分钟
2	男子甲组跳远预决赛16人	56分钟
3	女子乙组标枪预决赛24人	160分钟

（2）填写日程安排表。

按比赛天数、单元、组别、项目、赛次等时间估算表，填写竞赛日程安排表。一般先列表填出每单元赛次，然后再细排每单元各项目比赛顺序。这样有利于编排人员一目了然，纵观全局。尤其是对赛次的调整比较方便，对有关项目之间的冲突问题比较容易发现和避免，对最后报名和最后确认的比赛日程调整也比较方便，如表3-6所示。

表3-6 田径竞赛日程安排表（男子/女子）*

比赛日期							......	
比赛单元	上午	下午	上午	下午	上午	下午	上午	下午
100米								
200米								
400米								
800米								
1 500米								
5 000米								
10 000米								
110米栏								
400米栏								
3 000米障碍								
20公里竞走								

续上表

比赛日期							……	
比赛单元	上午	下午	上午	下午	上午	下午	上午	下午
50公里竞走								
马拉松								
4×100米接力								
4×400米接力								
4×800米接力								
跳高								
撑竿跳高								
跳远								
三级跳远								
铅球								
铁饼								
链球								
标枪								
十项/七项全能								
每日决赛项数								
每日比赛项目数								

*注：因《田径规则》在径赛项目中使用的单位名称是"公里"，因此本表继续保留这一用法。

2. 竞赛日程的编排原则

（1）按照规则规定，全能项目以及径赛各赛次之间，要保证有最短间隔休息时间。

① 200米及200米以下各项为45分钟。

② 200米以上至1 000米各项为90分钟。

③ 1 000米以上各项目不在同一天。

④ 全能各项单项间休息30分钟（最后一人结束比赛到下项比赛第一人开始）。

（2）按兼项的一般规律，尽量把相关项目分开编排，以减少兼项冲突。性质相近的项目要注意先后顺序：一般先100米，后200米；先5 000米，后10 000米；先跳远，后三级跳远等。

（3）在时间允许情况下，尽量照顾到兼项之间的时间间隔。及格赛后间隔一天再进行正式比赛。

（4）不同组别的同一田赛项目，一般不连续安排在同一单元进行。

（5）不同级别的同一径赛项目，最好衔接进行，如男子100米和女子100米等。短距离径赛项目的赛次如果较少，最好安排在一天结束。

（6）跨栏项目一般都安排在各单元的第一项，还可排在长距离竞走、跑之后进行。

（7）决赛时预计能破纪录的项目，可分配到各个比赛单元，尽量排在下午，并留出颁奖仪式所用时间。

（8）同一时间内不要排两个田赛长投项目。

（9）在进行竞走、长跑时，最好不安排标枪等长投项目。

（10）撑竿跳高要考虑阳光的照射方向和比赛时间较长，最好安排在上午早些时候进行。

（11）接力比赛项目最好安排在单元最后或下午最后一项进行，以便保证运动员兼项参赛。

（12）在可能的情况下，把较精彩的决赛项目排在开、闭幕式或节假日里，以满足观众观看比赛的需要。

（13）田赛项目应防止场地的一端过分集中，另一端空场而冷落观众。

（14）最后一个单元比赛临近结束之前，可考虑安排一项长距离项目或适当减少项目，以便闭幕式宣布团体成绩与颁奖。

（15）每单元比赛的安排，应尽量使田赛与径赛同时结束。

（16）全部项目排好后，应详细检查，最好排出多个方案，从中筛选最佳方案，及时报送竞赛委员会审查确认。

（四）编印项目秩序册

赛前编排工作完成后，应编印秩序册（项目秩序），主要包括封面、主要内容和其他相关事宜。

1. 封面

（1）运动会名称。

（2）主办单位、承办单位、主要赞助单位（冠名赞助单位）。

（3）比赛时间、地点。

2. 主要内容

（1）组委会及下属各部（处）委员会人员名单。

（2）竞赛规程，竞赛须知，补充通知。

（3）官员名单（仲裁、技术代表、技术官员）。

（4）裁判员名单。

（5）参赛单位名单（领队、教练员、医生、工作人员，以及运动员、号码、出生日期、参赛项目等）。

（6）竞赛日程。

（7）各项运动员名单（各项竞赛分组表）。

（8）运动会各类人员人数统计。

（9）各类记录及等级运动员标准。

（10）竞赛场地平面图。

（11）大会活动日程等。

3. 其他相关事宜

（1）开、闭幕式程序。

（2）精神文明运动队及优秀运动员评选条件。

(3) 有关注意事项等内容。

二、赛中编排、公告工作

(一) 赛中成绩记录公告工作

(1) 编排记录公告组临场收集和记录每项比赛的全部成绩和详细资料。
(2) 将成绩记录单递交竞赛主任。
(3) 将竞赛成绩复写五份，其中留底备查一份，其他四份分送宣告员、主席台、奖品组和成绩公告处。

(二) 赛中后续赛次编排工作

(1) 收到径赛项目的预、次、复赛成绩记录表或接力比赛报名表后，立即录取参加下一赛次的运动员名单，录取方法和顺序参照规则，并进行分组编排。
(2) 收到接力项目报名表（表3-7）后，按照竞赛规则进行分组编排。

表3-7 接力项目报名表

单位		报名成绩			备注
棒次	第一棒	第二棒	第三棒	第四棒	
号码					
姓名					

(3) 下一赛次分组表排出后，复写五份，其中送交宣告员一份，赛前控制中心两份（供起、终点用），成绩公告处张贴一份，留底备查一份。

(三) 赛中成绩统计工作

(1) 单项成绩统计，一般统计前八名（表3-8）。
(2) 破纪录统计（表3-9）、达运动等级统计。
(3) 奖牌统计（表3-10）、团体总分统计（表3-11）。

表3-8 男/女子单项成绩记录表

成绩 项目	名次 姓名 单位	第一名			第二名			第三名			……
		姓名	单位	成绩	姓名	单位	成绩	姓名	单位	成绩	……
100米											
200米											
400米											
⋮											

表 3-9 破纪录统计表

项目	原纪录	新 纪 录					备注
		创造者	单位	成绩	赛、轮次	时间	
100 米							
跳远							
……							

表 3-10 男/女子奖牌统计表

项目	100 米			200 米			……	合计			备注
	金牌	银牌	铜牌	金牌	银牌	铜牌		金牌	银牌	铜牌	
……											
……											

表 3-11 男/女子团体总分表

单位＼单元项目	第一单元			第二单元			……
	100 米	……	小计	400 米	……	小计	

（四）印制每日成绩册和每日秩序册

（1）根据当日比赛成绩，印制每日成绩册。

（2）根据赛前编排和后续赛次安排，印制第二日秩序册。

（3）将当天的成绩公告册和第二日秩序册下发各队和各单位。

三、赛后统计、整理、归档工作

（一）统计团体总分，及时送交总裁判长宣布成绩

（二）填写破纪录或达级成绩证明表（表 3-12）

（三）编印总成绩册

（1）封面：运动会名称及会标，主办单位及承办单位。

（2）团体总分统计表，金、银、铜牌统计表，破纪录运动员统计表，达健将人数统计表。

（3）排列比赛成绩：按规程排列的项目顺序，男子在前女子在后，先径赛后田赛再全能的顺序排列各项成绩，按预、次、复、决顺序分别排出成绩，田赛若有及格赛应先按及格赛后正式比赛的顺序排出成绩。

（四）赛会结束后将文件资料归纳整理，交主管部门存档

表 3 – 12　田径比赛破纪录或达级成绩证明表

年　　月　　日

姓名		性别		出生年月		民族		
籍贯		单位		身高		体重		相片
竞赛名称				竞赛地点				
项目		成绩		运动等级		风速		
创造成绩时场地、器材等情况								
执行裁判	签名		裁判员职务			裁判员级别		
裁判长审核								
竞委会意见								

注：应用此表时印制在 32 开纸上。

第三节　田径运动竞赛裁判工作

本节主要从田径运动竞赛裁判分工及裁判工作人员配备、所需器材和物品方面，进行详细编写，突出了田径运动竞赛组织裁判工作的实用性，一般田径竞赛可根据举办规模和组织条件，直接参照应用。由于田径运动竞赛裁判工作中规则部分和裁判员职责部分，使用由国际田联颁布、中国田径协会审定的最新《田径竞赛规则》一书，因此，田径运动竞赛各个裁判员的职责和裁判规则就不在本节中编写。

一、检录裁判工作

（一）人员配备

根据运动会的规模而定，一般设检录裁判长 1 人，检录员 6~8 人。

（二）所需器材和物品

（1）竞赛器材：对讲机、扩音设备、时钟、检录时间显示牌、道次小号码。
（2）办公文具：纸笔、裁纸刀、曲别针、扣针。
（3）竞赛用表：秩序册、径赛检录表（表3-13）。

表3-13　径赛检录表

男/女子　　　　　组　　　　　米　　　　　赛　　　　　组

道次	1	2	3	4	5	6	7	8
号码								
姓名								
单位								
备注								

检录长：　　　　　检录员：　　　　　年　月　日　午

二、发令裁判工作

（一）人员配备

根据田径竞赛规则及运动会的级别、规模，通常设发令协调员1～2人，发令员1～2人，召回发令员2人，助理发令员1人或1人以上。

（二）所需器材和物品

（1）竞赛器材：发令台（烟屏）2～4个、发令枪2～4把、发令弹若干、起跑器10～18副，红、白旗，对讲机、接力棒、道次牌等。
（2）办公文具：夹板、纸笔、扣针。
（3）竞赛用表：起跑犯规情况登记表（表3-14）。

表3-14　运动员起跑犯规情况登记表

年　月　日

组别	项目	赛次	组次	枪数	鸣枪时间	犯规		罚下		备注
						号码	道次	号码	道次	

发令员：　　　　　助理发令员：

三、检查裁判工作

（一）人员配备

基层田径运动会的检查工作通常设置检查主裁判 1 人，检查员 8~14 人。

（二）所需器材和物品

（1）竞赛器材：夹板 12~16 套、椅凳 12~16 把、黄旗 12~16 面、绿旗 1 面、量尺 12~16 把等。

（2）办公文具：纸笔。

（3）竞赛用表：径赛项目检查报告表（表 3-15）。

表 3-15　径赛项目检查报告表

组别：　　　　项目：　　　　赛次：　　　　组次：

犯规运动员号码（道次）		被影响运动员号码	
犯规地点			
犯规情况及违反规则条款			
检查主裁判意见			
径赛主裁判意见			
总裁判意见			

检查员：　　　　　　　　　年　　月　　日　　时

四、风速测定工作

（一）人员配备

一般设风速测定员 2 名以上。

（二）所需器材和用具

（1）竞赛器材：风速仪 2 套、风向标 4 套、秒表 2 块、桌子 2 张，椅子 2 把、显示牌 2 块、风标 2 个。

（2）办公文具：纸笔。

（3）竞赛用表：风速记录表（3-16）。

表 3-16　径赛项目风速记录表

组别	时间	项目	赛次	组次	测定时/秒	风速	备注

风速测量员：　　　　　　　　年　　月　　日　　时

五、终点裁判工作

(一) 人员配备

终点主裁判 1 人,终点裁判员若干人。

(二) 所需器材和物品

(1) 竞赛器材:椅子、桌子、报圈器、秒表、对讲机。
(2) 办公文具:夹板、纸笔。
(3) 竞赛用表:终点名次报告表(表 3-17)、总记圈表等。

表 3-17 终点名次报告表

组别:　　　　项目:　　　　赛次:　　　　组次:

主看名次	第　　名		
号码	道次		
兼看名次	号码		道次
备注			

裁判员:　　　　主裁判:

六、计时裁判工作

(一) 人员配备

计时员的人数依据运动会的规模而定,如果是手记时可设计时主裁判 1~2 人,计时员 24 人,候补计时员 2 名。如果采用全自动终点摄像计时装置或感应计时系统时,可设 1 名主终点摄像计时员或主感应计时员和适当数量的助理裁判员。

(二) 所需器材和物品

(1) 竞赛器材:秒表、全自动终点摄像计时装置、感应计时系统、对讲机。
(2) 办公文具:夹板、纸笔。
(3) 竞赛用表:计时存查表(表 3-18)、记圈表,径赛成绩记录表等。

表 3-18 计时存查表

第　　道　　　　　　　　　　　　　　第　　场

项目	赛别	组别	第一表 成绩	第二表 成绩	第三表 成绩	正式成绩	误差

七、田赛裁判工作

（一）人员配备

1. 跳部裁判人员配备

（1）高度组：主裁判1人，管理裁判员1人，测量裁判员2人，整理场地裁判员1人，记录员2人。

（2）远度组：主裁判1人，管理裁判员1人，测量裁判员2人，整理场地裁判员1人，记录员2人。

2. 投掷部裁判人员配备

投掷主裁判1人，内场裁判员通常为4人（主裁判1人，成绩测量员1人，记录员2人），外场裁判员3人（落点裁判员1人，成绩测量裁判员1人，器材运送裁判员1人）。

（二）所需器材和用具

（1）竞赛器材：大会规定比赛用器械（铅球、铁饼、标枪、链球、横杆）、激光测距仪或影相测距仪、钢尺、棱镜、秒表、沙耙、防滑粉、标志物、红白旗、橡皮泥、起跳板、对讲机、记录台、椅子、器械运送车或传送轨道、平沙机、距离标示板、跳高、撑竿跳高场地器材标准设施等。

（2）办公文具：电脑、打印机、夹板、纸笔。

（3）竞赛用表：田赛高度项目成绩记录表（表3-19）、田赛远度项目成绩记录表（表3-20）等。

表3-19 田赛高度项目成绩记录表（跳高、撑竿跳高通用）

项目：　　　　　　　组别：　　　　　　　年　月　日

号码	姓名	单位											失败总次数	成绩	名次	备注

记录员：　　　　　　　主裁判：　　　　　　　田赛裁判长：

表3-20 田赛远度项目成绩记录表（跳远、三级跳远、铅球、标枪、铁饼、链球通用）

项目：　　　　　　　级别：　　　　　　　年　月　日

号码	姓名	单位	第一次	第二次	第三次	前三次最好成绩	排序	第四次	第五次	第六次	比赛最好成绩	名次

记录员：　　　　　　　主裁判：　　　　　　　田赛裁判长：

八、全能裁判工作

（一）人员配备

全能比赛中，通常设全能裁判长 1 人，全能裁判员 2 人。

（二）所需器材和物品

（1）竞赛器材：全能查分手册和全能评分表、全能运动员的专用休息室和设备。

（2）办公文具：夹板、纸笔。

（3）竞赛用表：全能比赛成绩记录表（表 3-21、表 3-22）。

表 3-21　女子七项全能比成绩记录表

号码	姓名	单位	项目 成绩 得分 累积分											总分	名次	备注
			100米栏	跳高	累积分	推铅球	累积分	200米	累积分	跳远	累积分	掷标枪	累积分	800米			

成绩统计裁判员：　　　　　全能裁判长：　　　　　技术官员：　　　　　月　日

表 3-22　男子十项全能比成绩记录表

号码	姓名	单位	项目 成绩 得分 累积分															总分	名次	备注
			100米	跳远	积累分	铅球	累积分	跳高	累积分	400米	累积分	110米栏	累积分	掷铁饼	累积分	撑竿跳高	累积分	掷标枪	累积分	1 500米			

成绩统计裁判员：　　　　　全能裁判长：　　　　　技术官员：　　　　　月　日

九、场地器材布置工作

（一）人员配备

场地器材主裁判 1 人，裁判员或志愿者若干。

（二）所需器材和物品

（1）竞赛设施：径赛、田赛场地、比赛专用器材，径赛所需器材（起跑器、接力棒、栏架等）、田赛所需器材（铅球、铁饼、标枪、链球等）、钢尺、5厘米宽白布带若干米、场地钉。

（2）办公文具：电脑、打印机、夹板、纸笔。

十、竞赛秘书、技术信息中心工作

（一）人员配备

竞赛秘书组，通常设置秘书组长1人，秘书员3～5人。

（二）所需器材和物品

（1）工作设备：设立秘书办公室或技术信息中心、计算机管理系统、网络信息通信设备。

（2）办公文具：电脑、打印机、夹板、纸笔、曲别针、胶水、长尾夹、装订机。

（3）竞赛用表：各种竞赛记录、统计、测评表（如：单项记录表、全能记录表、单项成绩统计表、奖牌统计表、团体总分统计表、体育道德风尚测评表等）。

十一、田径运动会裁判员配备实例（表3-23）

表3-23　广州体育学院学生田径运动会裁判员配备范例

序号	裁判分工及人员配备	序号	裁判分工及人员配备
1	仲裁委员会3人	14	终点主裁判1人，裁判员6人，记录员1人
2	竞赛主任1人	15	起终点联络员1人
3	赛事主管1人	16	风速测量员若干人
4	技术主管1人	17	跳跃1组主裁判1人，裁判员9人
5	现场指挥1人	18	跳跃2组主裁判1人，裁判员9人
6	径赛裁判长1人	19	跳跃3组主裁判1人，裁判员9人
7	田赛裁判长1人	20	投掷1组主裁判1人，裁判员9人
8	发令协调员1人，助理发令员4人	21	投掷2组主裁判1人，裁判员9人
9	检录主裁判1人，检录裁判员6人	22	投掷3组主裁判1人，裁判员9人
10	赛后主裁判1人，志愿者20人	23	全能主裁判1人，全能裁判员4人
11	检查主裁判1人，检查裁判员8人	24	竞赛秘书组组长1人，裁判员7人
12	电计时主裁判1人，电计时裁判员2人	25	场地器材主裁判1人，志愿者20人
13	手计时主裁判1人，手计时裁判员24人	26	广播宣告员2人

思考题

1. 试述田径运动竞赛组织机构和工作系统。
2. 田径运动竞赛的编排记录公告工作有哪些？
3. 项目秩序册和每日秩序册有哪些内容？
4. 田赛项目裁判工作人员如何配备，举例说明。
5. 试举田径运动会裁判员配备范例。

第四章

田径运动场地

学习要点：本章主要阐述田径运动场地的发展演变，标准田径运动场地的设计和布局，标准径赛场地、田赛场地的参数范例，以及田径场地的基本知识。通过本章学习使学生了解标准田径运动场地的发展、结构，径赛跑道、田赛场地的设计要求和基本参数知识。

第一节　田径运动场地的发展演变

一、田径运动场地的起源

据记载，最早的田径运动场地如同田径运动名称的由来一样，是人们为了生产生活，在生活劳作的田间地头进行的最基本的生存能力训练和比赛开始起源和发展的。最早的正式的田径比赛，是公元前776年在希腊奥林匹亚举行的第1届古代奥运会上进行的短距离赛跑，跑道长192.25米，一直演变到现代标准400米半圆式田径场地，其功能不断扩大，项目不断增加，进而满足田径运动发展之需。

二、田径运动场地的演变

综观田径运动场地的演变过程，主要包括了两方面，一方面是田径运动场地形状的演变，田径运动场地的形成是先有直道，后有弯道。先产生两个直接连接一个弯道的半封闭式田径运动场地，后产生两个直段连接两个弯道的全封闭式田径运动场地。先后经历了马蹄形田径场地、蓝曲式田径场地、三圆心式田径场地、标准半圆式田径场地的演变过程。另一方面，是随着场地的形成和人们利用现代科学技术对田径场地材料进行改造，从最初的自然田间地头到使用高炉煤渣修建，之后又经历了铁凡土、红色陶土、炉渣跑道，直到20世纪60年代，世界上第一次出现了人工合成的塑胶跑道场地，这种材料场地的出现和使用，对田径运动具有划时代的意义。

三、现代田径运动场地的特点

塑胶跑道场地与煤渣跑道质地相比，它是重大的革新，也是人类科学技术、物质文明对田径运动的重大贡献。塑胶跑道具有弹性好、缓震性能好、耐磨、耐油、耐老化、防滑、平整、色彩美观、舒适、易清洁，易维修管理，使用寿命长，受气候影响小等优点，因此被称为"全天候"的跑道。塑胶跑道不但解决了不良天气无法进行田径比赛的困难，也为运动员技术发挥和运动成绩提高创造了良好的物质基础。随着科技的发展，新材料不断应用在田径场地建设发展上，势必会不断提高运动员的竞技能力和运动成绩，为人类在不断超越自我、超越极限等方面做出贡献。

第二节　标准田径运动场地的设计和布局

一、田径场地的设计

田径运动场地包括径赛场地和田赛场地两个部分，是进行田径运动教学、训练、竞赛的必备条件。田径运动场地伴随着田径运动的发展而不断演变。经过长期实践，半圆式田径场以其结构简单，布局合理，使用效率较高，而被世界广为采用。

田径竞赛规则规定任何坚固、匀质、可以承受跑鞋鞋钉踩踏的地面均可用于田径竞赛。由于比赛类别不同，对跑道的要求也不同，大多数400米半圆式田径场的弯道半径为36米、36.50米、37.898米。国际田联建议，所有新建跑道的弯道第一分道最好采用36.50米的半径，这被称为"400米标准跑道"（图4-1）。

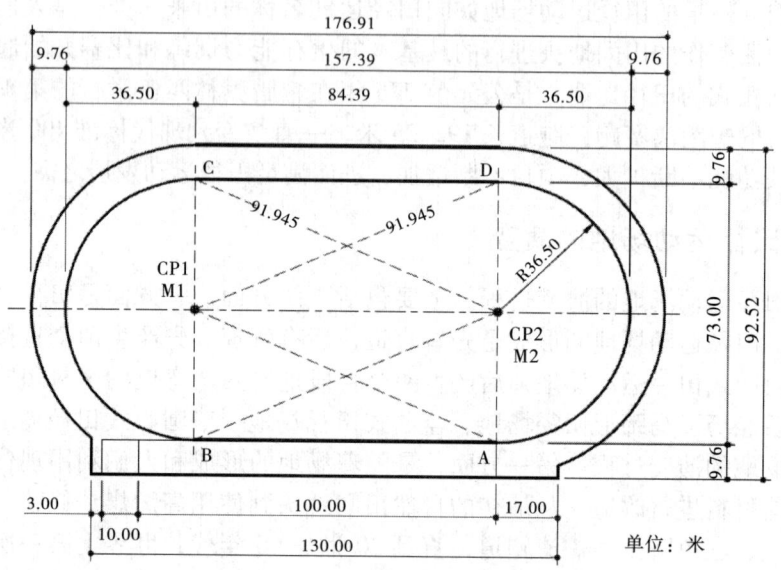

图4-1 400米标准跑道设计和尺寸

二、田径运动场地的布局范例及要求

（一）田径运动场地的布局范例

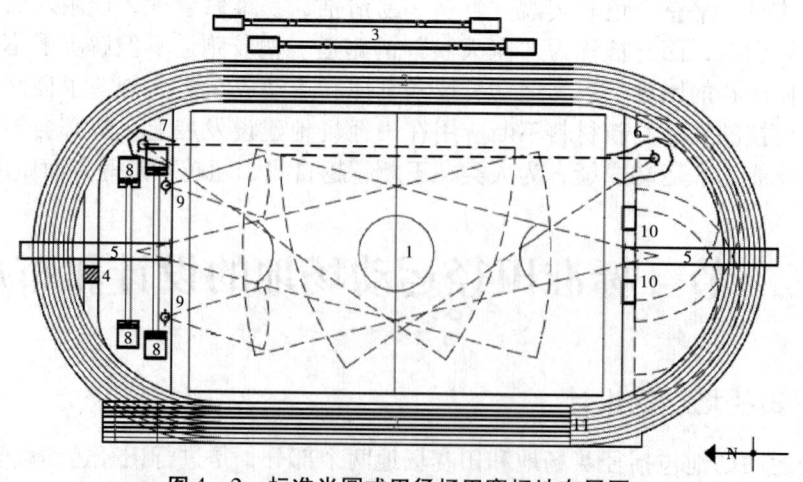

图4-2 标准半圆式田径场田赛场地布局图

图中序号说明如下:
(1) 田径场中心（长投项目落地区）。　　(2) 直道或直段。
(3) 跳远、三级跳远场地。　　(4) 障碍跑水池。
(5) 标枪场地。　　(6) 链球场地。
(7) 铁饼场地。　　(8) 撑竿跳高场地。
(9) 铅球场地。　　(10) 跳高场地。
(11) 终点线。

(二) 田径运动场地的布局要求

(1) 必须符合田径竞赛规则的规定要求。
(2) 应充分利用竞赛规则的精神，有利于运动员公平竞赛和提高成绩。
(3) 场地设计布局要合理，田赛项目应具备两个同时进行比赛的场地，面层的硬度和弹性要适度。
(4) 充分利用竞赛规则中关于场地坡度与成绩的关系，有利于田赛跳跃类项目在同等条件下两个场地同时进行比赛，互不干扰，有利于组织竞赛和观看比赛的场地设计和布局。
(5) 要有利于安全使用与保养。

第三节　标准田径运动场地介绍

一、标准半圆式田径场的结构

标准半圆式田径场的跑道由两个半径相等的半圆弯道和两个相等的直段组成（图4-3）。

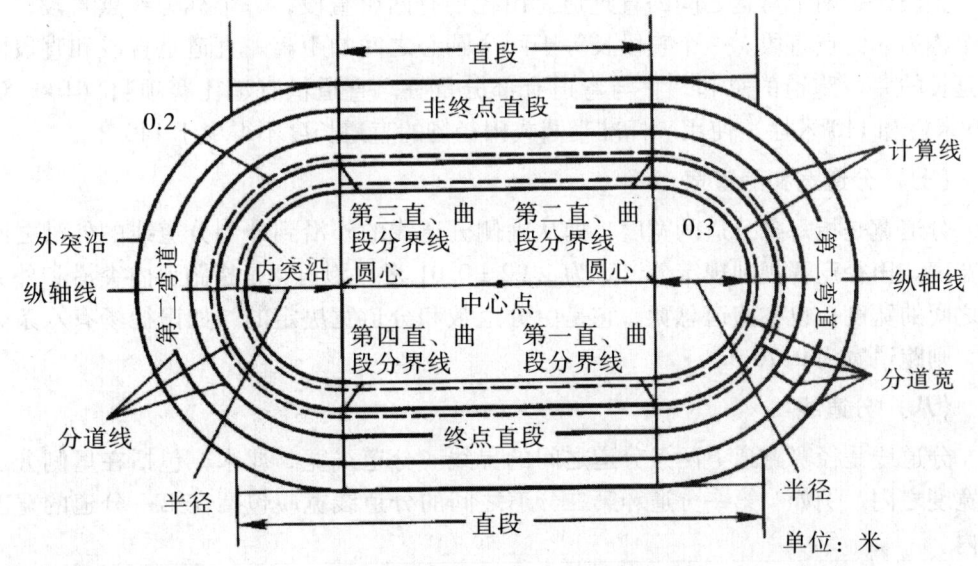

图4-3　标准半圆式田径场结构

（一）纵轴线

纵轴线又称中线，它处于田径场中间，把田径场按纵轴方向分成相等的两部分。纵轴线是绘图、设计和修建田径场的基线，线上有中心点和两端弯道的圆心。在建成的田径场上不画出这条线。

（二）中心点

中心点是整个田径场的中心，位于纵轴线的中点。它是确定两端弯道圆心的基准点。田径场建成后，应以固定标志（埋于地下与地面齐平）标出来，以备使用。

（三）圆心

半圆式田径场有两个圆心，都在纵轴线上，与中心点距离相等。它是弯道内突沿、外突沿和各分道线的圆心。应以固定标志（埋于地下与地面齐平）标出。

（四）内突沿和外突沿

跑道的外突沿规则没有规定。在人工合成的塑胶跑道上（八条分道），第八分道外侧分道线通常为5厘米宽的分道线，分道标志线包括在跑道宽度之内，并与场外地面齐平；非人工合成的跑道（如煤渣道），均安装固定的外突沿。内、外突沿高约5厘米，宽至少5厘米。

（五）直、曲段分界线

直、曲段分界线是通过圆心，垂直于纵轴线，把跑道的直段和曲段（弯道）分开的线。通常把终点线处的直、曲段分界线定为第一直、曲段分界线，然后按逆时针方向排列，依次为第二、第三、第四直、曲段分界线。它们是丈量跑道的基准线（点）。因此，各直、曲段分界线与跑道内、外突沿交接处，应用明显的记号标出。

（六）直段和直道

直段是指两个弯道之间的直跑道。田径场有两个直段，一个称为终点直段，另一个称为非终点直段。一个直段长等于两个圆心之间的距离。直道是直段和直段两端延长的一段跑道的总和，它与弯道有部分重叠。直道供直道比赛项目（100米、100米栏和110米栏）使用。标准半圆式田径场的直道长度不得少于140米。

（七）分道宽和跑道宽

分道宽是指每条分道的宽度，即从内侧分道线的外沿到外侧分道线的外沿之间的宽度。田径竞赛规则规定分道宽为 1.22 ± 0.01 米。跑道宽是指跑道内突沿和外突沿之间的宽度，也称跑道总宽。它是由分道数和分道宽决定的，如田径场有八条分道，则跑道宽为9.76米。

（八）分道线

分道线是径赛跑道上两条分道之间的界线。分道线宽5厘米，包括在里侧分道的宽度之内。例如，第一分道和第二分道之间的分道线宽应包括在第一分道的宽度之内。

(九) 计算线

计算线是计算各条分道周长的线,也称实跑线,在跑道上并不画出来。田径竞赛规则规定,第一分道周长的计算线应距内突沿外沿 0.30 米处,其余各条分道周长的计算线应距内侧分道线外沿 0.20 米处。

二、标准径赛场地示例

(一) 标准 400 米室外场 (彩图 1)

(二) 标准 200 米室内场 (彩图 2)

三、标准田赛场地示例

(一) 跳远和三级跳远场地

跳远和三级跳远的落地区,宽为 2.75~3.00 米,长为 7.00~9.00 米,落地区沙面与起跳板齐平。起跳板用木料制成,长 1.22(±0.01)米,宽 0.20(±0.002)米,厚 0.10 米,涂成白色,埋入地下。跳远起跳板至落地区近端的距离为 1.00~3.00 米,三级跳远起跳板至落地区的距离视学生的水平而定,一般为 9.00~13.00 米,比赛场地一般为 11.00~13.00 米。助跑道宽为 1.22(±0.01)米,长至少为 40 米(图 4-4、图 4-5)。

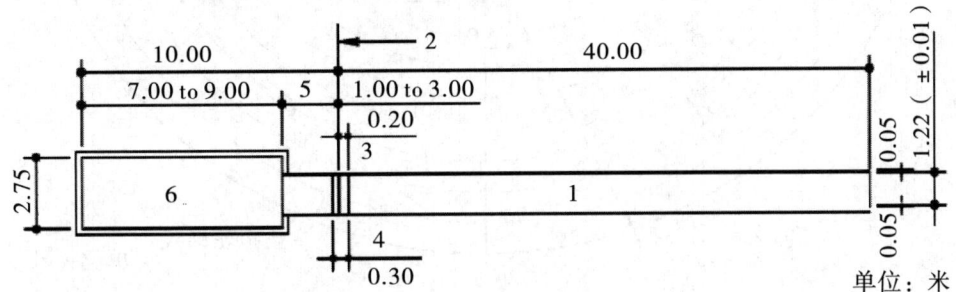

图 4-4 跳远场地

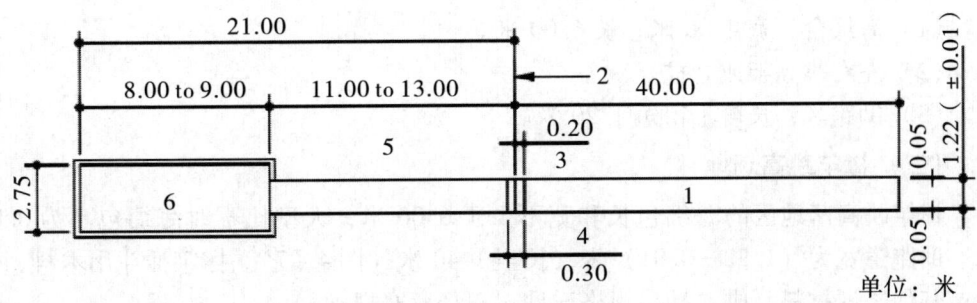

图 4-5 三级跳远场地

图中序号说明如下：

（1）助跑道，宽 1.22（±0.01）米，长至少 40.00 米。

（2）起跳线。

（3）起跳板，宽 0.20 米，长 1.22（±0.01）米。

（4）内嵌槽，宽 0.30 米（起跳板+橡皮泥板），长 1.22（±0.01）米。

（5）跳跃区，宽 1.22（±0.01）米，跳远长 1.00~3.00 米，三级跳远长 11.00~13.00 米。

（6）落地区，宽至少 2.75 米，跳远长 7.00~9.00 米，三级跳远长 8.00~9.00 米。

（二）跳高场地

跳高落地区海绵包，宽 4 米，长 6 米。比赛时，在跳高架或立柱垂直面的地面上，画一条 5 厘米宽的白线，为起跳限制线，并延伸至跳高架或立柱以外 3 米处。跳高助跑道的长度不得短于 20 米，起跳区应平坦、坚实，若加塑胶垫时，塑胶垫应与地面齐平（图 4-6）。

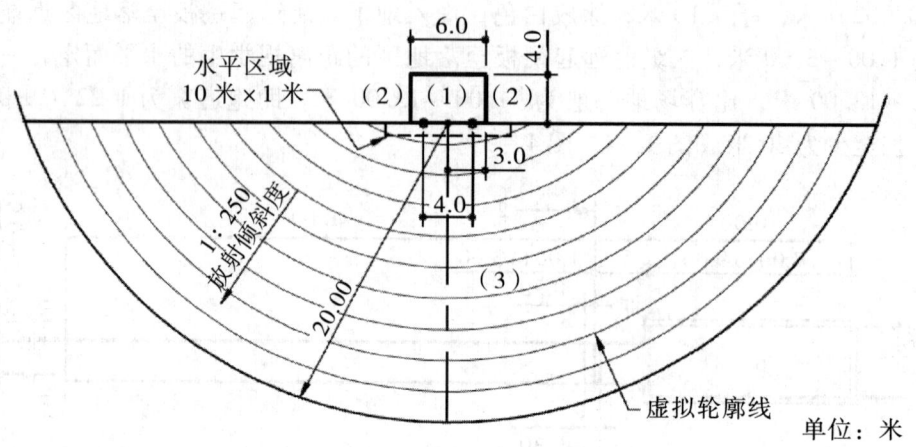

图 4-6 跳高场地

图 4-6 中序号说明如下：

（1）海绵台，宽 4.00 米，长 6.00 米。

（2）左右跳高架或立柱。

（3）助跑区，长度不得短于 20 米。

（三）撑竿跳高场地

撑竿跳高落地区的海绵包长和宽不少于 6.00 米，大型比赛时海绵包高为 0.80 米。助跑道宽为（1.22±0.01）米，长至少 40 米（图 4-7）。撑竿插斗用木料、金属或其他坚硬材料制成（插斗规格详见《田径竞赛规则》）。

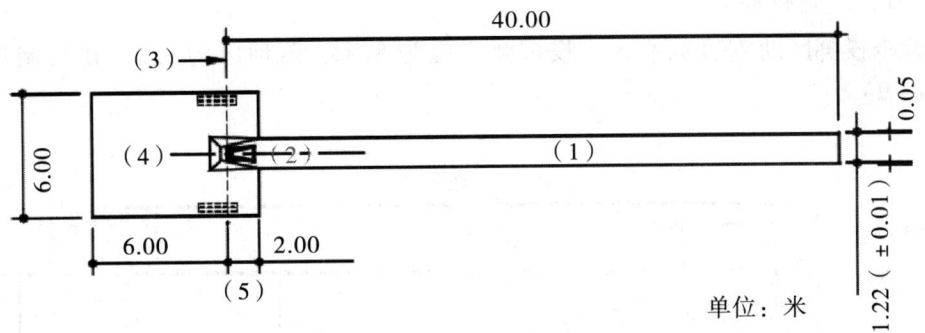

图 4-7 撑竿跳高场地

图 4-7 中序号说明如下:
(1) 助跑道,宽 1.22±0.01 米,长至少 40.00 米。
(2) 起跳插斗,长至少 1.20 米,底板与前壁构成 105°角。
(3) 零线。
(4) 海绵包,宽至少 6.00 米,长至少 6.00 米。
(5) 保护区,延长至少 2.00 米。

(四) 推铅球场地

铅球投掷圈内沿直径 2.135 米,落地区角度为 34.92°(图 4-8)。

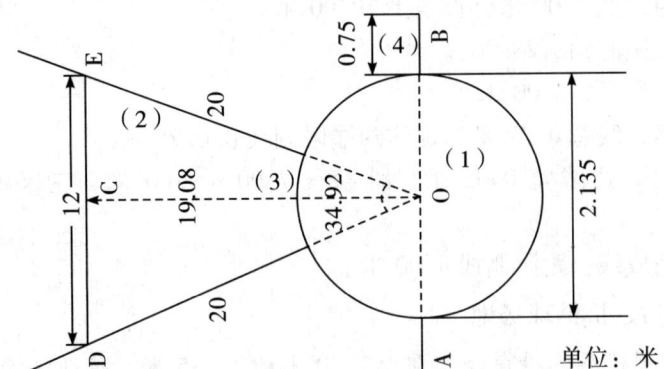

图 4-8 推铅球场地

图 4-8 中序号说明如下:
(1) 投掷圈,直径 2.135 米。
(2) 落地区边线,宽 0.05 米。
(3) 落地区扇形角,34.92°。
(4) 限制线,线宽 0.05 米,延伸两端限制线长 0.75 米。

（五）掷标枪场地

标枪投掷区助跑道宽 4 米，投掷弧半径为 8 米，落地区为约 29°角的扇形区（图 4-9）。

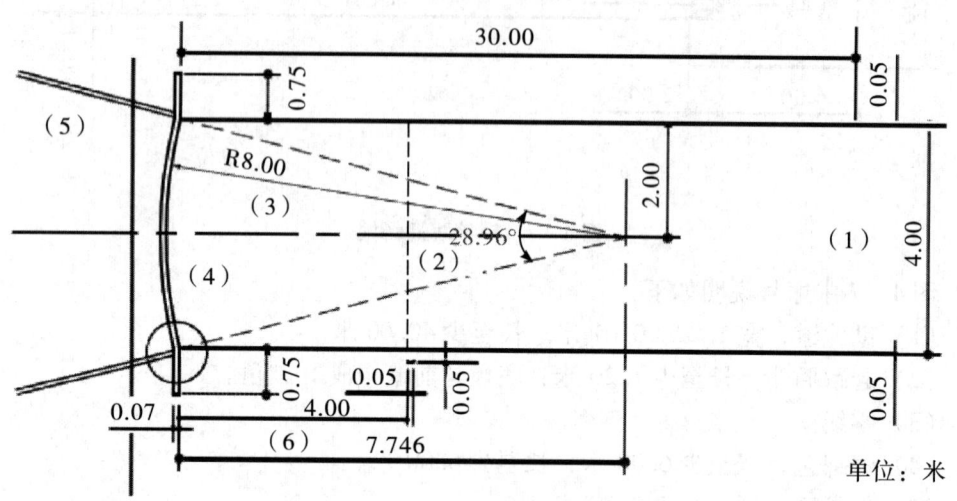

图 4-9 掷标枪场地

图 4-9 中序号说明如下：

（1）助跑道，宽 4.00 米，长至少 30.00 米。
（2）投掷弧圆心角，28.96°。
（3）投掷弧半径，8.00 米。
（4）投掷弧，线宽 0.07 米，延伸两端限制线长 0.75 米。
（5）落地区，边线宽 0.05 米，跳远长 7.00～9.00 米，三级跳远长 8.00～9.00 米。
（6）投掷完成线：距限制线 4.00 米。

（六）掷铁饼、掷链球场地

铁饼、链球投掷圈内沿直径分别为 2.50 米和 2.135 米，落地区均为 34.92°角的扇形区（图 4-10）。

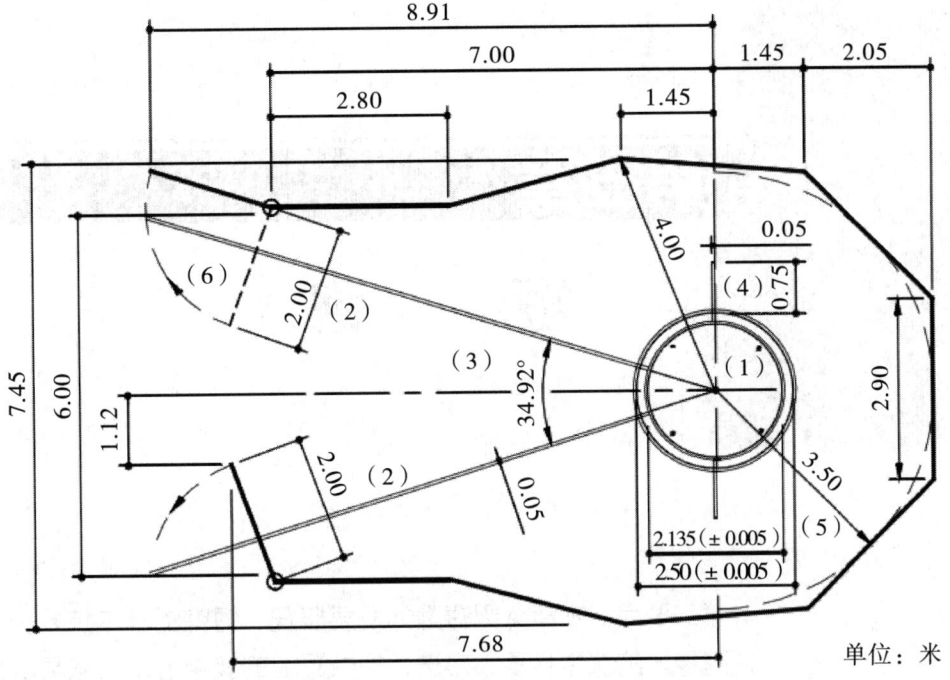

图 4-10 掷铁饼、链球共用场地

图 4-10 中序号说明如下:
(1) 投掷圈,铁饼直径(2.50±0.05)米,链球直径(2.135±0.05)米。
(2) 落地区边线,宽 0.05 米。
(3) 落地区扇形角,34.92°。
(4) 限制线,线宽 0.05 米,延伸两端限制线长 0.75 米。
(5) 圆心距护笼,至少 3.50 米。
(6) 护笼挡网:宽 2.00 米,高至少 7 米。

思考题
1. 试述田径场地的发展演变。
2. 试述标准半圆式田径场的结构特点。
3. 试述径赛场地的标记线识别。
4. 试述田赛场地以及铅球、标枪的场地参数。

第五章

短　跑

学习要点：本章介绍短跑的发展概况、短跑的基本技术，以及短跑技术的教学步骤、方法，提供短跑的教学进度与教案的范例。通过本章的学习，应了解短跑的发展概况，掌握短跑的教学方法，从而为运动实践奠定良好的基础。

第一节　短跑运动发展概述

短跑的发展和演变经历了一个漫长的过程。根据历史记载，在古代奥运会已经有了短跑的比赛。公元前776年，科罗依博斯成为第1届古奥运会短跑比赛的获胜者。当时，短跑比赛的距离是192.25米。1896年，第1届现代奥运会设立了男子100米和400米的比赛，第2届增设了200米的比赛项目。女子短跑项目开设相对较晚，100米、200米和400米比赛项目进入奥运会的时间依次是1928年、1949年和1964年。

现代短跑技术经历了"踏步式"—"迈步式"—"摆动式"的技术演变过程。"踏步式"技术：大腿抬得高、脚落地距身体重心投影点近、步幅较小。"迈步式"技术：上体直立或稍前倾，大腿抬得高并前伸小腿，脚的落地距身体重心投影点较远，脚后跟先落地，步幅较大而步频较慢。"摆动式"技术：膝关节放松，使小腿处于自然摆动状态，用前脚掌着地，脚的着地点距身体重心投影点适中。

在短跑技术的发展过程中，起跑方式的改进以及场地、器材的发展和变化对短跑成绩的提高起到积极的作用。起跑器、钉鞋和塑胶跑道的使用，使短跑技术和成绩产生了飞跃。现代的短跑技术更重视摆动和送髋，蹬摆配合协调而富有弹性，摆臂幅度大而有力。

1. 我国短跑的发展概况

我国的短跑起步较晚，1910年在南京举行了第1届"全国运动会"，上海运动员黄灏和韦宪章分别获得100米和200米的第一名，成绩分别是10.8秒和25.0秒。1933年在南京举行的第5届"全国运动会"上，刘长春以10.7秒的成绩创造100米跑的全国纪录，该纪录曾保持25年之久。我国女子参加短跑项目比赛是从1930年第4届"全国运动会"开始，但水平很低。新中国成立之后，我国男女短跑水平迅速提高，1965年陈家全以手计时10秒的成绩平了当时男子100米跑的世界纪录。女子短跑运动员贺祖芬以11.5秒的成绩打破100米跑的全国纪录，进入世界短跑水平的前列。

20世纪90年代以来，我国涌现了一大批优秀的男女短跑运动员，如男子运动员陈文忠、李涛、周伟、韩朝明，女子运动员田玉梅、刘晓梅、李雪梅等，特别是李雪梅在1997年第八届全运会上先后4次打破女子100米、200米和4×100米接力跑的亚洲纪录，其100米跑10.79秒的成绩居世界前列。但近年来男子短跑水平与世界水平仍有较大的差距。

2. 现代短跑技术的发展趋势

第一，更加重视技术的实效性。主要表现在动作高步频、大步幅、自然平稳，总重心上下起伏小，上下肢动作配合协调，有明显的节奏感。第二，更加重视摆动技术，强调以摆促蹬，蹬摆结合。第三，注重伸髋肌群的发展，重视伸髋肌群在速度上所起的作用。第四，缩短了每个单步的支撑时间和腾空时间。第五，延长了加速跑持续的时间和距离。

第二节 短跑技术

跑是单腿支撑与腾空相交替，蹬与摆相结合的，动作自然协调的周期性运动。在跑类项目中下肢的运动技术是重点所在，对下肢一条腿来说，都经过了支撑、腾空与摆动，再到支撑的过程。支撑阶段又根据动作性质可划分为着地阶段和蹬伸阶段。跑的每一个周期都由两步组成，即一个复步，整个周期由两个支撑时期和两个腾空时期（图 5-1），一个单步分为着地、蹬伸、折叠前摆和下压着地四个阶段。

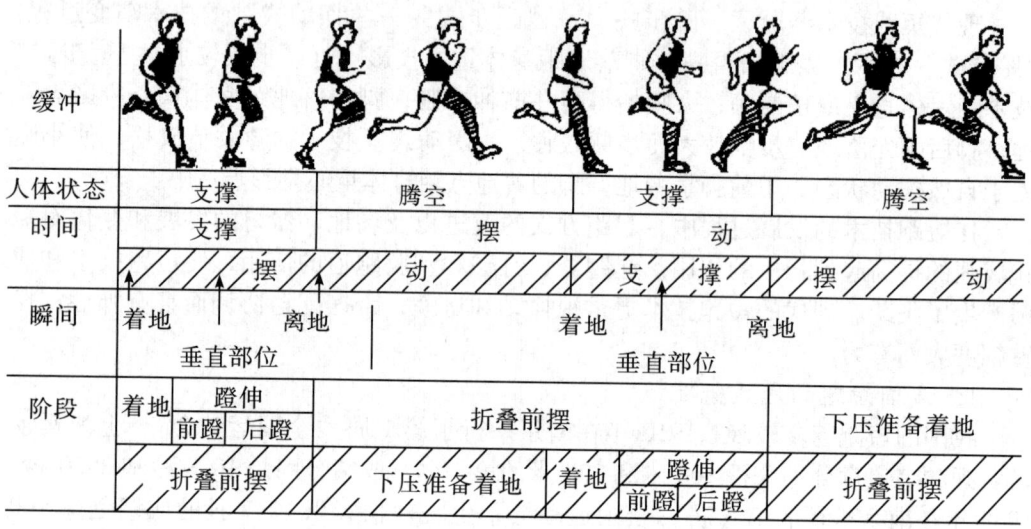

图 5-1 跑的动作周期划分

为了技术分析和教学与训练的方便，通常将短跑技术划分为蹲踞式起跑、起跑后的加速跑、途中跑和终点跑四个相互关联的技术环节。

一、蹲踞式起跑

起跑的任务是获得向前的冲力，使人体尽快地摆脱静止状态，为起跑后的加速创造有利的条件。

（一）起跑器的安装

田径竞赛规则规定：短跑的起跑必须使用起跑器，采用蹲踞式起跑技术。起跑器是 1938 年正式批准使用的。安装起跑器的主要目的是使脚有牢固的支撑，形成良好的用力姿势，有利于起跑和起跑后的加速。安装方法常采用的有"普通式"和"拉长式"两种（图 5-2）。

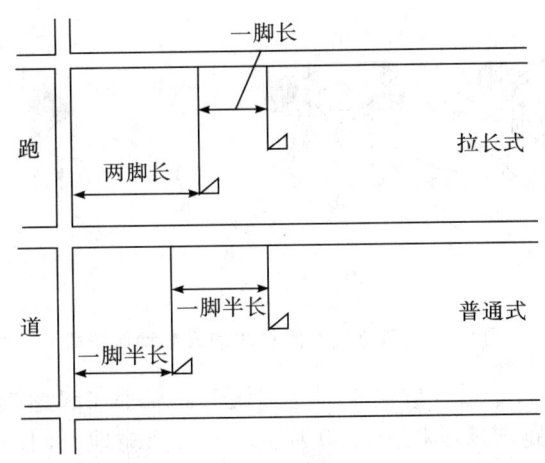

图 5-2　两种起跑器的安装方式

（1）普通式：前起跑器距起跑线一脚半长，后起跑器距前起跑器一脚半长。前后起跑器的支撑面与地面的夹角分别为 45°左右和 60°~80°，两起跑器的中轴线间隔约为 15 厘米。

（2）拉长式：前起跑器距起跑线两脚长，后起跑器距前起跑器一脚长。起跑器的支撑面与地面的夹角和两起跑器的左右间隔与普通式基本相同。

（3）弯道起跑器的安装特点及起跑准备姿势要点：起跑器应安装在跑道的外侧，并正对内侧分道线的切点，左手在起跑线后 5~10 厘米处支撑，右手靠近起跑线后沿支撑。身体正对内侧分道线的切点，便于弯道起跑后有一段直线距离的加速跑（图 5-3）。

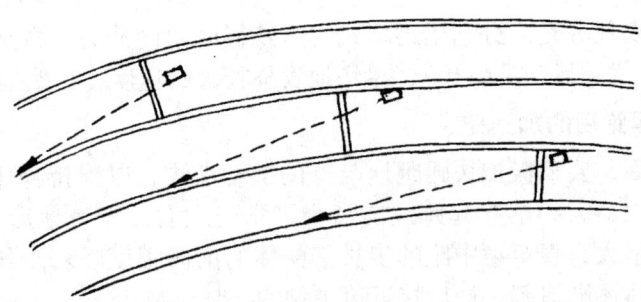

图 5-3　弯道起跑器的安装方向

无论采用哪一种方法安装起跑器，都要适合于个人的特点，总的原则是："预备"姿势感到舒适，有利于人体产生大的蹬地力量、快的蹬地速度和适宜的蹬地角度。

（二）蹲踞式起跑技术

蹲踞式起跑技术由"各就位""预备"和鸣枪三个动作阶段的技术组成（图 5-4）。

图 5-4　蹲踞式起跑技术的三个动作阶段

听到"各就位"口令后，放松走到起跑线上，双手在起跑线前撑地，然后将两脚前掌依次贴放在起跑器抵趾板上，脚尖触地，后膝跪地，两手虎口张开，四指并拢，手臂伸直支撑在起跑线后沿，两手间距比肩稍宽。身体重心适当前移，肩与起跑线在同一垂直面上，颈部自然放松，静心等待下一个口令（图5-4①）。

听到"预备"口令后，平稳地抬起臀部，同时向前移肩，抬臀的动作速度稍快于肩前移的动作速度，使两脚掌压紧起跑器。此时，前腿的膝角为90°~100°，后腿的膝角为110°~130°。体重主要由两臂支撑，人体处于假稳定状态，注意力高度集中静候鸣枪（图5-4②）。

听到枪声后，两手迅速推离地面，两臂屈肘有力地做快速前后摆动，同时两腿迅速蹬起跑器，后腿先蹬离起跑器，并迅速屈膝向前上方摆动，前摆时脚掌不应离地过高，与此同时，前腿快速有力蹬伸，躯体保持较大的前倾姿势（图5-4③）。

二、起跑后的加速跑

加速跑的主要任务是充分利用蹲踞式起跑获得的向前冲力，在加速阶段内（一般为30米左右，优秀运动员略长），尽快地发挥较大的速度，自然地进入途中跑。

（一）直道起跑后的加速跑

蹬离起跑器后，要积极加快腿蹬地与臂的摆动动作，以保持身体的平衡。起跑后第一步不应太大，大约落在起跑线前一个脚掌长左右，脚着地后迅速转入后蹬，步长均匀地逐渐增大，直至途中跑的步长。身体的前倾幅度随着步长和跑速的增加而逐渐减小，上体逐渐抬起，最后接近途中跑的姿势（图5-5）。

图 5-5　起跑后的加速跑

加速跑最初几步的支撑点是处在身体重心投影点之后，这可以使后蹬的大部分力量用于提高水平速度。随着跑速的增大，支撑腿的着地点逐渐前移，直到在身体重心投影点之前落地。加速跑的最初几步，两个脚的着地点并非在一条直线上，随着速度的加快，两脚着地点逐渐合在一条直线上。

（二）弯道起跑后的加速跑

为了便于发挥速度，开始的几步向着内侧分道线切点呈直线跑进。加速跑的距离应比直道加速短一些，上体抬起较早。进入弯道跑时，身体应顺势向内侧倾斜，尽量靠近内侧分道线跑进。

三、途中跑

途中跑的主要任务是继续发挥和保持最大跑速。

（一）支撑阶段

支撑腿与摆动腿的协调配合是途中跑技术的关键，正确完成蹬摆技术，特别是加快摆动腿前摆的幅度和速度，对于增大支撑反作用力、减小支撑腿的后蹬角度、增大水平速度和减小身体重心上下波动具有十分重要的作用。

（二）腾空阶段

脚蹬离地面之后，人体进入腾空状态，此时，两大腿间处于最大分角。支撑腿的大腿随着蹬地后的惯性，使膝关节折叠屈曲，同时伴随前大腿的积极下压，膝关节放松，小腿随大腿下压的惯性自然向前下方摆出，呈"鞭打"着地。在大腿摆落过程中，应强调前后两大腿做快速的"剪绞"动作，以便加快步频。

（三）上体姿势与摆臂动作

途中跑时上体稍前倾，头部正直，两眼平视。

摆臂的目的是维持身体平衡和调节步长、步频。摆臂时，肩带放松，手成半握或伸直，以肩为轴，上臂带动前臂，屈肘前后摆动。摆动时肩部自然、放松，摆动迅速有力。

① ② ③ ④ ⑤ ⑥ ⑦ ⑧ ⑨

图 5-6 途中跑

（四）弯道途中跑

200米和400米跑，有一半以上的距离是在弯道上进行的，弯道跑技术显得尤为重要。

进入弯道时，为了使人体产生一个适合的向心力，运动员应有意识地使身体向圆心倾斜，加大右侧腿和臂的摆动力量和幅度。右腿前摆时，膝关节稍向内，着地时脚前掌内侧用力。左腿前摆时，膝关节稍向外，着地时脚前掌外侧用力。右臂后摆时肘稍向外，前摆时稍向内。左臂摆动时，稍离开躯干做前后摆动（图5-7），摆臂时右臂的摆动幅度大于左臂。从弯道即将进入直道跑时，应随惯性自然放松地跑几步，身体逐渐减小内倾程度。

图5-7 弯道跑技术

四、终点跑

终点跑的任务是尽力保持途中跑的高速度跑过终点。

在离终点线15～20米处时，运动员应尽力加快两臂的摆动速度和力量，适当加大上体的前倾幅度。在离终点线一步距离时，上体急速前倾，采用侧压肩或自然跑进式用肩部或胸部撞终点线（图5-8）。跑过终点线后应逐渐减速，不要突然停止。

图5-8 终点跑技术

第三节 短跑技术的教学

一、短跑技术的教学重点与难点

短跑技术教学的重点是途中跑和蹲踞式起跑，蹲踞式起跑和起跑后的加速跑则是短跑技术进行的难点。从短跑的技术动作而言，两腿快速大幅度的摆、蹬技术是教学的重点，而高速跑动中的协调放松技术则是教学的难点。在整个短跑教学过程中，各阶段又有各自的教学重点和难点。

二、短跑技术教学步骤、方法与手段

教学顺序应先从短跑的途中跑开始，然后进行蹲踞式起跑、起跑后的加速跑、终点跑、弯道跑和弯道起跑等教学环节的学习。

教学中一般采用分解和完整相结合的教学方法，始终强调自然、放松和富有弹性的大步幅跑的技术。

（一）建立正确的短跑技术概念

（1）讲解短跑的发展概况、项目的技术特点、规则和裁判法等知识。

（2）技术示范：做 60 米的短跑完整技术示范。

（3）观看优秀运动员的技术图片、电影或录像等，让学生直观了解短跑基本技术。

（二）学习直道途中跑技术

1. 教学内容

（1）学习摆臂技术。原地成弓步做前后摆臂练习。练习时讲清摆臂的动作要领：以肩为轴，前后自然摆动。前摆时肘关节角度逐渐减小，后摆时肘关节角度逐渐加大，两手成半握拳或自然伸直手掌姿势，摆动有力。

（2）学习用前脚掌着地并富有弹性地慢跑。要求用前脚掌着地，做脚跟离地较高、富有弹性的慢跑，以后逐渐加大大腿的摆动幅度并要求大小腿折叠前摆。

（3）在直道上以中等速度反复跑 60~100 米。要求跑速中等，跑的动作放松、协调、步幅开阔。

（4）2 人一组，反复中速跑 60~100 米。体会摆臂和摆动腿下压着地技术。要求摆臂以肩为轴，前后摆动。脚着地时富有弹性，切记避免前抛小腿的错误动作。

（5）大步幅反复跑 60~100 米。体会摆动腿前摆充分带髋前送技术，要求摆腿与摆臂协调配合。

（6）从慢跑到快跑，以均匀加速的技术跑 60~80 米。体会完整的途中跑技术。要求速度逐渐加快，大步幅富有弹性地快跑。强调蹬地与摆动结合，上下肢协调配合。

（7）变换节奏的加速跑 80~100 米。强调变换节奏跑时动作衔接要连贯。

（8）行进间跑 30~60 米。强调技术动作的完整与放松。

2. 教法提示

（1）在学习途中跑技术之初，不应采用过多的快速跑和教学比赛，不要过早地采用计时跑。

（2）基本掌握跑的技术后，应逐渐加快跑速和延长跑距。

（3）在途中跑技术教学中，应始终强调跑的直线性、平衡性、协调性、放松性，强调高重心跑，尽可能减小重心波动差，强调大步幅和快频率的技术特点，并贯穿于教学的各个环节。

（三）学习蹲踞式起跑和起跑后的加速跑技术

1. 教学内容

（1）学习安装起跑器的方法。让学生按普通式起跑器安装要求进行练习。

（2）学习"各就位""预备"技术，体会起跑动作的要领。学生可 3~5 人一组进行练习。

（3）学习起跑和起跑后加速技术。体会起跑后第一步技术、摆臂技术、两腿蹬伸和前摆技术。集体听信号蹲踞式起跑，加速跑出 30 米。

（4）学习起跑、起跑后加速跑接途中跑技术。按口令起跑并快速跑 50~60 米。

（5）学习弯道起跑器的安装方法和弯道起跑及起跑后加速技术。

2. 教法提示

（1）学习的开始阶段不应过分强调身体的前倾，以免影响起跑和起跑后加速跑动作的连贯性。技术熟练后，再要求加大身体前倾的角度。

（2）应根据个人的特点，不断调整前、后起跑器的位置和斜壁的角度。

（3）在练习起跑时，严格要求听枪声起跑，使学生养成不抢跑的习惯。

（4）不应过早组织教学比赛，以免影响正确的起跑和起跑后的加速跑技术。

（5）弯道起跑方向对准内侧弯道分道线的切点，起跑后的加速跑应先沿直线跑几步，然后按弯道跑技术要领，尽量靠近内侧分道线跑进。

（四）学习终点跑技术

1. 教学内容

（1）学习终点撞线技术。首先，在慢跑中做上体前倾动作，做用胸部或肩部撞线的练习。然后，用中等速度跑做上述练习。技术熟练后可 2 人或几人一组练习撞线技术。跑过终点线后不要立即停步，要求顺着惯性向前跑几步然后再逐渐减速。

（2）学习终点跑技术。快速跑 40~50 米，在跑至离终点 20 米处时加大身体前倾幅度，并加快摆臂。在离终点线前 1 米左右时，用胸部或肩部做撞线动作，迅速跑过终点。

2. 教法提示

（1）在完成终点撞线时强调不要跳起撞线或采用扩胸式撞线。

（2）撞线后，要逐渐减速，以免发生伤害事故。

（3）练习时要把运动成绩接近的学生编排在一组，以提高教学效果。

（五）学习弯道跑技术

1. 教学内容

（1）沿着一个半径为 10~15 米的圆圈跑。依次按慢跑、中速跑、快跑的要求，体会随跑速的增加身体内倾程度的变化。

（2）学习进弯道跑的技术。先在直道上跑 15~20 米，接着跑进弯道 30~40 米。要求进入弯道前 2~3 步时，应有意识地加大右腿和右臂的摆动力量和幅度。

（3）学习出弯道跑技术。在弯道上跑 30~40 米，接着跑进直道。在跑出弯道前 2~3 步身体应有意识地直起，体会顺惯性自然跑出弯道。

（4）学习完整弯道跑技术。让学生进行 120~150 米的弯道跑，体会上弯道、弯道和下弯道跑的衔接技术。

2. 教法提示

（1）弯道跑技术教学前，首先要让学生了解弯道跑的技术原理，使学生懂得为什么身体要内倾。

（2）练习圆圈跑时，应从慢跑开始，逐渐加快跑速，使学生体会到跑速的快慢与身体内倾程度的关系。

(3) 弯道跑时，应强调身体重心向圆心方向倾斜，而不是上体向内倾斜。
(4) 观察学生弯道跑技术时，教师的站位应在弯道的圆心处或正对着学生跑进方向的前方。

(六) 改进和提高全程跑技术

1. 教学内容
(1) 用 60 米全程跑，让学生反复练习直道全程跑的各部分技术。要求全程跑各部分技术的衔接连贯、自然。
(2) 改进 100 米和 200 米全程跑技术。
(3) 进行技术评定和达标测验。
2. 教法提示
(1) 全程练习时应注意体力分配和呼吸节奏。
(2) 达标测验时可安排成绩比较接近的 2 个或几个学生一组。

三、短跑技术教学中易犯错误及其产生原因和纠正方法

(一) 途中跑常见的错误动作及其产生的原因和纠正方法

1. "坐着跑"
(1) 产生的原因。
①后蹬动作不充分，髋未前送。
②上体过于前倾，使髋关节产生补偿性后移。
③腰、腹肌松弛，髋关节柔韧性差，后蹬时髋部前送不充分。
④支撑腿力量差。
(2) 纠正方法。
①讲清在后蹬时髋、膝、踝三关节的用力顺序和充分伸展髋关节的动作。
②后蹬时，强调摆动腿前摆带动同侧骨盆前送。
③加强腰、腹肌力量练习。跑时强调腰、腹肌保持适度的紧张。
④身体保持正直，以利于髋关节前送。
⑤加强支撑腿的伸肌群力量，提高支撑能力。
2. 摆动腿前摆太低
(1) 产生的原因。
①后蹬结束后，大小腿没有充分折叠，致使摆动腿前摆增加困难。
②髋关节的屈大腿肌群力量不足和伸肌群不放松。
③上体过于前倾，限制抬腿动作。
(2) 纠正方法。
①讲清后蹬结束后折叠摆动的意义，并反复做大小腿折叠前摆的辅助练习。
②加强抬大腿的屈肌群力量练习。
③跑时强调上体正直、髋关节前送。

3．踢小腿跑

（1）产生的原因。

①错误地认为前踢小腿能加大步长。

②摆动腿前摆太低，前摆伸膝时造成前踢小腿。

③后蹬结束后，大小腿折叠角度大，前摆时小腿前踢。

（2）纠正方法。

①强调摆动腿大小腿的充分折叠，同时高抬大腿，在大腿向下摆落时，小腿顺势伸展。

②反复做高抬腿和车轮跑的专门练习。

4．摆臂的错误动作（如左右横摆、以肘关节为轴的上下前臂摆动、前后摆动不适当、耸肩、摆臂无力等）

（1）产生的原因。

①正确摆臂技术概念不清。

②肩、臂无力或肩关节过于紧张。

③腰、腹肌力量差。

（2）纠正方法。

①讲清正确摆臂的技术要领，反复练习正确摆臂技术动作。

②增强肩关节、臂及腰、腹肌力量。

③持重物做摆臂练习。

④在中等速度跑中改进摆臂技术。

（二）起跑和起跑后的加速跑时常见的错误动作及其产生的原因和纠正方法

1．起跑抢跑

（1）产生的原因。

①有侥幸心理，猜枪声起跑。

②"预备"口令时，身体重心过分前移。

③比赛时过分紧张，无法控制动作。

④手指、手臂力量差。

（2）纠正方法。

①适当调整"预备"口令时的身体姿势。

②加强手指、手臂和肩部的力量。

③练习起跑时，平心静气，养成听枪声起动的习惯。

2．前后腿蹬起跑器无力

（1）产生的原因。

①"预备"时，臀部抬得过高。

②两脚没有压紧起跑器。

③起动时前后腿蹬摆配合不协调，动作无力。

④起跑时两臂前后摆动无力。

(2) 纠正方法。
①适当减小两腿膝关节角度，使"预备"姿势处于最佳的用力状态。
②反复练习蹬离起跑器时的屈膝摆动作和蹬、摆的协调配合。

3. 起跑后加速跑时上体抬起过早
(1) 产生的原因。
①支撑腿力量差，害怕跌倒。
②起跑后过早抬头，使上体抬起。
③起跑器距离起跑线太近。
(2) 纠正方法。
①讲清起跑后加速的正确动作要领。
②加强腿部力量练习，提高支撑能力。
③调整起跑器与起跑线之间的距离。

四、短跑技术教学的注意事项

短跑技术进行要遵循动作形成规律和循序渐进教学原则。通常在途中跑技术掌握到一定程度后，再进行蹲踞式起跑、起跑后的加速跑、终点跑、弯道途中跑及弯道起跑等技术的教学。

在途中跑教学过程中，要始终强调上肢与下肢的协调配合技术。要使学生理解放松大步跑技术的重要性。该阶段要将教学的重点关注在帮助学生掌握摆动腿积极折叠的摆动技术和鞭打、下压和扒地动作，以及蹬摆结合、积极送髋和高抬腿的技术动作。随着技术的掌握和不断改进，逐步加快跑速和延长跑的距离。

在学习蹲踞式起跑和起跑后的加速跑技术阶段，要向学生强调起跑器的安装及"预备"姿势的身体重心高低对起跑效果的重要性，应根据个人特点不断调整起跑器位置和抵足板角度。在刚开始学习时，由于学生技术不熟练，不应过分强调身体重心前倾，以避免摔倒或影响起跑和起跑后的加速跑动作的连贯性。在学习起跑技术的初期，应以个人练习为主，听枪声集体起跑要在学生基本掌握技术后进行。

在学习弯道跑技术时，可以采用跑圆圈的辅助练习。但跑圆圈时，应向学生强调身体重心向圆心方向倾斜，避免只是躯干向内倾斜。

在学习终点跑技术阶段，要向学生强调撞终点线时不要跳起撞线，跑过终点线后应顺惯性逐渐减速，以免发生伤害事故。

改进和提高全程跑技术阶段，要求各部分技术衔接的连贯自然。全程跑过程中，切记过分紧张而动作技术变形。

五、短跑教学进度及教案范例

（一）短跑教学进度范例（表 5-1）

表 5-1　体育教育专业田径普修短跑教学进度

课次	教学内容	主要练习手段	教学重点与难点
一	1. 介绍田径运动的定义和项目分类 2. 简单介绍短跑项目的发展概况，建立正确的短跑技术概念 3. 跑的专门练习 4. 学习摆臂技术	1. 双脚依次提踵练习，体会大腿下压 2. 30 米行进间小步跑、高抬腿、后蹬跑、车轮跑练习 3. 原地摆臂模仿练习 4. 负重摆臂练习 5. 行进间跑的过程中摆臂练习	1. 重点：短跑技术概念，跑的技术专门性练习 2. 难点：跑的技术专门性练习的协调性
二	1. 复习短跑的摆臂技术 2. 复习跑的四个专门性练习 3. 学习直道途中跑技术	1. 腿前摆时膝放松，高抬腿、后蹬跑、车轮跑中腿高抬并折叠 2. 2 人一组，反复中速跑 60~100 米	1. 重点：途中跑技术的规范性 2. 难点：途中跑腿的蹬摆和手臂摆动相配合动作的协调性
三	1. 复习跑的专门练习 2. 复习直道途中跑技术 3. 学习直道起跑和起跑后加速跑的技术	1. 大步幅反复跑 60~100 米，体会摆动腿前摆充分带髋前送技术 2. 从慢跑到快跑，以均匀加速的技术跑 60~80 米	1. 重点：起跑与加速跑技术的熟练性 2. 难点：起跑与加速跑技术的连贯性与平稳性
四	1. 复习跑的专门练习 2. 学习蹲踞式起跑和起跑后的加速技术 3. 起跑→加速跑→途中跑的练习	1. 集体听信号蹲踞式起跑，加速跑出 30 米 2. 按口令起跑后，快跑 50~60 米	1. 重点：途中跑技术的熟练性 2. 难点：加速跑与途中跑的连贯性
五	1. 学习终点跑技术 2. 复习蹲踞式起跑及起跑后加速跑技术（听口令起跑 30 米） 3. 100 米全程跑练习	1. 2 人或几人一组练习撞线技术 2. 快速跑 40~50 米，在跑至终点时，用胸部或肩部做撞线动作	1. 重点：终点冲线技术 2. 难点：终点冲线技术的自然协调性

续上表

课次	教学内容	主要练习手段	教学重点与难点
六	1. 学习弯道途中跑及弯道进入直道和直道进入弯道的技术 2. 学习弯道蹲踞式起跑及加速跑技术 3. 200 米全程跑练习	1. 体会弯道起跑、加速跑和途中跑的技术，以及弯道进直道和直道进弯道的技术 2. 体会 200 米全程跑技术	1. 重点：弯道跑技术的掌握 2. 难点：进、出弯道跑的自然平稳性及弯道跑上下肢配合协调性
七	1. 60 米全程跑技术评定 2. 100 米达标测验 3. 接力跑项目的有关竞赛规则	1. 100 米达标测验 2. 了解田径规则对接力跑项目的要求	1. 重点：跑的能力 2. 难点：步频与步长的适宜性和平衡性

（二）短跑教学教案范例（表 5-2）

表 5-2 体育教育专业田径普修短跑教案

上课日期： 年 月 日　　　　　　　　授课教师：

班级	级 班	第 周	场地器材媒体	场地：400 米田径场 器材：起跑器 4 副 媒体：短跑课件
人数	男 女	第 6 次课		

教材内容	学习弯道跑及进、出弯道跑技术	教学任务或教学目标	1. 掌握弯道跑及进、出弯道跑基本技术。 2. 体会随着速度的加快和不同半径跑时身体内倾程度的变化及动作技术的变化

重点难点	重点：弯道跑的身体姿势与进、出弯道跑技术。 难点：身体的内倾与跑速的协调一致

教学过程	教学内容和达成目标	教学组织与方法	练习	
			次数	时间
开始部分 5′	1. 运动技术的概念 2. 了解运动技术、身体素质、运动成绩三者间的关系 3. 明确技术原理的基本组成和评定运动技术的标准	讲解、提问、讨论 阐述运动技术概念的基本内涵 分析三要素的关系，了解教学、训练的基本思路 举例说明经济性、实效性标准 思考 1：运动技术的合理性体现在哪些方面？ 思考 2：身体素质转化为运动成绩的条件是什么？ 思考 3：经济性与实效性有何关系		5′

续上表

教学过程	教学内容和达成目标	教学组织与方法	练习次数	时间
准备部分 30′	准备活动： 1. 一般性准备活动 慢：400米 中速：400米 定位徒手操： （1）扩胸振臂； （2）上肢绕环； （3）腰腹运动； （4）腰部运动； （5）压肩与压腿。 2. 专门性准备活动 原地摆臂练习 跑的专门练习 跑道上行进间摆腿练习 行进间屈腿摆快速下压着地练习 3. 30米加速跑2次	由值周学生带一般准备活动 提出练习要求，按口令节奏进行徒手操练习 2人一组进行专门性练习 强调摆腿送髋动作，下地动作强调膝放松，小腿向后做扒地式着地 跑的专门练习强调摆臂的方向、幅度及上、下肢的协调配合 行进间摆腿练习要求较大的动作 通过慢跑、中速跑及定位活动操练习进行一般准备活动，提高兴奋性并使身体内脏器官、系统逐渐进入工作状态 在进行专门性准备活动时，应对照练习要求检查动作质量 在练习中注意观察技术动作掌握较好的同伴，要求学生在练习中进行积极的交流与相互观察，扩大获得信息的渠道	4×8 2	10′ 10′
基本部分 50′	1. 学习弯道跑 2. 学习进弯道跑技术 教学目标：体会随着速度的加快和不同半径跑时身体内倾程度的变化 3. 学习出弯道跑技术 教学目标：体会出弯道身体姿态的变化	教学提示：在弯道跑时，应强调身体向弯道圆心方向倾斜，身体内倾的程度随着跑速和弯道半径大小的不同而改变。弯道起跑主要是对准弯道切点安装起跑器。弯道跑技术教学，主要是让学生掌握正确的身体内倾动作；教师观察学生弯道跑技术时，应站在弯道的圆心处或正对着学生跑进方向的前面 教学提示1：正确运用弯道跑的技术，随着速度的加快和半径的减小，加大身体内倾的程度 教学提示2：在进入弯道前2~3步，有意识地加大右腿的蹬地力量和摆动幅度。随加速跑速度的加快，加大身体内领 教学提示3：在跑出弯道前几步，身体逐渐正直。跑出弯道后顺惯性自然跑2~3步，然后再以高速跑一段距离 教学提示4：①弯道跑技术正确，身体内倾；②进、出弯道跑过渡要自然连贯；③弯道跑时身体内倾程度和跑速应成正比		10′ 10′ 15′

续上表

教学过程	教学内容和达成目标	教学组织与方法	练习	
			次数	时间
基本部分 50′	4. 学习完整的弯道跑技术 教学目标：体会完整弯道跑技术	1. 跑圆圈练习：分别在半径 20 米和 15 米的圆圈上跑：先用慢速再用中速和较快速跑 2. 从直道进入弯道加速跑 60~100 米，先在直道上跑 15~20 米后跑进弯道 40~80 米。体会进弯道跑技术 3. 从弯道进入直道加速跑 80~100 米 4. 完整弯道跑 120~150 米 5. 在弯道跑 30~50 米接着进直道跑 30~50 米，体会出弯道跑技术		15′
结束部分 5′	（1）集体放松 （2）课后小结 （3）归还器材	由值日生带领大家一起做放松操 2 人一组相互抖动手臂放松		5′
作业和参考文献	1. 张贵敏. 田径运动教程[M]. 北京：人民体育出版社，2005. 2. 全国体育院校教材编写委员会：田径[M]. 北京：人民体育出版社，2003.			
病弱处理				
课后小结				

第四节 短跑训练

一、短跑训练要点

短跑是一项以无氧供能方式为主的速度力量型的周期性运动项目。强大的爆发力、较高的绝对速度和速度耐力、良好的协调性和灵敏性、合理的跑的技术以及较强的心理能力是从事短跑运动的必备条件。要确保短跑训练科学化、人性化，必须深刻理解短跑运动的项目特征、能量代谢特征，以及现代短跑训练的主要特点和发展趋势。具体地说，现代短跑训练的主要特点是：在注重实效性和考虑个体差异的基础上不断完善技术，以"速度"和"速度力量"为核心全面发展和提高身体能力，培养和形成良好的竞技心理素质。现代短跑训练的发展趋势是：①多学科研究的参与和训练的科学性、系统性、综合性相结合；②更加注重运动员个人特点，完善短跑技术；③训练手段、方法和安排上更加科学合理；④强调全面发展运动员的身体素质和竞技能力；⑤重视运动负荷后的身体恢复。

短跑运动员的训练是一个复杂的过程，它涉及训练对象的身体能力、心理特点、训练条件以及学习、生活等多种因素。就训练本身而言，科学的选材和多年系统的合理训练是取得成功的基本途径。科学合理的训练应该是根据短跑各个项目的特点、训练条件和环境，以及训练对象的实际情况等组织实施。

教练员能否准确地评估自己的运动员个人特点和合理安排训练方法，以及在训练中能否善于发现和处理各种问题对训练质量和效果至关重要。

二、短跑周训练计划

周训练计划依据全年各周期的训练任务和内容的不同，可划分为：基本训练周、赛前诱导周、比赛周、恢复周四种类型。

（一）基本训练周训练计划范例

基本训练周的主要任务是通过负荷的改变引起新的训练适应现象，以获得专项竞技能力的提高。基本训练周又分为加量周、加强度周和强化训练周。在全年训练中，基本训练周被采用最多，在准备期、比赛期的前段和赛间训练阶段，它是主要的周型。运动负荷的加大可通过加大运动量或提高强度的方法，也可通过运动量和负荷都保持不变的负荷累加方法进行。

表5-3 计划范例一

日 期	任 务	手 段
周一	1. 发展速度能力 2. 提高专项素质	1. 30～60米加速跑练习：6～8次 2. 弹跳练习：30～40分钟 要求：中等负荷量，大强度
周二	提高专项技术训练或一般身体素质训练	60～100米跑节奏练习：6～8次或轻负荷力量素质练习：4～6种手段共60分钟 要求：中等负荷量，中等强度
周三	全面身体练习	球类练习：40～50分钟 要求：小负荷量，小强度
周四	1. 发展专项速度 2. 发展速度能力	1. 30～60米加速跑：3～6次 2. 60～100米跑：6～8次 要求：中等负荷量，大强度
周五	1. 发展速度力量素质 2. 发展力量素质	1. 负重专项力量练习：50～60分钟 2. 快速弹跳练习：30～40分钟 要求：大负荷量，中等强度

表 5-4 计划范例二

日 期	任 务	手 段
周一	发展专项速度	30~60 米加速跑或途中跑练习：8~10 次 要求：大负荷量，大强度
周二	发展专项技术或爆发力素质	1. 60~100 米跑节奏练习：6~8 次 2. 速度力量素质练习：4~6 种手段共 60 分钟 要求：中等负荷量，中等强度
周三	全面发展身体素质或提高柔韧性及一般力量练习	球类练习：40~50 分钟或各种伸展练习：40~50 分钟 要求：中等负荷量，小强度
周四	改进短跑基本技术	60~100 米跑节奏练习：6~8 次 要求：中等负荷量，中等强度
周五	发展专项素质	1. 80~100 米间隔跑练习：6~8 次 2. 50~60 米弹跳练习：40~50 分钟 要求：大负荷量，大强度

(二) 赛前诱导周训练计划范例

赛前诱导周的主要任务是力求使运动员的机体尽快适应比赛的条件和要求，把长期训练过程中所获得各个方面的竞技能力集中到专项竞技能力中去。主要应用于比赛前约一周时间，也可在赛前数周连续安排。其训练主要体现在练习强度的提高，而练习量则应相应地减少或保持不变。

表 5-5 计划范例三

日 期	任 务	手 段
周一	发展速度素质	30~60 米加速跑或途中跑练习：6~8 次 要求：中等负荷量，大强度
周二	提高全程跑技术	100~200 米跑节奏练习：2~3 次 要求：小负荷量，大强度
周三	全面身体练习	球类或游戏练习：40~50 分钟 要求：小负荷量，中等强度
周四	发展速度耐力素质	80~100 米间隔跑练习：6~8 次 要求：中等负荷量，大强度
周五	发展速度力量素质	1. 负重专项力量练习：50~60 分钟 2. 快速弹跳练习：30~40 分钟 要求：中等负荷量，中等强度

表 5-6 计划范例四

日 期	任 务	手 段
周一	发展专项速度素质	60~80米加速跑练习：6~8次 要求：中等负荷量，大强度
周二	改善起跑技术或全程跑节奏	1. 30米蹲踞式起跑练习 5~6次 2. 60~100米跑节奏练习：3~4次 要求：中等负荷量，大强度
周三	发展一般性身体素质	球类或游戏练习：20~30分钟 要求：小负荷量，中等强度
周四	专项技术训练	60~100米节奏跑练习：2~3次 要求：中等负荷量，中等强度
周五	了解训练水平	专项测验 中等负荷量

（三）比赛周训练计划范例

比赛周的主要任务是为运动员在各方面培养最佳竞技状态做直接的准备和最后调整，并参加比赛，力求创造优异成绩。比赛周一般是以比赛日为最后一天，向前倒数一周来计算的。

表 5-7 计划范例五

日 期	任 务	手 段
周一	改进全程跑技术	蹲踞式起跑练习：3~4次 要求：小负荷量，中等强度
周二	一般有氧训练或技术训练	80~100米跑节奏练习：2~3次 要求：小负荷量，中等强度
周三	调整竞技状态	准备运动或积极性休息 要求：小负荷量
周四	调整竞技状态	准备运动或休息
周五	比赛	

表 5 - 8 计划范例六

日　期	任　务	手　段
周一	专项技术练习	起跑练习或节奏跑练习：2～3 次 要求：小负荷量，中等强度
周二	一般技术练习	60～100 米跑节奏练习：2～3 次 要求：小负荷量，中等强度
周三	调整竞技状态	准备运动练习 要求：小负荷量
周四	调整竞技状态	休息
周五	比赛	

（四）恢复周训练计划范例

恢复周的主要任务是通过降低训练负荷或采取各种恢复措施消除运动员生理和心理上的疲劳，力求尽快地实现能量恢复。通常运用降低负荷强度和负荷量的办法来达到恢复的目的。

表 5 - 9 计划范例七

日　期	任　务	手　段
周一	消除机体疲劳	游戏活动：30～40 分钟 要求：小负荷量，小强度
周二	恢复身体机能	一般身体练习或球类练习：40～50 分钟 要求：小负荷量，小强度
周三	技术训练	简单专项技术练习：40～50 分钟 要求：小负荷量，小强度
周四	促进身体机能恢复	球类练习和一般身体练习：40～50 次 要求：小负荷量，小强度
周五	专项能力恢复	跑的专门性练习或跳跃练习：50～60 分钟 要求：中等负荷量，小强度

三、短跑专项素质常用的训练手段及方法

（一）加速跑（图 5 - 9）

图 5 - 9 加速跑

动作要领：站立式起跑开始，逐渐加速到最高速度并保持30米左右的距离，接着放松跑。跑的距离，初学者为60～100米。在强度不大的情况下，每次跑8～10组。

作用：主要是用低强度跑较长距离的方法来改进技术，发展速度耐力素质。以后在逐渐缩短距离增加速度的情况下发展速度素质。

（二）行进间计时跑（图5-10）

图5-10　行进间计时跑

动作要领：同伴在跑道旁站立打手势，练习者由慢跑开始逐渐加快跑速，跑至其同伴位置时的速度已接近最高速度，然后进行30～60米的计时练习。初学者较少运用此手段，避免建立不良的技术动力定型。对准备参加比赛者来说，可在前期训练中用60～80米距离，每次课练习5～6次，间歇时间为3～4分钟，主要用来发展速度耐力素质。在临近比赛期，则用30～60米的距离练习3～5次，间歇时间为5～7分钟，主要用来提高强度，发展加速能力。

作用：发展肌肉的快速收缩，提高跑的练习强度。

（三）负重半蹲快起（图5-11）

图5-11　负重半蹲快起

动作要领：肩负杠铃，两脚左右开立与肩同宽，连续做半蹲、快起练习。此练习的负荷为本人能连续起6～10次较为合适，超过10次时可适当加大负荷。每次课可练习3～5组。

作用：发展大腿股四头肌、小腿后群肌和踝关节力量。

（四）负重提踵（图5-13）

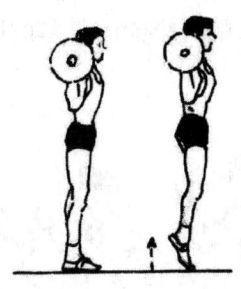

图5-12 负重提踵

动作要领：肩负30～60千克重杠铃，双脚并拢以前脚掌踏在约10厘米高的平台上连续做提踵练习。每组10～15次，每次课可练习3～5组。

作用：发展小腿后群肌、踝关节、脚掌肌肉的力量。

（五）分腿挺举杠铃（图5-13）

图5-13 分腿挺举杠铃

动作要领：两脚左右开立约与肩同宽，双手握杠铃提举，翻腕至胸前，接着前后分腿成弓箭步，同时双臂向上举杠铃，然后将杠铃下放至胸前再向上挺举。练习时可分组进行，每组做6～8次，练习负荷一般为本人体重的100%～120%，每次课可练习3～5组。

作用：发展全身肌肉力量，提高全身肌群协调用力的能力。

（六）单足跳（图5-14）

图5-14 单足跳

动作要领：在草地或锯末道上连续做单足跳练习。蹬地、摆腿、摆臂要积极有力，协调配合。一般练习距离为 20～50 米，可进行 3～5 组。

作用：提高练习强度，发展大腿、小腿、脚掌的肌肉力量。

（七）跨步跳（图 5-15）

图 5-15　跨步跳

动作要领：起跳腿充分用力蹬地，摆动腿积极前抬送髋，两腿交替练习。练习时，两臂配合腿部动作前后有力摆动。此练习距离为 50～200 米，每次课可练习 3～5 次。如选择短距离的练习手段（50～100 米），可要求速度加快，也可计时；如选用长距离的练习手段（150～200 米），强度可要求小些，只做腿部力量耐力练习。

作用：发展腿部和脚掌肌肉快速收缩的力量。

（八）高抬换腿跳（图 5-16）

图 5-16　高抬换腿跳

动作要领：预备时，一腿在前屈膝踏上 30～50 厘米的高台，一腿在后支撑地面。练习时，两腿同时用力蹬伸向上跳起，两腿在空中交换，两臂与两腿积极用力摆动。每次课练习 3～5 组，每组 20～30 次。

作用：发展腿部肌群和脚掌快速收缩力量。

（九）屈膝跳越不同高度的栏架（图 5–17）

图 5–17　屈膝跳越不同高度的栏架

动作要领：在跑道上放置 10 个栏架，栏架依次由低逐渐增高，栏间距为 2～2.5 米。练习时双脚起跳，屈膝连续跳越 10 个栏架。栏高为 76～106 厘米，每次课练习 5～10 组。

作用：发展腿部和腹部肌群快速收缩力量。

（十）后抛实心球（图 5–18）

图 5–18　后抛实心球

动作要领：两脚左右开立稍比肩宽，两手持实心球向胯下后伸，接着积极用力向后上方蹬伸两腿，上体向后挺起，同时两手向后放抛实心球，要求上下肢协调用力。10～15 次为一组，做 3～5 组。

作用：发展上下肢、腹部、腰背部肌肉。

思考题

1. 如何划分跑的周期？
2. 短跑起跑的技术要领是什么？
3. 优秀的途中跑技术应符合哪些要求？
4. 分析短跑教学中出现"坐着跑"的原因及纠正的方法。
5. 短跑训练的要点有哪些？

第六章

跨 栏 跑

学习要点：本章介绍跨栏跑的发展概况、跨栏跑的基本技术，以及跨栏跑技术的教学步骤、方法，提供了跨栏跑项目的教学进度与教案的范例。通过本章的学习，应了解跨栏跑的发展概况，掌握跨栏跑的基本技术理论与教学方法，从而为运动实践奠定良好的基础。

第一节　跨栏跑运动发展概述

跨栏跑是一项有着悠久历史的运动项目，究其根源可以追溯到上古时代，它是由人们在跨越障碍物时所掌握的基本技能演变和发展而来的。作为竞技运动的跨栏跑，它已经历了 100 多年的变迁与发展，100 多年来跨栏跑的竞赛项目设置、竞赛规则、场地器材、技术等均发生了很大的变化。目前奥运会所设立的正式比赛项目有男子 110 米栏、400 米栏，女子 100 米栏、400 米栏共四项。在诸多跨栏跑项目中，110 米栏设立年代最久远，技术难度最大，也最具代表性，因此跨栏跑技术的演变与发展通常是围绕着此项目进行。纵观跨栏跑技术的发展过程，大致可分为跳跨栏、跨栏步技术形成与改进、速度与技术相结合和概念更新等四个阶段。

（一）跳跨栏阶段

这一阶段是从跨栏跑项目的产生至第 1 届奥运会。在此时期跨栏跑基本上沿用了牧童嬉戏时的"跳栏"技术。这种技术表现为，起跨点距栏近、起跨后收腿快、上体正直、屈腿跳过栏架、过栏后两脚几乎同时落地、下栏着地明显停顿，成绩进展缓慢。

（二）跨栏步技术形成与改进阶段

自奥运会设立了跨栏跑项目之后，各国运动员对如何改进跨越栏架的技术进行了充分的研究。这个阶段可分为前期和后期两个时期，前期是从 19 世纪后期"⊥"形栏架出现至"L"形栏架的产生止；后期为"L"形栏架的开始广泛应用至 20 世纪 40 年代中期止。

"⊥"形栏架出现后，各国运动员开始对过栏技术进行探索和改进，先后出现了"直腿前跨和单臂前摆"及"双臂前摆"的过栏技术。

"直腿前跨和单臂前摆"的过栏技术特征主要表现为：摆动腿的膝关节伸直向前上方摆动，支撑腿充分后蹬，形成了栏前两腿之间的较大分腿角，支撑腿蹬离地面的同时向栏方向拉起跨腿，从而形成了较为合理和有效的跨栏步技术；栏上摆动腿异侧臂积极前伸，维持身体过栏的平衡。这个技术在当时可谓是最先进、最合理的跨栏技术，运动员的成绩也开始大幅度提高。1898 年，美国运动员阿尔文·克雷兹莱思采用这种新的过栏技术创造了 15.2 秒的世界纪录。"双臂前摆"技术的特点是运动员过栏时用双臂积极前伸，带动身体重心迅速向前移动，从而加快过栏的速度。1920 年，加拿大运动员厄尔·汤姆森采用双臂前伸和上体积极前倾技术，创造了 14.4 秒的世界纪录。

"L"形栏架的出现，为进一步改进和完善过栏技术提供了有利条件，从而创造了"摆动腿迅速落地动作"和"起跨腿迅速前拉"的技术。

"摆动腿迅速落地动作"的技术特征是重视跨栏前摆动腿的动作，在摆动腿越过栏架顶点的瞬间，加大摆动腿下压落地的动作速度，从而减少了过栏损耗的时间，提高了跨栏跑的成绩。1936 年，美国运动员福雷斯特·汤斯创造并使用这种技术赢得了第 11 届奥运会 110 米栏的冠军，之后又创造了 13.7 秒的世界纪录。"起跨腿迅速前拉"的技术特点是要求摆动腿迅速下栏落地动作的同时，强调起跨腿积极快速向前提拉，从而加快了下栏第一步的运动速度。1941 年，美国运动员弗雷德·沃尔科特创造并运用这一技术平了汤斯所保持的世界纪录。至此跨栏步技术基本定型。

（三）速度与技术相结合阶段

20 世纪 40 年代中后期，人们逐渐认识到运动成绩的提高，不能仅限于运动技术的改进，而应将提高跑的速度与过栏技术紧密结合起来，这是获得优异成绩的重要途径。1948 年，美国运动员哈里森·迪拉德将速度优势与跨栏跑技术巧妙结合并创造了"特别突出起跨腿式的技术"，他运用这种技术以 13.6 秒的成绩改写了 110 米栏的世界纪录。这种技术的特点是在突出起跨腿迅速前拉落地的同时，让摆动腿完成更长的弧形摆动。此后，查理德·艾特莱斯利熔多种技术的优点于一炉，吸取了迪拉德的"特别突出起跨腿式的技术"、汤斯的"摆动腿迅速落地动作"技术和沃尔科特"起跨腿迅速前拉"的技术，追求技术与速度结合，于 1950 年创造了 13.5 秒的世界纪录。1959 年，联邦德国运动员劳洛尔采用充分前倾上体的"折刀式"过栏技术与快速平跑速度紧密结合，使栏间跑速度的利用率大大提高，创造了 13.2 秒的世界纪录。至此人们对速度在跨栏跑中的作用有了新的、更高的认识。

（四）概念更新阶段

20 世纪 50 年代末，随着劳洛尔 13.2 秒这一新的世界纪录诞生，有人提出"跨栏"向"跑栏"发展的观点，同时运动员也为实现这个目标进行了不懈的努力。20 世纪 60 年代末，塑胶跑道的出现以及对运动员选材的重视，使运动员栏间跑技术更加侧重于栏间节奏的提高。20 世纪 70 年代，随着人们对跨栏跑技术认识的提高，跨栏跑项目人才辈出，成绩不断进步。首先是美国运动员米尔本创造了"摆动式"的过栏技术，他利用自己速度快、力量强、动作灵活的特点，注重过栏时上下肢的协调配合，并加快两腿的剪绞速度，于 1973 年以 13.1 秒的成绩刷新了劳洛尔保持了 14 年之久的世界纪录。随后是法国运动员德鲁特，他以"综合性"技术见长，其凭借身高腿长和全面的身体发展水平，在过栏时上体保持适度的前倾并加快两腿的剪绞速度，同时注重跑跨结合和良好的全程跑节奏，合理地缩短了"跨栏步"的长度，加大了栏间跑第一步的距离，把过栏与栏间跑技术紧密衔接，使人们看到了"跑栏"的曙光，并创造了 13.0 秒的世界纪录。1979 年美国运动员内赫米亚以 12.93 秒的成绩第一个突破 110 米栏 13.0 秒的大关。他的技术特点是起跨攻栏积极，过栏剪绞速度快，身体重心起伏小，下栏迅速与栏间跑衔接，全程技术连贯，节奏性强，呈现出"跑栏"概念的特征。20 世纪 80 年代以来，在重视运动员科学选材的同时，在运动训练中更重视提高运动员平跑速度和跑跨、跨跑相结合的能力，大大缩小了跨与跑在动作外形、速度变化、肌肉用力转换等方面的差别。不仅从缩短过栏时间上挖掘潜力，而且更重视下栏后的速度。表现在过栏与栏间跑的技术浑然一体，跨栏周期速度快，节奏性强，从跨栏向跑栏发展的趋势越来越明显。如

1989 年美国运动员金多姆以 12.92 秒的成绩创新世界纪录；1993 年英国运动员杰克逊以 12.91 秒的成绩打破世界纪录；2004 年中国运动员刘翔以 12.91 秒的成绩平 110 米栏的世界纪录；2006 年刘翔又以 12.88 秒的成绩刷新了沉睡近 13 年的 110 米栏世界纪录，成为世界上第一位跑进 12.90 秒的 110 米栏运动员。这些成绩均是从跨栏向跑栏方向发展的成功佐证。

第二节　跨栏跑技术

跨栏跑的技术可分为起跑至第一栏技术、过栏技术、栏间跑技术和全程跨栏跑技术。为了便于进行跨栏跑的技术分析，我们将跨栏跑技术分为直道跨栏跑技术和弯道跨栏跑技术。

一、直道跨栏跑技术

直道栏包括 110 米栏和 100 米栏，因二者技术差别较小，本节重点介绍 110 米栏技术。

（一）起跑至第一栏技术

起跑至第一栏加速跑的任务是快速启动，积极加速，为顺利地跨过第一栏和全程跑打好基础。

起跑采用蹲踞式起跑。起跑器安装方法和起跑动作与短跑基本相同。起跑至第一栏跑 8 步时，起跨腿在前；少数身材比较高大的运动员跑 7 步，摆动腿在前。

起跑预备时，臀部位置较高，起跑后加速跑时各步后蹬角度较大，身体重心位置较高。跑到第 6 步以后，身体姿势已接近途中跑的姿势，并准备起跨过栏。起跑后各步步长均匀增大，栏前最后两步积极跑进，最后一步起跨腿积极着地缩短步长 10~20 厘米，以加快起跨速度。

（二）过栏技术

过栏是从起跨脚踏上起跨点到过栏后摆动腿的脚接触地面。110 米栏跨栏步步长 3.30~3.50 米，100 米栏跨栏步步长 2.80~3.05 米。过栏的任务是使身体迅速越过栏架，为栏间跑创造条件。跨栏技术分为起跨攻栏、腾空过栏、下栏着地三个阶段（图 6-1）。

（1）起跨攻栏：指从起跨脚踏上起跨点到后蹬结束离地时止的准备过栏动作。起跨攻栏技术正确与否影响过栏速度和下栏后的继续跑进。

起跨前应保持较高的跑速，110 米栏起跨点离栏 2.00~2.20 米，100 米栏起跨点离栏 1.90~2.10 米，后蹬要求迅速有力，蹬地结束瞬间起跨腿髋、膝、踝关节充分伸展，并与躯干、头基本成一条直线。起跨后蹬角度 110 米栏为 68°~72°，100 米栏约为 70°。

当起跨腿踏上起跨点时，摆动腿在体后开始折叠，足跟靠近臀部，膝向下，以

图 6-1 跨栏跑过栏技术

髋为轴，大腿带动小腿积极向前摆至膝超过腰部高度。摆腿速度越快，越有利于加大蹬地力量及完成摆动腿过栏动作。

在两腿蹬摆配合完成起跨动作的过程中，上体随之加大前倾，摆动腿异侧臂屈肘向前上方摆出，肘关节达到肩的高度，另一臂屈肘摆至体侧，整个身体集中向前用力，平衡舒展，起跨结束时形成一个良好的"攻栏姿势"（图 6-1⑤）。

（2）腾空过栏：腾空过栏时身体重心沿着起跨时形成的抛物线轨迹向前运动。身体重心抛物线轨迹是由腾起角决定的，而腾起角取决于水平速度与垂直速度的比值。优秀运动员起跨后蹬角度较小（约68°），有利于获得较大的水平速度。

起跨腿蹬离地面后，摆动腿大腿继续向前上方摆动直到膝关节超过栏板高度，小腿迅速前摆。在摆动腿前摆的同时，异侧臂和肩也伸向栏板上方，使肘超过膝，异侧臂与摆动腿基本平行。同侧臂后摆，上体加大前倾，躯干与摆动腿形成锐角，眼视前方（图 6-1⑥）。

在摆动腿脚掌到达栏板之前，起跨腿一侧的髋关节保持伸展，大腿屈肌处于拉紧状态，小腿约与地面平行或膝略高于踝，这样两腿在栏前形成一个120°以上夹角的大幅度劈叉动作（图 6-1⑥），这是两腿快速剪绞过栏的预先条件。

100米栏过栏时，摆动腿伸直或不完全伸直，上体稍前倾，摆动腿幅度较小。

（3）下栏着地：下栏是从摆动腿的脚掌移过栏板，大腿下压开始的。摆动腿下栏着地积极与否，在很大程度上取决于起跨时高抬快摆的程度。

下栏时在摆动腿积极下压的同时起跨腿屈膝外展，小腿收紧抬平，脚尖外展上翘，脚跟靠近臀部，以膝领先，迅速向胸前提拉（图 6-1⑦）。两腿在空中完成一个协调有力的以髋关节为轴的剪绞动作，同时两臂与躯干协调配合积极摆动，摆动腿异侧臂和向前提拉的起跨腿做相向运动，膝肘几乎相擦而过。当臂划过肩以后，屈肘内收摆向体后，另一臂屈肘前摆，以维持身体平衡（图6-1⑧、图6-1⑨）。

下栏时，上体积极保持一定前倾，摆动腿伸直，用前脚掌后扒着地。110米栏的着地点与栏架距离为1.40~1.50米，100米栏的为1.00~1.20米。摆动腿着地后髋关节稍有缓冲，膝、踝关节保持伸直，使身体重心处于较高的位置上，起跨腿提拉到身体正前方，大腿高抬积极跑出第一步（图6-1⑩、图6-1⑪）。

（三）栏间跑技术

栏间跑技术是指从过栏后摆动腿的脚着地点至起跨腿的脚踏上起跨点这段距离中所表现出来的技术动作特征。栏间跑的主要任务是尽可能地加快栏间跑节奏，提高跑速，为顺利跨过下一栏创造有利条件。

栏间跑技术基本上同短跑。为了减少身体重心上下起伏，栏间要保持高重心，大腿高抬，用前脚掌着地。要跑得轻快、有弹性、直线性好，两臂摆动积极有力，幅度较大，上体稍前倾，两眼平视。由于栏间距离和跑的步数固定，步长也比较稳定，所以提高栏间跑速度主要靠加快步频和改进跑的节奏来实现。

（四）全程跨栏跑技术

全程跑的任务是合理地将跨栏步技术与快速的栏间跑技术紧密地结合起来，保持正确的节奏和最快的速度跨越全部栏架到达终点。

我们将全程跑看成一个整体，但各阶段也有所差异。首先要过好第一栏，这对于速度的发挥、节奏的建立以及运动员树立自信心都有着十分重要的意义。全程跑的前三栏属于加速阶段，第四至第六栏达到最高速度，第七至第九栏由于运动员的体力呈下降趋势，所以此时运动员应注意在技术上控制动作不变形，在速度上避免下降过快。第十栏是最后一个障碍，过此栏时，运动员要加快下栏动作的速度，过栏后把跨栏节奏调整为短跑节奏，注意用力蹬地和摆臂。

二、弯道跨栏跑技术

弯道栏包括男、女400米栏。400米跨栏跑的栏架较低（男子栏高91.4厘米、女子栏高76.2厘米），过栏并不十分困难，但是栏间距离和全程跑距离都比较长，对步长、节奏、速度、耐力和意志品质等要求较高。

（一）起跑至第一栏技术

起跑在弯道上进行，采用蹲踞式起跑。起跑技术基本上与400米起跑相同。起跑至第一栏男子一般跑20~23步，女子跑23~25步。起跑的步数与全程跑的节奏相适应。起跑至第一栏的步数固定，保持步长的准确性对顺利跨过第一栏和跑好全程有着重要意义。

（二）过栏技术

男、女400米栏过栏技术基本相同，与110米栏比较，也没有实质上的区别。由于栏架高度和栏间距离不同，所以在过栏动作幅度、用力程度和动作细节上稍有差别。

400米栏要先后跨过放置在两个弯道上的5个栏架。为了克服向前做直线运动的惯性，运动员必须适当改变身体姿势以及后蹬和前摆的用力方向以产生向心力，克服离心力，使自己能顺利过栏。400米栏的运动员用右腿起跨比较有利，因为运动员可以靠近跑道左侧跑进，跑的弧线较短。起跨时用前脚掌内侧蹬地，左腿前摆膝稍向外，右臂向左前方伸出，左臂屈肘向右后方摆出，右肩高于左肩，整个身体向左倾斜。下栏时，左脚用前脚掌外侧在靠近左侧分道线处落地，右腿提拉动作的用力程度也相应加大，这样在下栏后身体可以靠近左侧分道线跑进。如果用左脚起跨过栏，运动员在栏前两三步应沿着跑道中线跑，并从跑道中线向偏右方向起跨，这样可以避免起跨腿过栏时越出栏架而犯规。由于各栏间跑的步数有时会发生变化，因此，运动员应具备两腿均能起跨过栏的能力为宜。

（三）栏间跑技术

栏间跑一般男子跑 13~15 步，女子跑 15~17 步。左、右腿均能起跨攻栏者，可采用 14 步或 16 步栏间跑节奏。栏间跑有相同节奏和混合节奏两种，混合节奏是指前半程、后半程或不同段落采用不同步数的栏间跑节奏。世界优秀运动员多采用相同节奏。栏间跑步数和节奏的建立应根据个人训练水平而定，不应盲目模仿，也不应在临场比赛时任意改变。好的栏间跑技术表现为跑速均匀、节奏准确、动作轻松、向前跑的效果好。

（四）终点冲刺和全程体力分配

合理分配体力，对提高全程跑成绩有直接作用。在保持合理的栏间跑节奏和顺利过栏的前提下，全程采用"匀速"跑对提高成绩比较有利，后半程慢于前半程不超过 2~3 秒。从最后一栏到终点为 40 米，运动员都会感到疲劳，从而导致运动能力下降。此时，也是争取比赛胜利的重要时刻，要特别注意保持正确跑的技术，加强摆臂、抬腿动作，以顽强的毅力冲向终点。

第三节　跨栏跑教学

一、跨栏跑技术的教学重点与难点

跨栏跑是跑跨相结合的运动项目，教学中应紧密结合项目特点，以跨栏步技术为教学重点，结合栏间跑技术，从而逐步过渡到全程跑。由于该项目是跑与跨的结合，因此教会学生正确的跑与跨紧密衔接的能力是教学中的难点。

二、跨栏跑技术教学步骤、方法与手段

近年来对跨栏跑技术教学方法的研究较多，目前在跨栏跑教学实践中运用较多的还是分解—完整法，此方法是在总结多年教学实践中逐步完善形成的。其特点是以跨栏步技术为教学重点，结合栏间跑技术，从而逐步过渡到全程跑。这种教学的方法的优点是：对跨栏步教学程序完成得较为精细，学生大多能够较好地掌握跨栏

步技术。它的不足在于：跨栏步的学习占用课时较多，同时容易造成学生跑与跨或跨与跑的结合能力差，对全程跑不利，为此在教学中要较快地进入途中跑，以便加强学生的"跑跨"和"跨跑"相结合的能力。

主要教学步骤与手段：

(一) 使学生明确跨栏跑基础知识和概念

（1）讲解。

通过讲解使学生对跨栏跑的技术特点、比赛项目、比赛规则和学习中的注意事项等有大致的了解，从而为学习跨栏跑做好准备。

（2）直观教学。

利用挂图、录像、电影等一些直观教具，同时结合讲解，使学生明确跨栏跑的基本技术。

（3）教学示范。

通过教师的边示范边讲解，使学生对跨栏跑的动作外形及主要动作结构有大致的了解，初步建立起动作的表象。

（4）基本术语介绍。

如什么是起跨腿与摆动腿，什么是栏前与栏后等，使学生对教师的讲解能够清晰地理解。

(二) 学习跨栏步技术

1. 学习摆动腿过栏动作

（1）原地做摆动腿模仿练习。

动作要领：栏前直立，面对栏架，摆动腿屈膝高抬，膝关节达到栏架高度时，小腿迅速向前摆出，摆动腿基本伸直，脚掌接近栏板，接着积极下压大腿，用前脚掌在身体重心投影点前着地，熟练后可连续做。

（2）走步中做摆动腿"鞭打"动作。

动作要领：腿的折叠、高抬、前摆小腿及下压大腿都与前一练习相同。走3~5步做一次，熟练后加上两臂的配合动作。

（1）~（2）注意事项：

①摆动腿向前抬摆时要注意大小腿折叠，同时不要出现踢小腿动作。

②摆动腿的下压动作要迅速。

③上体适当前倾，摆动腿异侧臂向前上方摆出，做出有效的攻栏动作。

④走动中练习的速度要适当加快，动作放松。

（3）摆动腿攻栏的辅助练习。

动作要领：横放鞍马，原地或走2~3步，迅速向前上方摆腿，到超过鞍马高度时，摆伸小腿下压至鞍马上。

注意事项：

①摆动时要注意大小腿的折叠。

②上体和摆动腿异侧臂要与摆动腿协调配合，体会向前攻栏的动作。

（4）走步或慢跑中由栏侧做摆动腿攻摆过栏练习。

动作要领：摆动腿靠近栏架一侧，在走步或慢跑中距栏侧约1米处起跨，摆动腿屈膝前摆，经栏板上方过栏后积极下压摆动腿，起跨腿配合做小幅度的提拉动作，熟练后在慢跑中连续跨4~5个栏架。

注意事项：
教学的初始就要使学生建立快速抬压摆动腿的意识。

2．学习起跨腿过栏动作
（1）原地支撑提拉起跨腿的模仿练习。

动作要领：双手扶肋木站立，身体保持前倾，眼睛平视，在起跨腿一侧距肋木1~1.2米处横放一栏架，起跨腿屈膝经腋下向前提拉，当膝部提举至身体正前方时（身体不要扭转或偏斜），然后自然下放。栏架也可以纵放，以体会提拉的方向。

注意事项：
①上体保持前倾，眼看前方，体会肌肉用力顺序。
②提拉时大小腿逐渐折叠，而不是先折叠再提拉。
③在学生无法体会脚的背屈外翻动作时，教师可通过助力使学生产生本体的感受。
④提拉的过程中注意要以髋为轴，膝关节始终保持高于踝关节的动作姿势。

（2）走动中起跨腿过栏侧练习。

动作要领：在跑道上摆放5~6个架栏，栏距4~5米。在走动中起跨腿依次提拉越过栏侧。

注意事项：
①提拉前，摆动腿要保持支撑，上体略有前倾的姿势。
②起跨腿同侧臂摆向前上方，提拉的同时向后划摆。
③提拉时应注意动作的顺序和方向。

（3）跑动中做起跨腿栏侧过栏练习。

动作要领：小步跑或中速跑过栏侧练习，过栏时摆动腿向前上方攻摆，随摆动腿的下压，起跨腿大小腿折叠，经腋下方向前上方提拉，栏间跑可先用5步然后过渡到3步。

注意事项：
①摆动腿要在过栏时做出抬、摆、压的配合动作，并落在栏后。
②过栏侧时注意体会攻栏技术。
③栏侧过栏时体会起跨腿的用力顺序与动作方向。
④动作要由慢到快，栏距与栏高要逐渐加大难度。

3．学习与掌握过栏的专门练习
（1）原地起跨腿过栏练习。

动作要领：上体正直面对低栏站立，将摆动腿大腿放在栏架横板上，稍抬起后迅速下压，同时起跨腿蹬离地面做提拉动作，在两腿做动作的过程中，体会剪绞的时机。

注意事项：
①下压和提拉的动作是同时在空中进行的，当摆动腿着地后，起跨腿已越过栏架。

②在两腿剪绞的同时，上体和上肢也要注意动作协调配合。
（2）栏侧摆动腿过栏练习。
动作要领：小步跑、慢跑，在栏侧起跨、摆动腿经栏上攻摆过栏，继续跑进。主要体会摆动腿屈膝攻栏和伸直下栏动作。
注意事项：
摆动腿屈膝向前上方摆出，上体稍前倾，摆动腿过栏后大腿积极下压，膝关节放松，下栏时用前脚掌着地。
（3）栏侧起跨腿过栏练习。
动作要领：从栏侧起跨，起跨腿从栏上提拉过栏后继续跑进。主要体会起跨腿提拉的时机、路线与手臂的配合。
注意事项：
起跨腿向前上方蹬地起跨，在提拉起跨腿过栏时，注意髋高于栏、膝高于踝，晚收快拉。
（4）高抬腿跑从栏侧或栏中过栏练习。
动作要领：起跨点距栏约 1 米，在高抬腿跑过程中越过栏架，过栏动作同前，但幅度小、腾空时间短。主要体会过栏时两腿剪绞和与上体、上下肢的配合动作。
注意事项：
①练习的初始，栏架尽量放低，着重体会两腿剪绞的时机。
②栏前、栏后高重心支撑，上下肢协调配合，避免向上跳，下栏后继续高抬腿跑，准备过下一个栏。
③注意克服过栏时的怕栏心理。

（三）学习与掌握过栏和栏间跑相结合的技术

1．学习站立式起跑至第一栏技术
（1）试跑练习。
动作要领：在起跑至第一栏前跑道上画线或摆放其他标志标明 8 步步长，参照标志练习起跑至第一栏的加速节奏。主要检查步长与起跨距离，建立栏前 8 步步长的空间定位感。
注意事项：
①根据学生的身高和素质等条件确定 8 步的步长。
②要让学生在前 4 步调整好步长，使其后几步能按正常步幅跑进。
③练习过程中要使学生掌握好栏前的"短步"技术。
（2）站立式起跑过第一栏。
动作要领：用站立式起跑跨越栏架。
注意事项：
①在进行此练习前可先进行过放倒的栏架或从第一栏栏侧跑过的练习，以使学生熟悉栏前几步的跑法，并检查起跨点距第一栏的距离。
②在初次过栏时应尽可能把栏架放低，以消除学生怕栏心理。
③根据学生的练习水平逐步提升栏架的高度，直至标准栏高。

2. 学习蹲踞式起跑过第一栏技术

动作要领：用蹲踞式起跑跨越第一个栏架。

注意事项：

①练习前应对学生讲明起跑器的安装方法。

②掌握合理的"各就位""预备"姿势，跑出后控制好上体前倾，使第一栏的起跨有适宜的身体姿势。

③采用由低栏直至标准栏高的练习方法。

④练习熟练后可进行分组练习，以提高学生练习的积极性。

⑤练习过程中若技术有反复，可采用降低高度和多做模仿练习的方法加以纠正。

⑥练习中要向学生强调过好第一个栏及起跨攻栏的重要意义。

3. 改进和提高过栏与栏间跑相结合的技术

（1）在起跑至第一栏前跑道上画线或摆放其他标志标明8步步长，参照标志练习起跑至第一栏的加速节奏。

（2）在起跨点处画一标志线，要求在标志线上或在标志线附近起跨。

（3）在栏后第一步着地点画一标志线，过栏后按标志加大步幅和加快脚着地的动作，以增大下栏后第一步步长。

（4）跨越斜放的栏架。摆动腿过84厘米的栏高，起跨腿过91.4厘米的栏高。

（5）跨越递增高度的3~5个栏架。

（6）栏侧和栏中一步过栏练习。

（7）改变练习条件的跨栏跑。如缩短栏间距的跨栏跑，变换栏间步过栏的练习等。

（四）学习全程跑技术

1. 起跑过5个栏的练习

动作要领：用蹲踞式起跑快速跨越5个栏架。

注意事项：

①此练习主要使学生体会起跑过栏时的积极加速。

②练习时可以适当缩短栏距或降低栏高，以提高跨栏跑的节奏感。

2. 起跑过7个栏的练习

动作要领：用蹲踞式起跑快速跨越7个架栏。

注意事项：

①此练习可以作为跨栏跑的全程跑练习手段之一，目的是使学生体会全程跑的节奏。

②练习时应根据学生的具体情况区别对待。

③全程跑的练习应与跑的能力、技术、速度的发展结合进行。

3. 起跑过全程栏练习

动作要领：用蹲踞式起跑过全程栏。

注意事项：
①通过全程跑，使学生体会全程跑的节奏。
②通过全程跑，使学生体会全程跑的体力分配。
③通过练习发现学生技术、素质等方面的不足并进行有针对性的改进。

（五）弯道栏主要教学步骤

（1）结合图片、录像等直观教具，讲解弯道过栏的技术特点。
（2）教师结合示范进行讲解。
（3）弯道栏侧过栏练习，让学生体会弯道过栏的技术特点。
（4）站立式起跑过4～5个栏，栏间跑5步，目的是让学生体会弯道过栏的技术。
（5）蹲踞式起跑过第1个栏，熟悉与确定个人的步长与节奏。
（6）蹲踞式起跑过3个栏，熟悉与确定个人栏间跑的步数与节奏。
（7）200米栏练习，熟悉半程跨栏跑的栏间步数与节奏。
（8）全程跑练习，体会不同栏间跑的节奏差异。
（9）教学比赛，检查教学效果，明确个人技术上的不足。

教学提示：
①弯道栏的教学中最好将栏架放在第2道，目的是便于学生体会栏侧过栏和弯道跑的技术。
②弯道过栏技术是教学的重点，但应注重学生速度耐力的发展，以便为跨栏跑的全程跑打下基础。
③教师可从正面、侧面、后面等方位观察学生的技术。

三、跨栏跑教学中常见的错误动作及其产生原因和纠正方法

（一）学习跨栏步及起跑过第一栏常见的错误动作及纠正方法

1. 跳栏

产生原因：栏前跑的技术差，起跨点太近；用脚跟着地起跨或全脚掌着地起跨造成很大制动，起跨角度过大；心理上怕栏。

纠正方法：
（1）画标志线，放标志物或放置棕垫等方法固定起跨点。
（2）适当降低栏架高度，缩短栏间距离，保持身体高重心的跑法，最后一步按"短步"标志跑，踏上起跨点后起跨攻栏。
（3）通过各种跳跃练习发展腿部及踝关节小肌群的力量。
（4）反复进行各种专门练习，提高对栏架的感觉，克服怕栏心理。
（5）在栏架上方，教师用手平举一竹竿，让学生过栏时加大身体的前倾，从竹竿与栏架之间越过。

2. 摆动腿直腿摆动过栏或屈腿绕过栏板

产生原因：对摆动腿动作概念不清；摆动腿膝关节紧张，小腿前伸过早；摆动

腿大小腿折叠不充分，大腿屈肌力量差，起跨前大腿高抬不够。

纠正方法：

（1）详细讲解摆动腿屈膝摆动的技术，强调大小腿折叠及打开的时机，反复做屈腿摆动的各种模仿练习。

（2）利用肋木、鞍马、栏架等器械反复做攻摆练习。

（3）反复进行负重屈膝前摆的"鞭打"练习或车轮跑练习。

3. 腾空时两腿动作消极，"剪绞"时机不正确

产生原因：起跨腿蹬地不充分，提拉过早；两腿肌肉伸展能力差，髋、膝关节灵活性差，不能在空中做出大幅度的分腿动作；摆动腿直腿摆动下压不积极；上体直立，妨碍起跨腿提拉动作的完成。

纠正方法：

（1）反复做起跨腿栏侧过栏的练习，要求起跨腿充分蹬伸后再进行提拉。

（2）适当加长起跨距离，加快跑速，用大幅度动作快速剪绞过较低的栏架。

（3）发展两腿肌肉的柔韧性和髋关节的灵活性。

4. 过栏时摆动腿的后侧或起跨腿的膝、踝内侧碰及栏板

产生原因：摆动腿碰栏板是因为起跨点过远，摆动腿向前速度太慢，或折叠高摆不够，上体前倾过大；起跨腿的膝、踝内侧碰及栏板的一个原因是在提拉过程中大小腿和脚掌部位不正确，另一原因是起跨腿提拉时膝关节未外展或外展幅度不够。

纠正方法：

（1）重复练习原地支撑提拉起跨腿过栏动作，要求膝稍高于踝，大小腿收紧，脚尖外展上翘，脚内侧保持与地面平行。

（2）保持上体前倾姿势，提拉起跨腿。

（3）调整起跨点，加强摆动腿大腿高抬能力。

5. 下栏时身体不平衡，动作停顿

产生原因：起跨腿拖后，当摆动腿脚掌着地时，起跨腿提举不到身体正前方；摆动腿下压消极，上体直立，身体重心落后；起跨时蹬伸不充分，急于提拉起跨腿，下栏时两腿几乎同时落地；腿臂配合不协调，躯干扭转，肩轴偏斜。

纠正方法：

（1）做各种跨栏专门练习，改善两腿的剪绞配合，提高过栏时身体稳定性。

（2）做跨栏的上下肢配合模仿练习，加强起跨腿同侧臂的动作控制能力，不使臂后引带动肩和躯干的扭转。

（3）改善髋关节灵活性，发展髋部肌肉力量。

（4）发展摆动腿踝关节和脚掌支撑力量。

6. 蹲踞式起跑至第一栏步点不准，栏前捣小步或拉大步

产生原因：练习少，技术不熟悉；步点不合适；起跑后第3、4步步幅太小；起跑开始几步加速太猛，身体直起太早，步长过大造成栏前捣小步，破坏加速跑的正确节奏。

纠正方法：

(1) 反复练习,确定适宜的步数。
(2) 沿着8步步长标志反复练习,建立步长距离和节奏感觉,提高目测判断能力,熟练后再跨第1个栏。

(二) 学习栏间跑中常见的错误动作及纠正方法

1. 栏间跑第1步步长过短,破坏了栏间跑的节奏

产生原因:下栏停顿或起跨腿提拉过快,造成两腿几乎同时着地现象;腿部力量差,尤其是脚掌和踝关节力量差;起跨腿向身体的正前上方提拉不够,着地过早,同时摆动腿下栏消极。

纠正方法:
(1) 在下栏着地的第1步处,放一标志物或画一标志线,反复练习,增大下栏第1步的步幅。
(2) 通过负重或助力性练习,体会起跨腿用力的时机与方向。
(3) 在栏侧跨过双重栏架。
(4) 采用各种跳跃练习,发展小肌肉群力量,提高支撑及后蹬能力。

2. 栏间跑没有足够的步长,跑时身体重心低,缺乏弹性

产生原因:下栏着地身体重心落后,制动力大,造成速度急剧下降,栏间跑第1步重新加速;腿部力量差,尤其脚掌和踝关节力量差。

纠正方法:
(1) 改进下栏技术,使下栏点接近身体重心投影点并保持高重心,膝关节不弯曲缓冲,借助起跨腿的积极前摆高抬加大第1步步长。
(2) 练习后蹬跑、多级跳、负重跳,增强腿部力量,提高摆动腿下栏支撑能力。
(3) 较多地做高抬腿快频率跑及高抬腿跑中过栏练习。
(4) 栏间跑时两臂要积极地摆动。

3. 栏间跑时偏向摆动腿一侧或两脚落地偏离运动的直线

产生原因:起跨攻栏时摆动腿偏外侧摆动,下栏时起跨腿没有提拉到身体正前方,身体两侧的动量不平衡;摆动腿下栏点偏外,身体不够平衡导致不能跑成直线;起跨时蹬地脚掌用力偏外,使支撑反作用力方向偏斜。

纠正方法:
(1) 在栏板上靠摆动腿一侧画一攻栏标志,摆动腿对准标志向前上方摆动,下栏时要求踏在预先画出的标志点上。
(2) 将栏架放在分道线上,两脚落在直线两侧,以提高栏间跑的直线性。
(3) 发展两腿力量使之均衡发展。

4. 栏间跑时出现跨步跳,第2或第3步过大,3步步长比例失调,节奏紊乱

产生原因:下栏后速度下降过多,第1步太短,被迫拉大后两步;练习时栏间距离太长,跑速和腿部力量不够,不拉大步长到不了起跨点;栏间跑只注意跨步,

忽视腿臂的积极配合，失去正确的平跑身体姿势；对3步跑过标准的栏间距离缺乏信心。

纠正方法：

（1）提高过栏技术，特别注意下栏要保持速度，强化下栏后紧接着快跑的意识。

（2）缩短栏间距离或降低栏架高度，也可适当重复练习栏间5步跑的连续过栏。

（3）发展腿部力量，提高弹跳力，改善平跑技术。

四、跨栏跑技术教学的注意事项

跨栏跑是技术要求高、身体素质要求全面的田径运动项目，教学中应坚持"素质是基础、技术是重点、速度是核心"的教学理念，把握跨栏跑项目本质特征和教学规律，把改进快速过栏技术和发展跑的速度很好结合起来。

跨栏跑教学中，必须严格遵循循序渐进的教学原则，应充分考虑学生的身心发育的特点和运动机能形成规律。在进行跨栏跑的基本动作学习和练习时，可以适当降低练习难度，以帮助学生克服怕栏心理，加快技术动作的学习和掌握。如做跨栏板、跨标志物的练习以及原地的、在走或跑中进行的练习等。一些柔韧练习和游戏性练习也应结合栏架进行。

跨栏跑的节奏被许多人认为是跨栏跑的灵魂。跨栏跑的节奏分为两种：一种是栏间跑的节奏，一种是跨栏跑的全程节奏。栏间跑节奏是学生栏间3步跑的时间和空间特征，它是由栏间3步步长的比例和步时所决定的，是学生发挥跑速的关键。因此，在技术教学和练习中尤其要注意良好节奏的培养。跨栏跑节奏的练习多采用缩短栏间距离的跨栏跑，降低栏高，加标记和信号的跨栏跑练习等。全程节奏的好坏取决于栏间节奏和专项耐力水平，全程跑的节奏一般采用比赛和全程跑来提高和完善。

五、跨栏跑教学进度及教案范例

（一）跨栏跑教学进度范例（表6-1）

表6-1 体育教育专业田径普修跨栏跑教学进度

课次	教学内容	主要练习手段	教学重点与难点
一	跨栏跑（110米栏）——栏间跑技术	1. 跨栏跑的专门练习 2. 栏侧3步跑的节奏练习（5栏） 3. 栏间3步跑的节奏练习（5栏） 4. 站立式起跑（10步），栏间跑3步过5栏练习	1. 重点：栏间跑的技术 2. 难点：栏间跑的节奏

续上表

课次	教学内容	主要练习手段	教学重点与难点
二	跨栏跑（110米栏）——跨栏步与栏间跑相结合技术（跨栏步技术中起跨攻栏动作）	1. 跨栏跑的专门练习 2. 站立式起跑10步栏侧3步跑的节奏练习（5栏） 3. 高频率小步子中间过栏（5栏） 4. 站立式起跑（10步）栏间3步跑5栏练习	1. 重点：跨栏步技术中起跨攻栏的技术 2. 难点：栏前的高重心及摆动腿的积极高抬与下压
三	跨栏跑（110米栏）——跨栏步与栏间跑相结合技术（跨栏步技术中下栏着地动作）	1. 跨栏跑的专门练习 2. 跑动中做栏侧摆动腿、起跨腿及过栏的组合练习 3. 跑跨栏板练习（5栏，方法略） 4. 站立式起跑跨不同高度、不同栏距栏架练习（5栏，方法略） 5. 站立式起跑（10步）过5栏练习	1. 重点：跨栏步技术中下栏着地的技术 2. 难点：下栏着地支撑腿的充分伸直及支撑点尽量靠近身体重心的投影点
四	跨栏跑（110米栏）——跨栏步与栏间跑相结合技术（下栏着地与栏间第1步、栏间第3步及起跨攻栏的相结合技术）	1. 跨栏跑的专门练习 2. 栏间3步的跑跨、跨跑节奏练习 3. 站立式起跑做"跨栏—平跑—跨栏—平跑"练习 4. 站立式起跑过5栏练习	1. 重点：下栏着地与栏间第1步、栏间第3步及起跨攻栏的紧密结合 2. 难点：栏间以高频率、大步幅、高重心的短跑技术向前跑进
五	跨栏跑（110米栏）——蹲踞式起跑过第1栏及下最后1栏至终点的技术	1. 运用短跑起跑的知识与技能，安装适合个人特点的跨栏跑的起跑器 2. 蹲踞式起跑过1个低栏 3. 蹲踞式起跑过第1栏（听枪声） 4. 蹲踞式起跑过3~4个栏后接着做跨栏跑的终点跑练习（14.02米）	1. 重点：起跑过第1栏技术 2. 难点：起跑至第1栏的节奏及快速、平稳过栏

续上表

课次	教学内容	主要练习手段	教学重点与难点
六	跨栏跑（110米栏）——蹲踞式起跑过第1栏及下最后1栏至终点的技术	1. 蹲踞式起跑过第1栏 2. 蹲踞式起跑过3栏接终点冲刺跑 3. 蹲踞式起跑过6栏（计时） 4. 蹲踞式起跑过10栏（计时）	1. 重点：起跑过第1栏技术 2. 难点：起跑至第1栏的节奏及快速、平稳过栏
七	跨栏跑（110米栏）——全程跑技术	1. 蹲踞式起跑过第1栏后的终点冲刺跑练习（听枪声） 2. 蹲踞式起跑过5栏（计时） 3. 蹲踞式起跑过10栏（听枪声）	1. 重点：跑跨与跨跑相结合的技术 2. 难点：全程跑的节奏
八	跨栏跑（110米栏）——考试	按教学大纲要求进行	1. 重点：跨栏跑各技术环节的完整统一性 2. 难点：栏间跑的节奏和速度的保持

（二）跨栏跑的教案范例（表6-2）

表6-2 体育教育专业田径普修跨栏跑教案

上课日期： 年 月 日　　　　　　　　　授课教师：

班级	级 班	第 周	场地器材媒体	场地：田径场直跑道
人数	男	第2次课		器材：栏架（10个）
	女			媒体：优秀跨栏跑运动员技术图片
教材内容	跨栏跑（110米栏）——跨栏步与栏间跑相结合技术		教学任务教学目标	1. 进一步学习与掌握跨栏跑的栏间跑技术，发展奔跑能力 2. 学习并初步掌握跨栏步与栏间跑相结合的技术，发展速度、灵敏、协调等素质 3. 培养学生坚毅、果断、克服困难的顽强意志品质及分析、研究、解决跨栏跑学习中实际问题的能力
重点难点	重点：跨栏步技术中起跨攻栏动作 难点：栏间跑的节奏			

续上表

教学过程	教学内容和达成目标	教学组织与方法	练习次数	时间
开始部分 5′	1. 课堂常规：值日生集合整队，报告上课人数，师生问好，检查人数，整理服装 2. 宣布本次课教学任务，提出学习的要求，指出学习的难点和重点，安排见习生 3. 提问有关技术要点，检查作业完成情况 4. 队列队形练习（略）	○○○○○○○○○○ ○○○○○○○○○○ Ω 要求： 1. 集合迅速，队伍整齐，报告清楚 2. 认真听讲，了解计划，明确本次课任务 3. 见习生随堂认真听讲，力所能及进行练习		2′
准备部分 30′	1. 准备活动： （1）慢跑游戏：利用田径场内各种障碍物做绕、爬、翻、跨、跑、跳等练习（800～1 000米） （2）利用栏架做关节的旋转、屈伸活动（名称：略） 2. 跨栏跑的专门柔韧练习（名称：略） 3. 跨栏跑的专门练习 （1）走动中做跨栏步的模仿练习（30米） （2）栏侧摆动腿及起跨腿过栏练习（5栏） （3）高抬腿栏中间过栏（5栏，栏距4～5米） （4）栏侧跑跨、跨跑的节奏练习（5栏，标准栏距） （5）加速跑60米	沿田径场跑道集体慢跑 ○○○○○○○○○○ ○○○○○○○○○○ Ω 徒手操队形 1. 准备活动的第一、二项内容由值日生按其教案认真执行，其他学生应自觉、主动、积极地配合值日生完成上述教学任务 2. 教师对值日生所带的准备活动进行讲评 3. 跨栏的专门柔韧练习及专门练习由教师示范并提示动作要领，学生集体进行练习 4. 跨栏跑的专门练习是以改进和提高技术动作、发展动作频率为主要目的	4×8 3～5 3 3～5 3～5 3	5′ 10′ 10′

续上表

教学过程	教学内容和达成目标	教学组织与方法	练习次数	时间
基本部分 50′	1. 站立式起跑（10步）栏侧跑3步的节奏练习（5栏，起跑至第一栏的距离20米，栏间距8.90米，栏高0.914米）	1. 教学组织（如图）： 0 0 0 0 →　　]→8.90米←[　　]　　] 0 0 0 0 →　　]　　]　　] 2. 教学步骤与措施及要求： （1）教师讲解技术动作要领，提出练习要求	3～5	10′
	2. 高频率小步子中间过栏（5栏，起跑至第一栏的距离20米，栏间距8.90米，栏高0.914米）	（2）示范：教师或优秀学生示范3～5栏1～2次，让学生观察跨栏步的整体技术及其特点，强调观察起跨攻栏动作 （3）站立式起跑10步栏侧3步跑的节奏练习：	3～5	10′
	3. 跨不同高度、不同栏距的栏架（5栏，起跑至第一栏的距离13.72米，栏间距离分别为8.70米、8.90米、8.70米、8.90米，栏高0.84米、0.914米、0.84米、0.914米）	①教法：提示学生积极快速有力地摆臂，强调栏侧跑时高抬大腿，快速前摆"扒地"式着地 ②要求：栏侧3步以平跑技术跑进，但需做出跨栏步的模仿动作 （4）高频率小步子中间过栏：	3～5	10′
	4. 站立式起跑栏间3步跑5栏练习（起跑至第一栏的距离13.72米，栏间距8.90米，栏高0.914米）	①教法：强调学生摆动腿屈膝高抬并与栏板垂直，起跨腿侧屈拉摆至身体正前方，栏前、栏后支撑腿均要伸直 ②要求：栏前要提高重心，上体前倾，过栏时两腿剪绞动作快速、柔和、有力 （5）跨不同高度、不同栏距的栏架： ①教法：强调跨栏步技术的规范化，尤其是起跨攻栏动作 ②要求：学生在练习中不断思考，提高对条件变化的应变能力，从而掌握跨栏步与栏间跑巧妙结合的技术，特别是起跨攻栏动作的正确性 （6）站立式起跑栏间3步跑5栏练习： ①教法：为避免起跨距离过近，应在栏前做标记，并着重加强学生"起跨攻栏"意识的培养，强调跨栏步技术的规范化，提高跑跨、跨跑相结合的能力 ②要求：起跑的节奏快速正确，栏间用3步完成，起跨腿充分蹬伸且同侧手臂充分前伸、前探，摆动腿屈膝高抬，上体前倾，积极攻栏	5	15′

续上表

教学过程	教学内容和达成目标	教学组织与方法	练习	
			次数	时间
结束部分 5′	1. 放松活动 （1）慢跑200米左右 （2）放松操3~5节 2. 本次课小结 3. 布置课外作业 4. 通告下次课学习任务，布置有关事项 5. 值日生归还器材 6. 师生道别	1. 教学组织： （1）成两路纵队绕田径场慢跑 （2）按上课时的队形集合，结合调整呼吸做手臂、腰腹及下肢的放松练习 2. 提出问题，反馈辅导，总结表扬	4×8	3′
作业和参考文献	1. 跨栏跑的周期中过栏技术与栏间跑技术的关系如何？它对全程跨栏跑有何影响？ 2. 全国体育院校教材委员会. 田径运动教程［M］. 北京：人民体育出版社，1999：362. 3. 全国体育院校教材委员会. 田径［M］. 北京：人民体育出版社，1989：254.			
病弱处理				
课后小结				

第四节　跨栏跑训练

跨栏跑属于快速力量型项目，其特点是工作时间短、强度大。跨栏跑的成绩主要取决于平跑速度、过栏技术、跑跨结合能力及专项耐力水平。

练习跨栏跑可以发展速度、灵敏、柔韧等身体素质，提高动作的协调性、准确性和节奏感，并且能培养勇敢、顽强、果断和克服困难的意志品质。

一、跨栏跑训练要点

（1）在身体素质方面要特别重视发展专项速度与力量，提高加速跑能力。

（2）提高栏间跑的速度应加强步频训练。

（3）全年训练中无论平跑练习还是过栏技术的练习都应突出以速度为核心。注意加强训练负荷和专项训练强度，挖掘运动员的潜在专项能力。

（4）正确的跨栏跑节奏只有在全程训练或比赛中才能更好地体会和掌握，因此全程跑在训练中比重要大，并应通过增加参赛的次数，提高跨栏技术稳定性和实战能力。

（5）在提高运动员的跨栏技术时，应考虑其身体特征、体能和协调性，形成个人技术风格。

二、跨栏跑周训练计划

（一）直道栏（110米栏、100米栏）

1. 准备期周训练计划范例

主要任务：跨栏基本竞技能力的培养和改善（表6-3）。

表6-3 准备期周训练计划（1）

日 期	任 务	训练手段
周一	发展平跑速度能力 基础跑、速度素质的改善和提高	短跑30米、60米跑练习，慢跑、上坡跑、力量练习。运动量中等、强度大
周二	跨栏加速能力、跨栏节奏、频率、跨栏技术的改进和提高	跨栏练习（1~5个栏），加强摆动腿力量练习、跳跃练习。运动量大、强度中等
周三	跨栏跑的专门练习，提高髋关节的灵活性、力量性。专项耐力练习	跨栏的起跨腿练习以及其他的辅助练习。200米跑重复跑10个，强度为70%~80%
周四	积极性活动或调整休息	慢跑10~15分钟，压腿，匀速慢跑10分钟。柔韧性活动、牵拉韧带肌肉
周五	跨栏加速能力、跨栏节奏、频率、跨栏耐力的改进和提高	短跑练习，8~12个栏的跨栏跑练习，力量练习
周六	力量练习、长距离跑练习	300米跑重复跑4个，每个强度为70%~80%

2. 比赛期周训练计划范例

主要任务：最高水平的跨栏速度，跨栏耐力以及肌肉速度的发挥（表6-4）。

表6-4 比赛期周训练计划（1）

日 期	任 务	训练手段
周一	最高水平的短跑速度，肌肉速度的发挥	短跑30米、60米跑练习，慢跑、上坡跑、力量练习。运动量中等、强度大
周二	跨栏加速能力、跨栏节奏、频率、跨栏技术的改进和提高	短距离练习（1~5个栏），跨栏频率练习
周三	提高主动肌群的肌肉力量	短距离练习，加速跑、频率跑、快速跨步跳练习

续上表

日期	任务	训练手段
周四	积极性活动或调整休息	越野跑4~5公里，柔韧性活动、牵拉韧带肌肉
周五	跨栏加速能力、过栏频率速度	跨栏训练（1~5个栏、1~8个栏）
周六	提高小肌肉群的力量和耐力	小力量练习、长距离慢跑

（二）弯道栏（400米栏）

1. 准备期周训练计划范例

主要任务：跨栏基本竞技能力的培养和改善（表6-5）。

表6-5 准备期周训练计划（2）

日期	任务	训练手段
周一	有氧耐力的提高、无氧耐力的培养	短跑练习，慢跑、上坡跑、下坡跑、小步跑练习
周二	跨栏技术的巩固和加强	跨栏练习（2个栏），加强摆动腿技术动作，力量练习
周三	发展跑的速度	短跑练习，跨步跑、频率跑练习
周四	调整	球类活动或游戏
周五	培养速度耐力和跨栏耐力水平	短跑练习，8栏的跨栏跑练习，力量练习
周六	专项速度和耐力水平	跨步跑、频率跑、长距离慢跑练习

2. 比赛期周训练计划范例

主要任务：最高水平的跨栏速度，跨栏耐力以及肌肉力的发挥（表6-6）。

表6-6 比赛期周训练计划（2）

日期	任务	训练手段
周一	速度和基础技术的改善	最大速度的60米跑，起跨腿练习以及辅助练习
周二	专项速度的改善和提高	400米重复跑，一圈的强度为70%~90%
周三	短距离练习，跨栏专门性技术，提高主动肌群的肌肉力量	100米跑，跨栏的专门性练习
周四	调整	45分钟的长距离慢跑或游戏活动
周五	跨栏跑加速能力，跨栏耐力的提高	跨栏跑的加速跑（3个栏），跨栏跑的耐力跑（5个栏往返跑）
周六	专项耐力的提高	500米重复跑，一圈的强度为70%~90%

三、跨栏跑常用训练手段及训练方法

（一）跨栏跑技术训练的内容与手段

1. 原地摆动腿屈伸练习（图6-2）

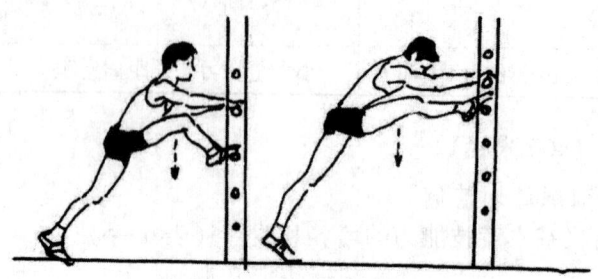

图6-2 原地摆动腿屈伸

动作要领：面对肋木，距肋木约1米处站立，摆动腿屈膝向前上方抬起，用脚踏上齐髋高的肋木，两手正握肋木，做摆动腿向下压大小腿尽量伸直的动作。

作用：加强摆动腿大腿后群肌攻栏时的拉伸本体感觉，增大摆动腿后群肌动作幅度。

2. 起跨腿栏侧过栏练习（图6-3）

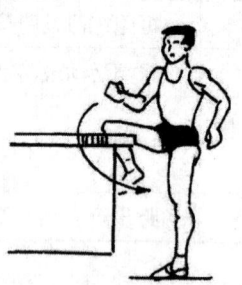

图6-3 起跨腿栏侧过栏

动作要领：在跑道上依次按标准栏间距和栏高放置5个栏架，练习者在快速跑进中做起跨腿栏侧过栏练习。要求着重体会起跨腿的充分蹬地、折叠外展快速向前提拉至身体正前方着地。每次课练习10~20次。

作用：提高起跨腿充分蹬地、折叠外展提拉过栏的能力。

3. 行进间摆动腿栏侧攻摆练习（图6-4）

图6-4 行进间摆动腿栏侧攻摆

动作要领：在跑道上依次按标准栏间距和栏高放置5个栏架，练习者在快速跑进中做摆动腿的快速栏侧过栏练习。要求起跨腿蹬地充分，做出较大幅度的折叠外展提拉动作，摆动腿下栏时做出鞭打动作，上下肢协调配合进行。每次课练习10~20次。

作用：提高摆动腿折叠攻摆、积极前伸下压的能力。

4. 高抬腿栏间一步连续跨越栏架练习（图6-5）

图6-5 高抬腿栏间一步连续跨越栏架

动作要领：在跑道上依次放置5~10个栏架，栏间距为2.10~2.50米，栏高为76~84厘米，做高抬腿栏间一步连续跨越栏架的练习。下栏后向前高抬腿走一步，以保证高重心快速地跨越栏架。连续进行，每次课可做8~10次。

作用：以一定的速度学会正确的高重心跨越栏架技术。

5. 蹲踞式起跑过第一栏练习（图6-6）

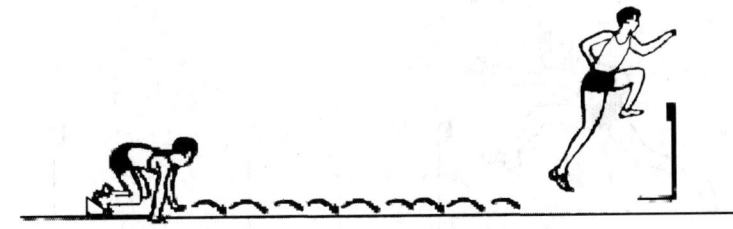

图6-6 蹲踞式起跑过第一栏

动作要领：在跑道上放置一个栏架，栏高和起跑至第一栏的距离可视练习者的情况而定。蹲踞式起跑，做向前加速跑7~9步快速跨越第一栏的练习。从起跑至第一栏要有较稳定的步长及适宜的跨越第一栏的起跨点（2.00~2.10米），下栏着地点为1.30~1.50米。

作用：提高蹲踞式起跑后加速跑中跨越第一栏的能力。

6. 起跑过第一栏后接3步大跨步跳模仿攻第二栏练习（图6-7）

图6-7 起跑过第一栏后接3步大跨步跳模仿攻第二栏

动作要领：在跑道上依次放置两个栏架，栏高和起跑至第一栏的距离及栏间距均用比赛标准，练习者采用蹲踞式或站立式起跑跨越第一栏后，接3步大跨步跳模仿攻第二栏。从起跑至第一栏要有较稳定的步长。

作用：为学习跨栏跑的栏间步打下基础。

7. 踏标记栏间跑练习（图6-8）

图6-8 踏标记栏间跑

动作要领：在跑道上依次放置5个栏架，栏间距离可逐渐加长，做栏侧模仿跨栏，下栏后接栏间踏标记跑练习。栏间节奏要清楚，下栏后不能有停顿动作。

作用：在一定步长基础上，提高栏间跑步频，体会栏间跑的节奏。

8. 跨不同高度、不同栏距跨栏跑练习（图6-9）

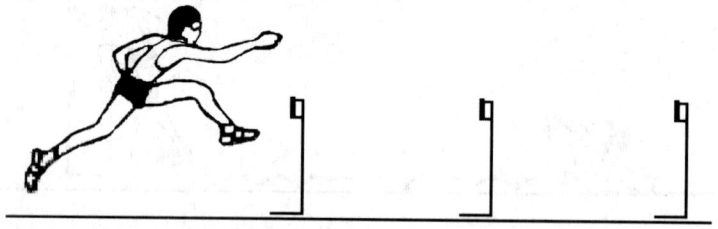

图6-9 跨不同高度、不同栏距跨栏跑

动作要领：在跑道上依次放置5个栏架或其他障碍物，练习时栏高和栏距可视情况调整。做蹲踞式或站立式起跑后连续跨越栏架的完整跨栏跑练习。要求有一定的速度，不能停顿。

作用：学习和改进跨栏跑的节奏。

9. 缩短栏间距跨栏跑练习（图6-10）

图6-10 缩短栏间距跨栏跑

动作要领：在跑道上依次放置5~8个栏架，标准栏高，栏间距适当缩短，反复做蹲踞式或站立式起跑后的跨越栏架和快速栏间跑的练习。尽量加快栏间跑的频率。每次课练习3~5次。

作用：提高栏间跑的步频和节奏。

10. 超长距离跨栏跑练习（图6-11）

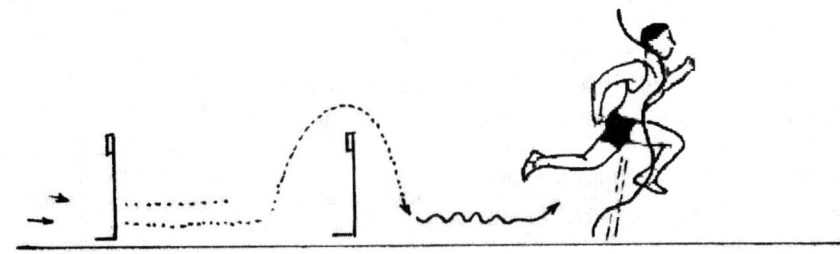

图6-11 超长距离跨栏跑

动作要领：比正规跨栏项目增加1~3个栏架，标准栏高和栏间距。用蹲踞式起跑做超长距离的跨栏跑练习。要求在跨栏跑的后程中动作不能变形。可以计时进行，每次课练习6~8次。

作用：提高全程跨栏跑的专项技术和专项耐力。

（二）跨栏跑各阶段训练负荷（表6-7）

表6-7 跨栏跑各阶段训练负荷表

项目	基础训练阶段（13~15岁）		初级专项训练阶段（16~17岁）		专项提高训练阶段（18~22岁）		高级专项训练阶段（23~27岁）		保持高水平训练阶段（28岁以上）	
	100~110米栏	400米栏	100~110米栏	400米栏	100~110米栏	400米栏	100~110米栏	400米栏	100~110米栏	400米栏
一次训练课时间/小时	1.5	1.5	2	2~2.5	2	2~3	2	2~3	2	2
每周训练次数	3~5	4~6	6~8	6~8	8~10	8~10	8~10	8~10	8	8
年训练次数	200	220	250	250	280~300	280~300	300~320	300~320	280~300	280~300
年比赛次数	6~8	6~8	8~10	8~10	12~15	12~15	16~20	16~20	18~22	18~22

续上表

项目		基础训练阶段（13~15岁）		初级专项训练阶段（16~17岁）		专项提高训练阶段（18~22岁）		高级专项训练阶段（23~27岁）		保持高水平训练阶段（28岁以上）	
		100~110米栏	400米栏	100~110米栏	400米栏	100~110米栏	400米栏	100~110米栏	400米栏	100~110米栏	400米栏
训练比例	身体素质	50%~60%	50%~60%	30%~40%	30%~40%	20%~30%	20%~30%	20%	20%	20%	20%
	专项素质	20%~30%	20%~30%	30%~40%	30%~40%	40%	40%	30%	30%	30%	30%
	专项技术	20%~30%	20%~30%	30%~40%	30%~40%	30%~40%	30%~40%	50%	50%	50%	50%
年快跑量/万米		8~12	10~12	12~14	13~15	18~22	20~24	20~24	24~26	18~22	20~22
年跨栏跑/万米		1.5~3.0	2.0~3.5	2.5~5.0	4.0~6.0	4.0~6.0	5.0~7.0	4.0~6.0	5.0~7.0	4.0~5.0	5.0~6.0
年过栏架次/千次		4~5	4~5	5~6	5~6	6~8	6~8	6~8	6~8	5~7	5~7

思考题

1. 试比较跨栏栏间跑与短跑、途中跑技术的异同点。
2. 正确合理的110米栏跨栏步技术应表现在哪些方面？
3. 良好的110米跨栏跑的技术是怎样的？栏间跑步长比例形成的原因是什么？
4. 试分析110米跨栏跑技术教学步骤及其教学要点。
5. 简述跨栏跑教学的重点和难点。

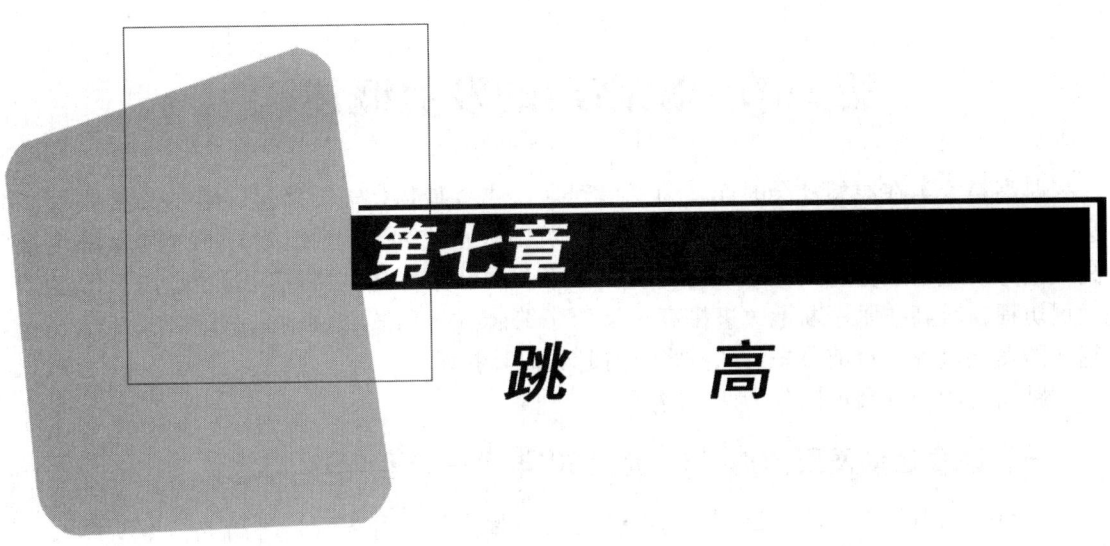

第七章

跳 高

学习要点：本章主要结合跳高的技术原理及技术结构与特点，对背越式跳高的技术要领、教学重点与难点、教学步骤、方法手段、错误动作与纠正、教学注意事项及训练要点与方法等内容进行了分析。通过本章的学习，使学生了解跳高运动的发展，明确跳跃技术原理，掌握背越式跳高的基本理论知识、基本技术和基本技能，学会背越式跳高技术的教学与训练方法。

第一节　跳高运动发展概述

跳高是人类在原始社会时期，为了得到食物或者猎物，需要跳过一定的高度或远度而逐渐形成的一种技能。1864 年跳高在英国被正式列为田径比赛项目，男女跳高被列为现代奥运会正式比赛项目分别是在第 1 届和第 9 届，跳高运动经过漫长的发展历程，跳高技术不断地改进提高，经历了跨越式、剪式、滚动式、俯卧式、背越式的发展过程，目前最先进的技术是背越式跳高技术。

跳高运动的发展可以分为两个时期。

一、跳高运动发展前期（19 世纪 20 年代—20 世纪 60 年代）

这段时期内，人们认为跳高是运动员自然弹跳力的一种表现，跳高成绩不断提高主要是通过过杆技术的改进来获得，使得跳高技术经历了跨越式、剪式、滚式、俯卧式技术。跳高方法不断地被新的过杆方法所代替，是跳高运动发展前期的一个显著特点，成绩的提高是通过提高过杆的效率，缩小身体重心与横杆之间的距离来实现的。

据记载，最早的跳高纪录是英国运动员采用跨越式创造的，当时的成绩是 1.67 米。1867 年英国运动员布鲁克斯用这种跳法跳过 1.89 米。1895 年美国运动员斯维尼改用剪式跳法跳过 1.97 米高的横杆。1912 年美国运动员霍列因首次突破两米大关，并被国际田联确认为第一个正式的跳高世界纪录。1923 年开始又有运动员尝试一种腹对横杆的新跳法，即俯卧式跳法。1935 年美国运动员约翰逊和阿尔布列顿用这种跳法跳过了 2.07 米。从此，俯卧式跳法逐渐取得了优势。1956 年美国运动员杜马斯和苏联运动员斯捷潘若夫先后创造了 2.15 米和 2.16 米的新的世界纪录。1961—1963 年苏联运动员布鲁梅尔用俯卧式跳法六创世界纪录，把世界纪录从 2.23 米提高到 2.28 米。1970 年我国运动员倪志钦也用俯卧式跳法跳过了 2.29 米。

我国跳高运动虽然开展于 20 世纪前叶，但是在 1957 年之前，男子跳高纪录只有 1.87 米，女子仅有 1.40 米。新中国成立后，跳高运动才得以迅速发展。1957 年，我国优秀女跳高运动员郑凤荣以 1.77 米的成绩打破了 1.76 米的女子跳高世界纪录，成为我国第一位创造世界纪录的运动员。1958 年以后，我国在发展俯卧式跳高技术上取得了成功，跳高运动水平有了较大幅度的提高。倪志钦连续跳过了 2.10 米和 2.12 米，1970 年他终于以 2.29 米的成绩打破了男子跳高世界纪录，使我国跳高运动的发展又一次出现了飞跃。在这段时间里，女子跳高也取得了可喜的进展，尤其在 1965 年，我国有 5 名运动员进入了世界前 10 名。

二、跳高运动发展后期（20 世纪 70 年代至今）

1968 年美国运动员福斯贝里首次采用了背越式跳高技术，并以该技术跳过了 2.24 米的高度夺得墨西哥奥运会金牌，引起人们的高度重视。20 世纪 70 年代以后，各国运动员竞相学习这种跳高技术,并加以改进和提高,使运动水平不断有新的突破,1973 年美国运动员斯通斯以 2.30 米的成绩,首次打破由俯卧式跳法保持的世界纪录。在这以后,世界纪录被不断地刷新,除苏联运动员雅辛科曾经用俯卧式技术创造过 2.33 米和 2.34 米的世界纪录外,全部纪录都是由背越式跳高运动员创造。其中我国优秀跳高运动员朱建华,在 1983—1984 年连续三次打破世界纪录,把世界跳高纪录从 2.37 米提高到 2.39 米。至 20 世纪 80 年代后,男女跳高世界纪录达到了 2.45 米和 2.09 米,分别是由古巴运动员索托马约尔和保加利亚运动员克斯塔迪若娃创造的。

我国跳高运动在此阶段的发展,随着背越式跳高技术的引进,很快涌现出一批优秀的跳高运动员,运动水平逐步回升,其中最杰出的代表是朱建华,他在 18 岁那年,飞身跃过 2.30 米的高度,打破了保持 11 年之久的亚洲纪录,继而在 1983 年和 1984 年,又分别以 2.37 米、2.38 米和 2.39 米的成绩三破世界纪录。女子跳高运动员金玲以 1.97 米的成绩保持亚洲纪录至今。目前我国跳高运动的总体水平有所下降。

背越式跳高技术的出现使人们开始重视对人体极限运动能力的开发,提高起跳效果,表现在运动员助跑速度加快,并合理运用了弧线助跑起跳技术的特点,对运动员的力量、速度素质提出更高的要求,在训练中形成了较为完整的跳高技术、素质训练体系,朝着快速助跑、快速起跳、快速过杆的"三快"方向发展。背越式跳高弧线助跑起跳技术为充分发挥和利用助跑速度提高起跳效果创造了可能。弧线助跑起跳技术能经济实效地降低和升高身体重心,获得较大的垂直速度,这是其他跳高技术不能相比的。

20 世纪 90 年代至今,背越式跳高技术进入了一个稳定的发展时期,今后跳高运动将如何发展,比较一致的看法是会更广泛地从各个领域挖掘人体的极限运动能力。主要表现在以下几个方面:第一,提高跳高成绩,首先会从进一步加快助跑速度上突破,因为目前即使是最高水平的运动员,也并非采用最高的助跑速度,充分发挥和利用助跑速度提高起跳效果是提高运动成绩的主要途径之一;第二,未来的跳高技术将朝着速度、力量、技术与个人特点更加完美结合的方向发展,也就是要使身体各部分发挥出更大的集中爆发力,获得更大的垂直速度和腾起初速度;第三,今后选材将更强调运动员先天遗传因素,不仅要重视在身体形态、机能、素质等方面中的能力,而且要重视心理能力的培养;第四,建立科学的专项力量训练体系和选择有效的训练手段,来提高运动员在快跑中的起跳能力;第五,将更加重视跳高训练的科学化程度,包括技术训练、素质训练、心理训练、赛前训练、战术训练、比赛能力培养及提高比赛时自我调节能力等。

第二节　背越式跳高技术

背越式跳高技术是目前最先进的跳高技术，背越式跳高的技术特征是弧线助跑、螺旋式起跳、背越过杆。而背越式跳高的优越性是能够充分发挥和利用助跑速度提高起跳效果，其实质是弧线助跑起跳技术能够利用弧线助跑速度经济实效地降低和升高身体重心，获得更大的垂直速度和腾起初速度。高水平背越式跳高运动员从助跑最后一步摆动腿垂直支撑开始到起跳腿蹬离地面结束，身体重心变化是一个由低向高不断加速上升的过程，垂直速度是一个不断变化增大的过程。经历了两次支撑、两次摆动和一次短暂腾空的"两步"中使身体重心提前转变，垂直速度提早累积增大，是两条腿在摆动腿支撑和起跳腿支撑阶段共同参与完成的"双动力"起跳。

背越式跳高技术在其发展过程中，经历了幅度型（力量）、速度型、速度—幅度型不同的技术类型，从技术发展趋势来看，已趋于速度与幅度、速度与力量的统一。具体表现在助跑速度的进一步加快，过渡到起跳时摆动腿蹬摆速度、幅度加大，以及快速地完成起跳和过杆动作，使背越式成为一种结构简单、易学的跳高技术。

完整的背越式跳高技术由助跑、起跳、腾空过杆和落地四个部分组成（图7-1）。

图7-1　背越式跳高技术

一、助跑技术

助跑的任务是获得必要的水平速度，获得合理的身体内倾姿势，保持良好的起跳前速度和节奏，为起跳和顺利地越过横杆创造条件。

背越式跳高弧线助跑起跳是背越式跳高最大的优越性。弧线助跑形成身体内倾姿势对背越式跳高有着十分重要的意义：

（1）背越式跳高弧线助跑起跳时，身体重心的降低主要是通过身体内倾来完成，由助跑过渡到起跳阶段，如果运动员摆动腿支撑时的屈膝程度相同，那么内倾状态下身体重心下降的程度，要比竖直状态时大，在运动员用力相同的情况下，弧线助跑有助于获得较大的助跑速度和工作距离。

（2）背越式跳高弧线助跑起跳时，身体重心可以提早转变，垂直速度可以提早累积，这是背越式弧线助跑起跳最大的优越性。从内倾状态进入起跳腿着地支撑，所形成的弧线运动制动和弧线助跑的惯性作用和离心作用，能使身体快速自然竖直，这样可以使身体重心在起跳过程中不降反升，并把偏心推力控制在最小的范围内，有利于保持较大的助跑速度，获得更大的垂直速度和腾起初速度，提高起跳效果。

（3）快速弧线助跑时，助跑速度越快身体内倾角度越大，运动员身体逐渐转向侧对横杆，最后从内倾姿势进入起跳，形成肩轴和髋轴的反向扭转。不但充分伸展髋部肌群，使摆动腿的摆动更加有力，而且有利于产生人体围绕纵轴旋转的效果。这样，在腾空后，能使身体自然地转向背对横杆。

可见，弧线助跑起跳是产生高效率起跳的重要条件，为了更好地发挥弧线助跑的作用，还要注意弧线助跑曲线的合理性。

背越式跳高的助跑路线大多采用"J"字形曲线。这种助跑的全过程是一条近似于抛物线的曲线，或者是一条直线与抛物线的拟合曲线。"J"字形曲线的优点是：助跑前段是一条直线或曲率很小的曲线。它便于加速和发挥速度，向弧线段过度较为平滑自然，可以避免减速。而后，随着弧线曲率由小变大，身体内倾逐渐加大。助跑最后一步两脚的连线与横杆投影线成20°~30°角。

助跑是为了获得较大的水平速度和有节奏的、准确的踏上起跳点以形成良好的身体内倾准备起跳姿势、为起跳做好充分的准备。背越式跳高的助跑大多采用8~10步（双数）或9~11步（单数），双数步通常直线跑3~5步，弧线跑5步，单数步通常直线跑4~6步，弧线跑5步，5步弧线助跑有利于身体由直线助跑转入弧线形成良好的身体内倾姿势。助跑起动方式有行进间起动和原地起动两种。行进间起动有利于助跑动作放松，原地起动有利于助跑准确。无论采用哪种起动方式，都需注意助跑动作要放松、加速、准确、有节奏。

跳高助跑时，助跑动作近似于短跑途中加速跑，直线跑进时身体重心高而平稳，上体适当前倾，后蹬充分有力，前摆积极抬腿，脚着地时应靠近身体重心投影点，两臂配合大幅度地摆动。在弧线段跑进时，加大外侧腿和臂的蹬摆速度和幅度，头、躯干与脚的支撑点应力求在力的作用线上使整个身体逐渐向内倾斜。最后3步或5步的节奏应自然加快，最后一步最快，使助跑整个过程应具有明显的加速和节奏感。

同时，要特别注意每一步支撑阶段身体重心前移的幅度和速度，以及上体位置的相对稳定，以便能够顺利地过渡到起跳，并在起跳时使身体重心迅速地移向起跳点的上方。

二、起跳技术

起跳是跳高技术的关键环节，可迅速改变人体的运动方向，获得尽可能大的垂直速度和腾起初速度以及合理的腾起角度，并为顺利过杆创造有利条件。

背越式跳高起跳是人体由水平移动变为向前上移动的阶段，判定起跳开始的两个标志是助跑起跳过程中身体重心由低向高开始转变的瞬间位置，即身体重心最低点所对应的动作时相，以及垂直速度由小变大开始变化不断增大的转折点所对应的动作时相。起跳从何处开始取决于助跑起跳过程中身体重心运动方向和垂直速度开始变化的瞬间位置：身体重心从哪里开始不断上升，垂直速度从何处开始不断增大，哪里就是起跳的开始时刻。起跳的结束是人体离地瞬间重心最高位置和垂直速度值达到最大的时刻。高水平背越式跳高运动员在助跑最后一步摆动腿垂直支撑时刻身体重心位置最低，垂直速度值最小。这导致高水平背越式跳高运动员从助跑最后一步摆动腿垂直支撑开始到起跳腿蹬离地面结束，身体重心变化是一个由低向高不断加速上升的过程，垂直速度是一个不断变化增大的过程。从摆动腿垂直支撑开始到起跳腿蹬离地面结束，身体重心不断升高是由于快速弧线助跑的惯性使身体由内倾转变为竖直的过程，离心作用使重心上升的高度克服了身体重心腾空下降的高度，使身体重心在此阶段没有下降反而上升。这一点是直线助跑起跳难以做到的，也是背越式跳高弧线助跑起跳最大优越性所在。

背越式跳高起跳是从助跑最后一步摆动腿垂直支撑开始到起跳腿蹬离地面结束，经历了两次支撑、两次摆动和一次短暂腾空的"两步"，是两条腿共同参与完成的"双动力"起跳。在背越式跳高起跳过程中要重视摆动腿着地缓冲、支撑蹬伸以及摆动对转变身体重心运动方向和垂直速度的加速获得的重要作用，要充分认识背越式跳高起跳是两条腿共同参与获得垂直速度和腾起初速度的。

背越式跳高的最大优越性是充分发挥人体潜能，利用助跑速度提高起跳效果，其实质是快速弧线助跑起跳能经济实效地降低和升高身体重心，为身体重心运动方向提早转变和垂直速度提早累积增大创造了有利条件。加快弧线助跑速度有利于增加身体重心由低向高转变的速度和幅度，同样也有利于垂直速度的加速而获得更大的腾起初速度。

弧线助跑与起跳技术是跳高完整技术中十分重要的环节。弧线助跑最后3步是起跳的准备阶段，要求积极、加速、有节奏地助跑。到助跑最后一步摆动腿落地阶段，此刻摆动腿积极下压着地，在脚内侧的牢固支撑下，迅速前移身体重心。到支撑垂直部位时，此刻身体内倾和膝关节弯曲达最大程度，身体重心降到最低点进入起跳阶段。摆动腿垂直支撑起着承上启下的作用，是助跑的结束和起跳的开始，摆动腿支撑、摆动技术直接影响跳高起跳效果。

为了进一步加速前移身体重心，应有力地蹬伸摆动腿，并充分地伸展踝关节，推动髋部和躯干大幅度快速前移。在摆动腿蹬离地面瞬间，膝关节成150°~160°角，使摆动腿蹬伸的幅度达到50°~60°角。摆动腿这一积极主动的动作，对起跳脚迅速地踏上起跳点和起跳时身体迅速地由内倾变为竖直，有着十分重要的意义。为了使助跑与起跳紧密地衔接起来，应特别强调保持助跑最后一步跑进的积极性和发挥摆动腿在推动身体重心快速前移过程中的积极作用。许多有经验的教练员，对助跑最后一步摆动腿支撑阶段即起跳的开始阶段，用"牢固支撑"来认识摆动腿技术，用"扒、蹬、送、摆、快"的要领来要求运动员。它包含有两个十分关键的技术要点：依靠摆动腿的牢固支撑，能使身体在保持内倾状态下进入起跳，防止身体过早地竖直和倒向横杆，使身体重心降到最低点，为身体重心和垂直速度的提早转变和获得创造有利条件；依靠摆动腿积极主动地蹬伸，使身体重心快速大幅度前移，使身体由内倾快速竖直，加大起跳速度和幅度，使身体重心不断加速上升，垂直速度加速增大，以获得更大的腾起初速度和合理的腾起角度。

助跑最后一步摆动腿支撑过垂直部位以后，起跳腿积极踏向起跳点，此时要依靠摆动腿一侧的髋，保持身体内倾姿势向前送髋和前移躯干，并使起跳腿一侧的髋超越摆动腿一侧的髋，以及保持肩轴几乎与横杆垂直的位置，形成肩轴与髋轴的扭紧状态。接着，起跳腿以大腿带动小腿积极快速、准确、稳固地支撑。着地时以起跳脚的外侧跟部接触地面，继而通过脚外侧滚动到全脚掌，脚尖朝向弧线的切线方向，随着身体由内倾转为垂直，迅速地完成缓冲和蹬伸动作。蹬伸动作依次由髋、膝、踝顺序用力。蹬伸结束时，三关节充分蹬直。在这个过程中，运动员具有一种借势起跳的感觉。即借助于弧线助跑速度和身体由内倾转为竖直的作用，提高起跳的向上效果和身体攻向横杆。

在起跳过程中，摆动腿和两臂应协调配合摆动。腿臂摆动相对于支撑点（起跳脚）的位置是不断发生变化的：加速靠近支撑点、加速离开支撑点和减速离开支撑点。它们分别产生减压、加压、和减压的动作效应。这一效应，可以使身体重心获得更大的垂直速度。因此，在起跳过程中，应该根据这一规律，正确地完成腿臂的摆动。

目前，国内外大多数运动员采用屈腿或折叠式的摆腿方法。在摆动腿蹬离地面以后，借助已充分伸展的屈髋肌群有力收缩，以髋带大腿加速前摆，同时小腿随着惯性自然地向后上方弯曲或折叠。当起跳腿着地瞬间，摆动腿应靠近起跳腿，膝关节的弯曲已接近最大限度（折叠式摆腿，此时小腿几乎完全紧靠大腿）。随后大小腿稍有展开，加速上摆，并带动躯干围绕纵轴旋转，直至突然制动。此时大小腿约成90°~120°角，大腿已摆过水平部位。在整个摆动过程中，膝关节角度呈大—小—大的变化，使摆动动作的加速和节奏变化更加明显，从而提高摆动的效果。

摆臂的方法有交叉双臂摆动和交叉单臂摆动两种。前者有助于加大摆动力量；后者着眼于积极快速，有利于迅速完成起跳动作。

交叉双臂摆动的方法：在起跳放腿阶段，随着起跳腿的前伸，同侧臂交叉后引，而异侧臂像自然跑进一样向前摆出，但保持在相对较低的位置。当起跳腿同侧臂屈肘前摆时，双臂同时向前上方摆起，带动躯干伸展。为了加速身体围绕纵轴旋转和防止上体过早倒向横杆，摆动腿同侧臂最后一摆应略高于另一臂，并带动肩部超越横杆。

交叉单臂摆动方法：当起跳腿踏向起跳点时，两臂仍自然做前后摆动，随着摆动腿的摆动，起跳腿同侧臂由后向前上方积极上摆，摆动腿同侧臂顺势迅速上举。我国著名运动员朱建华曾采用这种摆臂方法。

三、过杆技术

过杆是最终决定跳跃成败的重要环节。为了提高过杆的效果，必须形成合理的杆上姿势，缩短身体重心与横杆之间的距离，利用补偿动作，使身体各部分依次序顺利越过横杆。

过杆应连贯和富有节奏感。起跳离地之后，保持起跳结束伸展的身体姿势，并在摆动腿和同侧臂的带动下，围绕身体纵轴旋转。这时采取较伸展的身体姿势，有助于减慢围绕身体矢状轴旋转的速度，防止上体过早地倒向横杆，随后以摆动腿的同侧臂和肩为先导，顺着身体重心的运动方向攻上横杆，同时借助于摆动腿上摆的力量，提高髋部的位置。

当头和肩越过横杆后，及时仰头、倒肩和展体，并利用身体重心向上的速度，积极挺髋，两小腿稍后收，形成身体背弓姿势。这时两臂置于体侧，有助于缩短围绕身体额状轴的旋转半径，加快身体在杆上的旋转。当身体重心移过横杆时，及时地含胸收腹，控制上体继续下旋，运用相向运动原理，以髋部发力，带动大腿和小腿加速向后上方甩腿，使整个身体脱离横杆。过杆的全过程，应使躯干和肢体尽可能靠近身体重心的运动轨迹。根据身体各环节与横杆相对位置的变化，依次顺势和快速地越过横杆。此时，任何多余动作都会增加碰杆机会，导致过杆失败。此外，运动员应根据自己助跑速度的快慢和起跳后相对于横杆位移的速度，确定适宜的背弓程度，通常背弓越大，完成动作的时间越长。因此过杆速度较快的运动员，不宜采用大背弓的过杆方法，应采用高摆腿和积极倒肩的方法，这样能取得更好的过杆效果。

四、落垫技术

落垫技术比较简单，在向后上方甩腿之后，保持着屈髋伸膝的姿势下落，最后以背部先落垫，并做好缓冲。为了防止损伤，不能做过大的屈膝屈髋，两腿应适当地分开，避免两腿撞击脸部。

第三节　背越式跳高教学

一、背越式跳高技术的教学重点与难点

完整的背越式跳高技术包括助跑、起跳、腾空过杆和落地几个阶段，它们之间

环环相扣，相互制约，相互依存。其中起跳技术是跳高技术的重点与关键，助跑与起跳的衔接技术是跳高技术的难点。

二、背越式跳高技术教学步骤、方法与手段

背越式跳高技术最大的优越性是弧线助跑起跳，弧线助跑起跳为充分发挥和利用助跑速度提高起跳效果创造了有利条件。在背越式跳高技术教学中贯彻"以速度为中心"的指导思想，有利于把跳高技术教学与现代跳高技术发展结合起来。

跳高技术是由助跑、起跳、过杆、落垫几个紧密相连的技术环节组成，其中最重要的是弧线助跑起跳技术，在教学中应把学习和掌握弧线助跑起跳技术作为教学的重点，背越式跳高技术教学大多采用完整与分解相结合的教学方法。

其教学顺序基本有三种方法。

（1）按助跑—起跳—过杆—落垫顺序教学；

（2）按落垫—过杆—起跳—助跑顺序教学；

（3）按起跳—助跑—过杆—落垫顺序教学。

选择哪种教学顺序要根据具体情况而定，一般常用的教学顺序是按落垫—过杆—起跳—助跑顺序教学，本节介绍的是常用的逆向教学顺序。

（一）建立背越式跳高完整的技术概念

通过观看背越式跳高完整技术的示范或图片，使学生建立起正确的背越式跳高完整技术概念，并通过示范、讲解背越式完整技术的组成部分、各部分的任务及技术特点，使学生正确认识背越式跳高的技术。

（二）学习和掌握落垫、过杆技术

1. 教学要点

在背越式跳高技术教学中首先学习落垫、过杆技术，有利于克服初学者的恐惧感，学会正确的落垫、过杆技术，可以有效地防止伤害事故。在落垫教学中，要强调落垫的部位，用肩背部着垫，过杆动作要依次完成仰头、倒肩、展体和挺髋成背弓姿势及两条腿向上甩起，使身体尽快地离开横杆，用肩背落垫。

2. 教学方法与手段

（1）原地倒肩挺髋练习。

（2）原地做起跳倒肩挺髋模仿练习。

（3）原地高台起跳过杆、落垫练习。

（4）2~4步助跑起跳过杆、落垫练习。

（5）2~4步助跑，借助于助跳板起跳做过杆、落垫练习。

（6）4~6步助跑起跳过杆练习。

（三）学习掌握起跳技术

1. 教学要点

在背越式跳高起跳技术教学中，要抓住"一个中心、两个基本点"进行教学，就是以髋为中心、以摆动腿支撑与起跳腿支撑摆动为基本点进行教学。要形成内倾

起跳，摆动腿要蹬、摆、送髋积极；起跳腿出腿要快、准、稳支撑。起跳时，摆动腿折叠屈腿摆动，起跳腿沿助跑弧线的切线方向放脚，站立起跳。

2．教学方法与手段

（1）原地摆腿和摆臂练习。

（2）原地出腿起跳模仿练习。

（3）原地和行进间起跳练习。

（4）3步助跑起跳练习。

（5）3~5步弧线助跑起跳练习。

（四）学习掌握助跑与起跳结合技术

1．教学要点

在助跑与起跳相结合技术教学中，要抓住助跑倒数第2步摆动腿支撑阶段积极快速蹬摆动作，并使之与摆动腿快速摆腿和起跳腿快速蹬伸的起跳动作协调配合起来。在助跑步数增加时，要强调跑的节奏和掌握身体的内倾动作。

2．教学方法与手段

（1）沿着直径为15米左右的圆圈进行弧线跑练习。

（2）由直线进入弧线跑练习。

（3）3步弧线助跑起跳练习。

（4）5步弧线助跑起跳跳上海绵台练习。

（5）对着横杆做2~4步助跑起跳练习。

（6）5步助跑起跳用头、手、摆动腿的膝做"触高"练习。

（7）5~7步短程助跑起跳，做跳上高架或海绵台的练习。

（五）学习和掌握背越式跳高完整技术

1．教学要点

在背越式的完整技术教学中，要抓住"以速度为中心"教学方法，做到"跑得快、跳得高、过得去"，要求助跑加速、放松、有节奏；助跑与起跳连贯衔接；起跳积极充分向上；过杆动作依次、连贯；落垫安全。

2．教学方法与手段

（1）学习全程步点丈量方法，进行全程弧线助跑练习。

（2）5~7步助跑起跳练习。

（3）全程7~9步助跑起跳跳上高架或海绵台练习。

（4）全程7~9步助跑背越式完成过杆练习。

（5）中等或中上强度的完整技术练习。

（6）对完整技术进行技术评定。

三、背越式跳高教学易犯的错误动作及其产生原因和纠正方法

背越式跳高技术是由助跑、起跳、腾空过杆、落垫四个部分组成的完整技术。在背越式跳高教学训练过程中，总是表现出不同类型和程度的错误技术动作。如何准确诊断错误技术动作，及时采取有效的纠正方法对背越式教学至关重要。在背越

式跳高教学中，出现典型的错误动作，主要表现在以下几个方面。

（一）助跑技术的典型错误

背越式跳高弧线助跑起跳是背越式技术最大的优越性。助跑是获得水平速度和顺利完成起跳过杆的先决条件，弧线助跑技术直接影响起跳的效果。助跑技术出现的典型错误主要表现在以下两个方面。

（1）助跑没有沿弧线进行，没有形成身体内倾，助跑最后几步跑直线进入起跳，导致起跳时倒杆。

①产生原因：弧线跑技术较差；弧线助跑动作技术概念不清，尤其是在弧线助跑情况下进行起跳的技术和能力不够；直线助跑起跳练习过多也会引起最后助跑跑直线起跳的错误动作。

②纠正方法：加强弧线助跑技术练习；多进行跑圆圈、弧线助跑和弧线助跑结合起跳练习；助跑最后几步画标志点进行弧线助跑起跳练习，尤其是助跑最后几步跑弧线身体内倾进入起跳的练习，如在半径为 5~6 米的圆圈中跑进、起跳，要求身体内倾，两脚在弧线上进入起跳。

（2）助跑最后几步减速、停顿、身体后仰，没有积极加速起跳。

①产生原因：助跑最后几步身体后抑制动大；不敢积极加速起跳，起跳缺乏进攻性；起跳腿支撑技术能力差，起跳腿着地缓冲时髋膝过分弯曲影响最后几步快速起跳；没有形成敢跑、敢跳的技术风格。

②纠正方法：加强弧线助跑节奏练习和弧线助跑起跳练习，加强起跳节奏和助跑起跳的进攻性，形成敢跑、敢跳的快速起跳技术风格，可用跳高助跑的步点进行跳远练习、4~6 步弧线助跑起跳摸高、头顶高练习以及快速弧线助跑起跳练习，改进助跑起跳时减速停顿现象；改进快速弧线助跑起跳技术，从而提高起跳效果。

（二）起跳技术的典型错误

起跳是跳高技术的核心，是获得腾起初速度和腾起角度的主要阶段，起跳技术的好坏直接影响到跳跃的高度，助跑最后一步摆动腿支撑蹬摆技术是连接助跑与起跳的枢纽，助跑最后 1 步摆动腿支撑蹬摆技术的质量直接影响起跳效果。起跳阶段最容易出现的典型错误技术动作主要表现在以下几个方面。

（1）起跳时起跳腿着地、缓冲膝关节过分弯曲，导致屈髋、屈膝、蹲着起跳而跳不起来。

①产生原因：没有形成正确的起跳技术概念，没有掌握正确的起跳出腿技术，起跳腿着地、缓冲技术能力差，身体素质差；起跳时上体领先过早、过快，没有形成良好的起跳支撑，不能在较快助跑速度的情况下起跳，导致起跳不充分，不能充分发挥助跑速度，影响快速助跑起跳效果。

②纠正方法：掌握正确的起跳出腿技术和摆腿技术，明确正确的起跳技术和摆腿技术，明确正确的起跳技术动作过程和正确的身体姿势，加强起跳技术训练，提高起跳时起跳腿着地、缓冲、蹬伸能力，使起跳快速充分向上；克服起跳时下蹲、弯膝、屈髋的错误动作，可采用分解练习掌握起跳出腿动作技术，在保持身体内倾的情况下进入起跳，形成正确的起跳动力定型。

（2）起跳时过早倒体，没有充分站立起跳，导致过早倒杆、碰杆。

①产生原因：起跳时倒体过早是因为助跑起跳时助跑最后几步没有踩在弧线上进行起跳，起跳腿出腿放脚偏离弧线；弧线助跑起跳时身体内倾不够、过早直立上体、后仰；起跳时起跳腿的异侧肩向上提拉摆动不够，是造成起跳时倒体过早的主要原因。

②纠正方法：在教学训练中要加强弧线助跑起跳向上练习，可用4~6步弧线助跑摸高、头顶高练习，改进弧线助跑起跳向上练习；也可用6~8步弧线助跑起跳上高垫练习，改进起跳充分向上和克服起跳倒体的错误动作。

（3）起跳时起跳腿与摆动腿蹬摆脱节，没有充分发挥摆动腿的蹬摆作用，使起跳不充分，用力不集中，没有充分向上。

①产生原因：在助跑速度较快时起跳，起跳腿的蹬伸与摆动腿的摆动脱节是跳高技术的难点，起跳时没有能够发挥摆动腿的积极蹬摆作用，只用起跳腿来跳，失去摆动腿在起跳技术中的重要作用；起跳时起跳腿出腿不到位，引起摆腿幅度小，使起跳不充分向前冲跳；摆动腿起跳腿出腿不到位，引起摆腿幅度小，使起跳不充分向前冲跳；摆动腿没有充分蹬伸使身体重心留在体后，蹬摆不积极使起跳腿与摆动腿蹬摆脱节，影响起跳充分向上的效果。

②纠正方法：加强起跳腿与摆动腿蹬摆配合练习，可用垫步跳、跨步跳、迈步跳、换步跳提高起跳腿和摆动腿蹬摆协调配合能力，也可进行助跑起跳膝触高、手摸高、短程助跑起跳过杆练习等手段解决起跳时起跳腿和摆动腿蹬摆脱节问题。

（4）起跳时臀部下坐。

①产生原因：起跳腿没有充分蹬直，摆动腿没有带出同侧髋；摆臂没有带动躯干伸直。

②纠正方法：反复做上一步起跳练习和摆腿摆臂练习，同时做3步助跑起跳练习，3步助跑起跳，用手、头或摆动腿的膝触及悬挂物练习。

（5）助跑最后2步减速。

①产生原因：弧线助跑时没有控制身体内倾，助跑倒数第2步过渡到起跳不连贯。

②纠正方法：在圆圈上或不同弧度的弧线上反复做助跑练习，体会和掌握身体内倾动作，并反复做3~5步助跑起跳练习，注意倒数第2步摆动腿支撑阶段的连贯过渡动作。

（6）起跳时起跳脚放的位置和方法不正确，脚掌外翻，易造成踝关节扭伤。

①产生原因：起跳技术概念不正确，上体过早地扭转、外翻放脚是造成起跳时踝关节受伤的主要原因。

②纠正方法：强化掌握正确的迈步出腿放脚技术，将起跳脚沿着助跑的方向进行放脚，克服因上体转体过快造成的起跳脚放脚错误。可在直线、弧线上进行放脚起跳动作，掌握正确的起跳放脚技术动作。

（7）全程助跑节奏不明显。

①产生原因：助跑时表现不出逐渐加速。助跑时动作紧张，不自然。

②纠正方法：反复做各种全程跑的节奏练习，以及全程助跑手摸高练习。

（三）过杆技术的典型错误

过杆技术完成的好坏反映出运动员是否有效地利用起跳时所获得的身体重心高度，经济实效地越过横杆。过杆技术的典型错误主要表现在两个方面。

（1）过杆时身体侧躺，身体纵轴没有沿弧线助跑起跳的切线方向飞行。

①产生原因：过杆时身体侧躺是因为起跳时上体后仰、重心滞后而没有垂直起跳；起跳后身体没有转向背对横杆，过早做过杆动作造成的。

②纠正方法：改进过杆时身体侧躺的错误，应加强垂直起跳过杆练习，可用跳高垫改正侧躺过杆错误动作，起跳时摆动腿屈膝内扣摆腿；起跳后用眼睛注视起跳侧方横杆架，有利于帮助身体转向背对横杆，使身体纵轴沿助跑的切线方向飞行。

（2）过杆时坐着，没有在杆上形成背弓姿势。

①产生原因：过杆时坐着是因为在过杆时低头看杆，形成杆上屈髋坐杆，主要是没有仰头、沉肩、挺髋造成的。

②纠正方法：改进过杆时坐着的错误动作，应加强过杆时的沉肩挺髋的动作练习，体会正确的杆上肌肉感觉，可用模仿过杆练习、背弓练习、原地过杆练习、高台过杆练习，体会过杆时沉肩挺髋的动作。通常采用半程过杆、高台过杆来改进过杆技术效果较好。

四、背越式跳高技术教学的注意事项

（一）学习和掌握落垫、过杆技术阶段

（1）落垫练习要注意用肩背落垫，原地过杆练习要体会起跳后的仰头—倒肩—挺胸—展髋—甩小腿动作。要求依次、连贯地完成过杆动作，防止膝关节碰伤自己。

（2）2～4步助跑起跳的过杆练习，要注意体会起跳过杆时的站立转体姿势，体会站立—转体—倒肩—挺髋—过杆动作。可由双脚起跳开始练习，应及时地过渡到单腿起跳的过杆技术练习。要注意头部位置在过杆中的作用。

（二）学习和掌握起跳技术阶段

（1）在摆动腿蹬摆练习时，要求摆动腿有明显的蹬地送髋、折叠摆动作。加速上摆时，要注意带动同侧髋部向上。

（2）起跳腿支撑时，不宜弯膝降低身体重心，要求在自然用力的情况下完成支撑动作。完成起跳动作要注意蹬摆配合，一定要形成内倾起跳。

（三）学习和掌握助跑与起跳结合技术阶段

（1）弧线助跑时注意跑的技术与弯道跑技术相似，跑时注意控制身体躯干向内倾斜。

（2）助跑与起跳结合技术练习，要避免出现减速和停顿现象。要注意摆动腿支撑摆动的正确性，沿弧线助跑起跳。

（3）助跑与起跳结合技术练习时，助跑速度由慢到快逐渐加速。要注意助跑节奏，教学中要做好3～5步弧线助跑起跳的练习。

（4）掌握好弧线助跑起跳技术，是此阶段教学的一项重要任务。要学会步点的

丈量方法，可以设置标志进行练习，直到能够准确和正确完成助跑和起跳动作。

（5）由于倒数第 2 步摆动着地支撑蹬摆技术会直接影响助跑与起跳的衔接和起跳动作的正确完成，在教学中应作为重点来进行教学。

（四）学习和掌握背越式跳高完整技术阶段

（1）在教学中，应逐步加快助跑速度和提高练习强度。助跑放松、自然、加速、有节奏。

（2）弧线助跑起跳时要注意是外侧支撑步进入弧线助跑，注意身体躯干向内倾斜，要注意摆臂、摆腿与起跳的协调配合。

（3）教师要及时对学生学习情况进行客观的评价，使学生了解自己的技术进程，明确需要改进的环节。

五、背越式跳高的教学进度与教案范例

（一）背越式跳高教学进度范例（表 7-1）

表 7-1 体育教育专业田径普修背越式跳高教学进度

课次	主要内容	主要练习手段	教学重点与难点
一	1. 简介跳高发展及现状 2. 学习背越式跳高起跳技术 3. 组织纪律性教育	1. 简述 2. 介绍背越式跳高技术；摆臂、摆腿、迈步放脚上步至 3 步起跳练习 3. 讲述	1. 重点：建立背越式跳高完整技术概念；掌握起跳的技术 2. 难点：起跳迈步放腿技术；起跳摆腿技术
二	1. 进一步学习起跳技术 2. 学习助跑与助跑起跳结合技术 3. 初步学习过杆落地技术	1. 原地摆腿、摆臂，上步起跳 2. 弧线跑练习，沿圆圈做 1~3 步助跑结合起跳动作 3. 原地倒肩、跳箱上做过杆动作 4. 3~5 步助跑上海绵包；3~5 步助跑触高练习	1. 重点：掌握助跑与起跳结合技术 2. 难点：掌握摆动与支撑蹬摆结合技术和过杆落地动作
三	1. 学习弧线助跑技术 2. 进一步学习弧线助跑与起跳结合技术 3. 改进过杆技术	1. 3~5 步弧线助跑练习 2. 3~5 步弧线助跑起跳练习 3. 原地或 3~5 步踏板过杆	1. 重点：掌握弧线助跑起跳技术 2. 难点：助跑与起跳结合技术
四	1. 改进弧线助跑起跳结合技术 2. 学习背越式跳高助跑丈量方法 3. 学习助跑过杆技术	1. 圆圈或弯道跑练习；海绵包前体会助跑接起跳练习 2. 走步丈量方法 3. 4~6 步助跑过杆技术	1. 重点：掌握半程助跑起跳技术 2. 难点：掌握身体内倾、重心平稳，积极加速，有节奏的助跑

续上表

课次	主要内容	主要练习手段	教学重点与难点
五	1. 学习全程助跑完整技术 2. 改进过杆技术 3. 改进中程助跑过杆技术	1. 学生找准 8~10 步全程步点练习 2. 原地或利用踏板短程助跑起跳过杆练习 3. 3~5 步助跑起跳练习，3~5 步助跑过杆练习	1. 重点：掌握全程助跑技术，助跑身体平稳，积极加速，节奏好 2. 难点：全程助跑起跳的连贯衔接
六	1. 背越式跳高的发展和技术优越性 2. 观看录像	1. 讲述跳高发展，讲述背越式跳高的优越性 2. 跳高录像教学	1. 重点：了解背越式跳高技术特点及发展概况 2. 难点：了解背越式跳高技术优越性
七	1. 进一步学习全程助跑及完整技术 2. 改进完整技术 3. 培养学生分析问题、解决问题的能力	1. 全程节奏跑，全程节奏跑接跳上海绵垫练习 2. 短、中程助跑起跳触高及过杆练习 3. 改进全程助跑完整技术 4. 结合实践讲解跳高比赛规则、裁判方法 5. 结合实践讲解教学易犯错误及纠正方法	1. 重点：全程助跑动作准确、连贯性；助跑、起跳动作配合 2. 难点：全程助跑技术、节奏
八	1. 巩固背越式跳高完整技术 2. 介绍裁判方法与规则 3. 培养与考查学生分析能力	1. 丈量步点练习 2. 结合实践讲解跳高比赛规则、裁判方法 3. 结合实践讲解教学易犯错误、纠正方法	1. 重点：全程助跑准确、连贯，快跑、快跳技术 2. 难点：培养学生发现问题、分析问题、解决问题的能力
九	1. 提高背越式跳高完整技术 2. 介绍跨越式、俯卧式跳高技术和一般练习方法	1. 教学比赛 2. 简介跨越式跳高技术及练习方法 3. 简介俯卧式跳高技术及练习方法	1. 重点：掌握背越式跳高基本知识、教法、手段 2. 难点：掌握预防和纠正错误动作的方法、手段

续上表

课次	主要内容	主要练习手段	教学重点与难点
十	考核	1. 技评 2. 达标	1. 重点：提高学生参加比赛的心理稳定性和比赛能力 2. 难点：掌握背越式跳高教学比赛过程的规律；掌握背越式跳高的教学方法

（二）背越式跳高教学教案范例（表7-2）

表7-2 体育教育专业田径普修背越式跳高教案

上课日期：　　年　　月　　日　　　　　　　　　　　　授课教师：

班级	级　　班	第　周	场地 器材 媒体	场地：田径场跳高场地 器材：跳高架1副、海绵垫、跳箱、皮筋、横杆、计算机或平板电脑		
人数	男 女	第2次课				
教材内容	1. 进一步学习起跳技术 2. 学习助跑与助跑起跳结合技术 3. 初步学习过杆落地技术	教学任务或教学目标	1. 掌握摆动与支撑蹬摆结合技术 2. 掌握助跑与起跳结合技术 3. 掌握过杆落地动作 4. 锻炼学生的分析、解决问题的能力			
重点 难点	重点：助跑与起跳的结合技术 难点：过杆技术的掌握					
教学过程	教学内容和达成目标	教学组织与方法			练习	
					次数	时间
准备部分 25′	1. 值班人员集合整队，查清人数，报告老师 2. 师生问好 3. 宣布本节课的教学内容和要求 4. 安排见习生 5. 慢跑 6. 发挥项（如：徒手操、游戏等） 游戏：田径跳类项目游戏 达成目标：充分活动开学生的身体机能，预防和减少运动损伤的发生。强调创造性思维，培养学生的创新精神	学生成两列横队： ××××××× ××××××× 　　　　△ ×学生　　△教师 要求：值班学生的口令清晰、洪亮。而且练习的程序和内容要早有准备。但是不必拘泥于形式，可以自由发挥 方法：讲解清楚游戏规则，布置好游戏场地 要求：动作到位，幅度逐渐加大，频率逐渐加快	方法：其他学生在旁边观察、分析 要求：其他同学要密切配合值班学生，集合时做到快、静、齐 学法：游戏法 学生可以讨论、发言，游戏时注意培养团体精神，同时注意安全			15′

续上表

教学过程	教学内容和达成目标	教学组织与方法	练习次数	练习时间
基本部分 60′	1. 起跳技术的专门性和辅助性练习 （1）原地迈步放腿练习 （2）摆臂、摆腿练习 （3）上一步正面起跳练习 （4）沿圆圈或弧线作上一步或3步起跳练习 达成目标：摆动腿折叠摆动，向上摆动时注意带动髋部 2. 初步学习助跑与起跳相结合技术 （1）3～5步圆圈（半径5米左右）走动，体会迈步放脚和摆腿动作 （2）3～5步圆圈助跑起跳练习 （3）5步弧线助跑，用头、手、膝触高练习 3. 初步学习过杆落地技术 （1）原地倒肩挺髋练习 （2）原地后倒收腹举腿练习 （3）在跳箱上体会过低杆或皮筋练习 达成目标：巩固掌握动作技术，培养学生的创新意识和能力	教师讲解学生练习队形： ×××××× ××××× △ 方法：诱导法、归纳法、提问法、讲解法、示范法、预防和纠错法、激励法 要求：示范正确规范，采用集体讲解和个别纠正 学生练习队形： ←×××××× ←××××× △ 方法：示范法、诱导法、归纳法 要求：认真观察，及时反馈，正确启发，及时纠正 达成目标：由慢跑逐渐加快速度 教师指导、学生练习队形 × × × × × × × × △ 方法：教师示范、讲解 要求：注意保护帮助，注意安全。见习生可帮助扶杆或帮助纠正错误动作	方法： （1）学生练习 （2）讨论纠错 （3）巩固练习 要求：体会起跳落脚应由外侧着地蹬伸动作 方法：成一路纵队或弧线进行练习 （注意：左右脚不同起跳脚的安全。可在两个圆圈上进行或同一个圈上交替进行。） 要求：助跑与起跳基本能结合。助跑时身体内倾，起跳充分向上腾起 （方法同上。） 要求：听从教师的指导和安排，注意安全。原地背对横杆站立，两膝微屈后两脚迅速向斜后上方跳起，肩、髋依次过杆，使身体成拱桥，肩背着垫，并适时收腹、举腿过杆	15 5 5 5 7 8 10 10 8	20′ 20′ 15′

续上表

教学过程	教学内容和达成目标	教学组织与方法		练习	
				次数	时间
结束部分 5′	1. 放松练习（4～5节） 达成目标：促进机体的快速恢复 2. 小结本次课主要任务完成情况。（肯定优点，指出不足） 3. 布置作业：助跑与起跳的要点是什么？ 4. 宣布下次课内容，安排值日生 5. 下课，师生再见	1. 队形： × × × × × × × × × × △ 2. 教师（或请学生小结）队形： × × × × × × × × × × △ 方法：归纳法 要求：教师归纳总结本项目的学习情况，提出下节课的内容，归还器材 师生再见	要求：听从教师或值班同学安排，动作到位，动作尽量放松 学法：归纳法 学生进行归纳总结， 要求：根据教师的总结回顾课堂所学，进行自我小结		3′
作业和学习参考文献	全国体育院校教材委员会. 田径［M］. 北京：人民体育出版社，1991：296－297.				
病弱处理					
课后小结					

第四节　背越式跳高训练

一、跳高训练要点

背越式跳高的优越性是快速弧线助跑起跳和背越式过杆，弧线助跑起跳可以经济实效地降低和升高身体重心，利用助跑速度提高起跳效果。背越式跳高训练的核心是如何充分发挥和利用助跑速度提高起跳效果获得更大的腾起初速度和合理的腾起角度，在背越式跳高训练中要始终坚持"以速度为核心"的训练指导思想。以力量为基础、速度为核心、技术为先导，力求技术与力量相平衡、速度与力量相平衡、速度与节奏相平衡、技术与个人特点相平衡，在起跳训练中要蹬摆结合、跑跳结合、速度与幅度结合。

少年时期跳高训练思路要形成以速度为中心，力求速度与技术全面发展，形成助跑快、起跳快、过杆快的敢跑、敢跳技术风格。青年时期训练思路要坚持以速度为中心，力求速度、幅度与技术平衡发展的原则，在形成快跑快跳技术风格的基础上，保持一定的助跑起跳速度下逐渐加大起跳幅度。在成年时期更要突出以速度为中心，使速度、幅度、技术和个人特点相结合，形成既有速度又有幅度的"速度—幅度"快速起跳技术风格。在不断提高助跑速度及起跳速度的情况下，进一步加大起跳幅度，使起跳速度—幅度与运动员个人的特点有机地结合起来。

在起跳训练中以速度为核心，以髋为中心、以摆动腿和起跳腿的支撑、摆动和摆动、支撑为基本点进行教学训练。助跑最后一步摆动腿做到："扒、蹬、送、摆、快"；起跳腿迈步出腿支撑时做到"低、平、快、准、稳"。在跳高起跳训练中的蹬摆结合、跑跳结合、速度与幅度结合，蹬摆结合是起跳训练的难点。在快速助跑起跳中要做到"跑得快、撑得住、摆得快、跳得高、过得去"。在素质训练方面要使技术与力量的平衡、速度与力量的平衡、速度与节奏的平衡、技术与个人特点的平衡。在起跳过程中通过起跳速度和起跳幅度来获得垂直速度和腾起初速度。第一，在起跳过程中，加快助跑起跳速度，加大起跳幅度；第二，保持助跑起跳速度不变，加大起跳幅度；第三，保持起跳幅度不变，加快助跑起跳速度；第四，适当减小起跳幅度（起跳步长），大大提高助跑起跳速度；第五，适当减慢助跑起跳速度（延长起跳时间），大大提高起跳幅度。

二、跳高训练计划

训练计划安排是对未来训练过程预先做出的设计。它是根据田径运动训练过程的规律和跳高训练的特点，在对运动员起始状态的科学诊断和目标预测的基础上，结合训练条件、科研指导力量、医务监督水平及后勤保障能力而预先做出的理论设计，是运动员达到目标的有效途径。通过训练计划的制订，把训练目标分化为若干具体独立而又彼此联系的训练任务，并进一步分解为具有针对性的、有目的的各种练习。运动员通过多次重复完成各种练习，逐一实现各个具体任务，从而逐步接近直到达到训练总目标。而且通过这一系列的步骤，不仅使运动员和教练员了解如何通过训练来完成训练任务并达到训练目标，而且保障训练的整个过程的操作人员形成共识和协调一致的行动。这为训练过程打下了坚实的基础。制订和实施田径运动训练计划，使训练过程中对运动员状态变化结果做出客观评价有了科学依据，为训练过程实施有效控制奠定了基础。

根据田径运动训练时间跨度长短，训练计划一般分为多年训练计划、年度训练计划、阶段训练计划、周训练计划及课训练计划等多种类型。跳高多年训练计划、年度训练计划、阶段训练计划的制订参照第三章第三节训练计划的制订内容，这里重点讲述周训练计划的制订，周训练计划是训练过程最基本的。

周训练计划通常以7天为一个周期，4周训练计划通常为月训练计划，2~4个月通常为阶段训练计划，2~4个阶段通常为年度训练计划，2~4年通常为多年训练计划。周训练计划是训练过程中最小的训练周期。

周训练小周期是由数次训练课组成的，它是训练过程中相对完整而又经常重复的单位。不同类型的训练小周期联合在一起，是组成阶段训练中周期的基础。以7天为例，一般是组织5~6次主要训练课和2~4次辅助训练课，每天、每次训练课有不同的训练任务、不同的负荷量和强度。通常一天1~2次训练课，每周训练多少次主要看训练的目的是什么，不同训练阶段每周训练次数不同，训练小周期、比赛小周期和恢复小周期训练的次数和内容通常是不同的。训练小周期又分为："引导性"小周期，其特点主要是逐渐提高量和强度；"发展性"小周期，特点是量大，强度中等；"冲击性"小周期，主要是为最大强度和最大量的结合；"稳定性"小周期，主要为强度保持在相当高的水平上，而训练量有某种程度的下降。

比赛小周期有模拟比赛条件、提高适应比赛能力的"准备性"小周期；为直接参加比赛做准备的或是赛前进行的"打基础"小周期；以及直接参加比赛的"比赛"小周期。

恢复小周期的任务是通过练习与场地改变及负荷量的降低而达到积极性休息的目的。

通常周训练计划是以发展某一运动素质和改进技术为主的训练内容来安排每次训练课，如以速度、基本技术、综合素质和能力、完整技术、力量训练等内容来安排每周训练课。课训练计划是周训练计划每次训练的具体要求，是进一步细化每次训练课。下面是体育学院一级跳高运动员准备期、比赛期、恢复期的周训练计划范例。

1. 准备期周训练计划

目的和任务：根据阶段训练任务的要求，进一步改进起跳技术，加强弧线助跑速度与节奏训练，提高快速起跳能力，加强腰背肌力量，逐步提高训练强度；提高比赛心理素质。

表7-3 准备期周训练计划范例

日期	目的和任务	训练内容
周一	速度训练课 1. 发展速度、助跑节奏训练 2. 腰背肌力量	1. 准备活动（自主牵拉—慢跑—对抗牵拉—跑专练习—加速跑） 2. 基本部分：①大步跑60米×3；②加速跑30米×10；③8步弧线节奏跑×10；④腰背肌练习（负重跪撑背弓起5×5） 3. 放松部分（对抗牵拉—后退跑800米）
周二	技术训练课（基本技术） 1. 改进起跳技术 2. 提高快速起跳能力	1. 准备活动（自主牵拉—慢跑—对抗牵拉—加速跑；出腿10个×3次，两步起跳10个×2次） 2. 基本部分：①全程助跑练习×10；②全程助跑完整技术练习×20；③拉杆跳练习6个×8次 3. 放松部分（垫上摆臂10个×3次，肋木挂背弓1分钟×5；放松跑800米）
周三	综合素质和能力课 发展速度、力量、快速起跳能力、背肌、基本技术（多因素循环组合训练）	1. 准备活动（自主牵拉—慢跑—对抗牵拉—加速跑） 2. 基本部分（负重弓步走×10+8步快速节奏跑+负重跪撑背弓起×10次+斜板两步起跳+负重摆臂+负重快速全蹲）×5组 3. 放松部分（80米跑×5；垫上按摩30分钟）

续上表

日期	目的和任务	训练内容
周四	调整课 1. 巩固基本技术； 2. 放松协调训练	1. 准备活动（自主牵拉—慢跑—对抗牵拉—加速跑） 2. 基本部分：①基本功练习（出腿10个×3次，两步起跳10个×2次）；②全程助跑练习×15；③腰背肌练习10个×5次 3. 放松部分（踢毽子练习30分钟）
周五	技术训练课（完整技术） 改进跳高技术（完整技术速度节奏）	1. 准备活动同周二内容。 2. 基本部分：①全程助跑×6；②全程过杆×30次；③全程助跑×10（4~6步） 3. 放松活动（按摩放松30分钟）
周六	力量训练课 1. 发展躯干、下肢爆发力 2. 提高快速起跳能力	1. 准备活动同周三内容+杠铃片操 2. 基本部分：①跳挺10个×3次；②负重弓步走×10；③负重半蹲150×5次+（20~250）千克×5次；④拉杆跳练习8个×5次；⑤加速跑60米×5 3. 放松部分（牵拉—按摩放松40分钟）
周日	休息	

2. 比赛期周训练计划

比赛期周训练计划适用于比赛前一周的训练，即下星期六或星期天比赛。

目的和任务：稳定技术，培养比赛自信心，调整运动员的竞技状态，参加比赛。

表7-4 比赛期周训练计划范例

日期	目的和任务	训练内容
周一	速度训练课 发展专项助跑速度	1. 准备活动同准备期速度训练课内容 2. 基本部分：①大步跑60米×3；②8步弧线节奏跑×10；③背弓练习 3. 放松部分（慢跑800米）
周二	技术训练课 熟练完整技术节奏	1. 准备活动同准备期技术训练课内容 2. 基本部分：①全程助跑×6；②全程过杆×15次 3. 放松活动（牵拉—按摩放松30分钟）
周三	综合素质和能力课 发展速度、力量、快速起跳能力（多因素循环组合训练）	1. 准备活动（自主牵拉—慢跑—对抗牵拉—加速跑） 2. 基本部分：（负重弓步走×10+8步快速节奏跑+负重跪撑背弓起×10+负重摆臂）×3组 3. 放松部分（60米跑×3；垫上按摩30分钟）

续上表

日期	目的和任务	训练内容
周四	调整课 　放松协调训练	1. 准备活动（自主牵拉—慢跑—对抗牵拉—加速跑） 2. 基本部分：①基本功练习（出腿10个×2次，两步起跳10个）；②全程助跑练习×10 3. 放松部分（踢毽子练习30分钟）
周五	技术训练课（完整技术） 　1. 熟练完整跳高技术（完整技术速度节奏） 　2. 提高比赛专项能力	1. 准备活动同准备期周二内容 2. 基本部分：①全程助跑×6；②全程过杆×8次 3. 放松活动（按摩放松30分钟）
周六	力量训练课 　1. 提高下肢爆发力和神经肌肉兴奋性 　2. 提高快速起跳能力	1. 准备活动同准备期周三内容＋杠铃片操。 2. 基本部分：①跳挺10个×3次；②负重半蹲180×5次＋（20～240）千克×3次；③加速跑30米×4 3. 放松部分：（牵拉—按摩放松40分钟）
周日	休息	

3. 恢复期周训练计划

恢复期训练计划适用于比赛后一周的训练。

目的和任务：对比赛进行总结，以恢复训练为主，使神经肌肉恢复，逐步进行身体训练和基本技术训练。

表7-5　恢复期周训练计划范例

日期	目的和任务	训练内容
周一	比赛总结课 　1. 看比赛录像 　2. 总结比赛得失	1. 看比赛录像 2. 运动员个人总结 3. 教练员总结
周二	恢复速度训练课 　1. 恢复体力 　2. 加强跑的能力	1. 一般准备活动 2. 跑的专门练习：加速跑、匀速跑 3. 放松部分
周三	综合素质和能力课 　逐步恢复发展速度、力量、快速起跳能力、背肌、基本技术（多因素循环组合训练）	1. 准备活动（自主牵拉—慢跑—对抗牵拉—加速跑） 2. 基本部分：（负重弓步走×10＋8步快速节奏跑＋负重跪撑背弓起×10＋负重摆臂）×3组 3. 放松部分：（80米跑×5；垫上按摩30分钟）
周四	调整 　1. 调整放松 　2. 发展灵敏、协调、柔韧性	1. 准备活动（自主牵拉—慢跑—加速跑） 2. 基本部分：①球类活动；②摆臂、摆腿练习 3. 放松部分（慢跑1 000米）

续上表

日期	目的和任务	训练内容
周五	技术训练课（基本技术） 1. 改进跳高基本技术 2. 提高快速起跳能力	1. 准备活动（自主牵拉—慢跑—对抗牵拉—加速跑；出腿10个×3次；两步起跳10个×2次） 2. 基本部分：①全程助跑练习×10；②跳深练习3个×5次；③垫步跳练习5个×5次 3. 放松部分：（垫上摆臂10个×3次，背弓走×10，放松慢跑800米）
周六	力量训练课 1. 发展腰腹、上肢力量 2. 恢复提高身体素质和专项能力	1. 准备活动同准备期周三内容+杠铃片操 2. 基本部分：①跳挺10个×3次；②负重弓步走×10；③卧推10个×3次；④腰背肌练习8个×5次；⑤加速跑60米×5 3. 放松部分：（牵拉—按摩放松40分钟）

课训练计划包括训练课内容的选择与安排、课的组成结构、训练手段与方法的实施程序、训练负荷的大小及恢复手段等方面。开始部分主要是准备活动，其目的是尽可能地提高有机体的工作能力，为即将开始的工作做好准备，同时也要为训练课的基本部分保存体力。所以准备活动的内容是由专门选择的发展身体练习所组成。

准备活动分为两部分：一是依靠植物神经功能的加强来提高有机体的一般工作能力；二是运动员为即将开始的工作做好准备，一般的，技术越复杂的项目，在这个部分的练习就越多。准备活动的顺序是从小肌群到大肌群；从一般性的准备活动到专项性的准备活动。主要是符合专项练习的需要以及防止运动员受伤。

基本部分：这部分的训练内容是根据运动员的训练水平、年龄、性别、训练年限、运动专项和其他因素而定的。其内容的安排往往是按一定顺序排列的（按练习的作用分类），较合理的顺序为：学习或改进技术、发展速度和灵敏、发展力量、发展耐力。但这个顺序也不是固定的，可以根据具体情况制定不同的训练程序。

结束部分：课的结束部分的主要任务是解除训练课基本部分所造成的心理、生理上的紧张状态。训练课的结束也就意味着运动员有机体全面恢复过程的开始。因此，有组织地进行课的结束部分对促进恢复过程的积极进行有着重要的作用。

课的负荷量：确定训练课负荷的量度是安排组织好课训练过程的重要工作。训练课的负荷量是由于训练手段对运动员机体的作用而产生的。根据不同的训练方法、不同的运动专项、不同的训练条件和特点，负荷量也相应发生改变。

三、跳高专项素质常用的训练手段及方法

掌握正确合理的跳高技术是取得优异运动成绩的有力保障，训练效果在很大程度上取决于训练方法和手段的针对性和合理性程度，训练方法和手段是取得优异运动成绩的重要途径。跳高训练方法和手段很多，以下仅介绍一些常用的训练方法。

1. 专项速度训练方法

跳高的专项速度包括助跑速度、起跳速度和过杆速度。发展助跑速度则在于提高运动员在助跑距离内发挥最大速度的能力，同时又能与快速起跳紧密结合起来；发展起跳速度在于充分利用助跑速度，加快起跳腿肌肉由退让转换为克制工作的速度，从而加快起跳腿蹬伸，同时加快腿臂的摆动速度；发展过杆速度在于及时形成杆上背弓动作及加快两腿上甩时身体离开横杆的速度。常用的练习有：

（1）短距离（20～60米）弧线加速跑练习。

（2）不同半径（5～6米）的圆圈跑练习。

（3）不同弧度的弧线助跑练习。

（4）5～10秒快速高抬腿练习。

（5）快速直线全程助跑练习及全程弧线助跑结合起跳练习。

2. 专项力量训练方法

跳高专项力量训练的目的是发展和提高跳高专项肌肉力量和肌肉收缩速度，尤其是完成起跳动作的速度，通常以杠铃练习、对抗力量练习、跳跃练习为主要练习手段。常用的练习有：

（1）杠铃负重练习，如快速负重半蹲、半蹲跳、直膝跳；负重挺举、负重弓箭步走或跳、挺举、抓举、提铃至胸等。其中，负重挺举练习见图7-2。作用：主要发展全身爆发力。

图7-2 负重挺举练习

（2）利用各种综合力量练习器发展身体各部位肌肉力量的练习。

（3）跳跃练习，如徒手或负轻器械的单腿跳或双腿跳、短距离的向前跳、向上跳等各种练习。结合跳高专项特点和各种专门性练习，如各种负重跳深练习、连续上一步起跳练习、三步起跳练习、五步起跳练习；负重助跑起跳摸高练习、助跑起跳跳上高台的练习等。

（4）对抗力量练习，采用抗阻训练法进行力量训练（图7-3）。作用：主要发展摆动腿侧腰髋力量。

图 7-3 对抗力量练习

（5）跪撑负重背弓练习（图 7-4）。作用：主要发展腰背肌力量。

图 7-4 跪撑负重背弓练习

3．专项弹跳训练方法
（1）跳栏架练习。
（2）跳深练习（图 7-5）。作用：主要发展下肢爆发力。

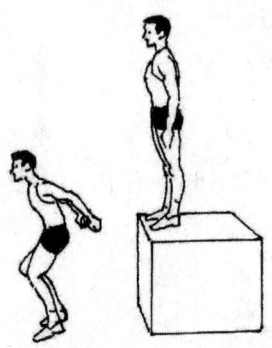

图 7-5 跳深练习

（3）负重单腿跳深起跳练习（图7-6）。作用：主要发展快速起跳能力。

图7-6　负重单腿跳深起跳练习

（4）拉杆跳练习（图7-7）。作用：主要借助外力发展下肢快速起跳能力。

图7-7　拉杆跳练习

（5）负重弧线助跑起跳练习。
（6）全程助跑结合起跳练习。
（7）垫步起跳练习。
（8）连续迈步起跳练习。
（9）斜板一步起跳练习（图7-8）。作用：主要改进起跳出腿技术，提高快速起跳能力。

图 7-8 斜板一步起跳练习

(10) 斜板两步起跳练习（图 7-9）。作用：主要改进倒数第二步技术和快速起跳能力。

图 7-9 斜板两步起跳练习

4．专项耐力训练方法

在发展一般耐力的基础上，重视发展跳高所需的专项耐力，在逐渐增加训练负荷量的基础上，适当增加负荷强度，进一步提高内脏器官的功能；通过大量的专项跳跃练习、强度不大的中短程助跑过杆练习、全程助跑的跳高练习、参加测试和比赛等，使其适应跳高比赛情况的变化，进而不断提高专项耐力。

(1) 在较短的时间内完成较多次数的跳高（如半小时完成过杆 30 次，中等强度）。

(2) 在较长时间内完成一定强度和次数的跳高（如持续 150 分钟完成过杆 40 次，包括中等强度和大强度）。

(3) 连续两天各完成一定强度的过杆若干次（类似及格赛与决赛）。

5．专项柔韧性、灵敏与协调性训练方法

着重提高跳高运动员结构和运动节奏快速变化的控制能力，以及对各种复杂环境变化的应变能力，常用的手段有：

(1) 变化速度的各种练习：如快慢交替的变速跑，在一定距离的跑程中提出不同的速度要求。

(2) 变换方向的各种练习：听信号或看信号完成各种动作的练习，以及综合性练习，追逐跑游戏，球类活动等。

(3) 变换节奏的各种练习：全程助跑距离的节奏跑练习；快速大步跑转换成快频率跑的练习；听信号的节奏跑练习。

（4）在不同的环境和条件中进行练习训练：经常在更新的环境中进行练习，模拟比赛环境进行练习等。

发展柔韧素质，应加强髋关节的灵活性和腹背肌肉柔韧性练习，如摆腿摆臂练习、下桥练习、甩腰练习、体前屈和体后屈练习。

6. 掌握助跑技术的训练方法
（1）掌握正确跑的技术。
（2）直道加速跑和上下弯道加速跑。
（3）30~50米弧线跑的练习。
（4）半径6~8米的圆圈跑。
（5）全程助跑练习。

7. 掌握起跳技术的训练方法
（1）原地扶肋木连续做摆腿和摆臂练习。
（2）原地和行进中做起跳迈步练习。
（3）两步起跳练习。
（4）行进间连续上步起跳练习。
（5）斜板一步或两步起跳练习。

8. 掌握助跑和起跳相结合的技术
（1）3~5步助跑起跳练习。
（2）3~5步和全程助跑起跳上海绵台练习。
（3）短程或全程助跑起跳练习。
（4）全程助跑起跳用头、手、摆动腿助跑起跳练习。
（5）短程或全程助跑起跳坐上高架或海绵台练习。

9. 掌握过杆技术的训练方法
（1）原地背抛实心球练习（图7-10）。作用：主要发展腰背肌力量和柔韧性。

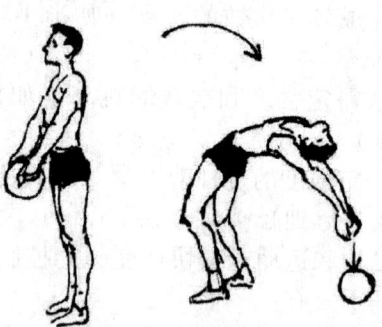

图7-10 原地背抛实心球练习

（2）原地起跳倒肩挺髋后做向后上甩腿练习。
（3）原地起跳背向越过橡皮带练习。

（4）2~4步助跑起跳背卧上高台练习。

（5）2~4步助跑，借助于助跳板或低跳箱起跳过高架练习，或做过杆练习。

（6）短程或全程助跑起跳过高架练习，或做过杆练习。

10. 掌握和熟练完整技术的训练方法

（1）短程和全程助跑过杆练习。

（2）低、中、高不同强度的完整过杆练习。

（3）参加各种类型的测验和比赛。

（4）对完整技术进行技术评定和比赛后的技术小结。

思考题

1. 背越式跳高的技术特点是什么？完整技术包括哪几个部分？
2. 简述背越式跳高起跳技术的动作要领。
3. 简述背越式跳高技术的教学步骤。
4. 简述跳高运动员起跳易犯的错误动作及纠正方法。
5. 在训练中如何提高跳跃起跳效果？
6. 如何制订跳高周训练计划？试举例说明。

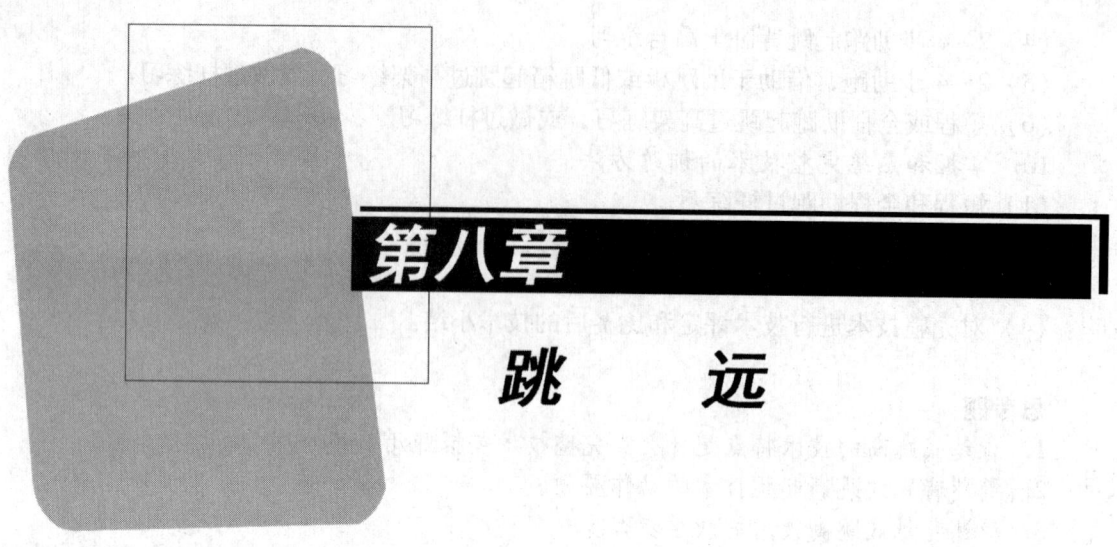

第八章

跳　　远

学习要点：本章主要结合跳远的技术原理及技术结构与特点，对跳远的技术要领、教学重点与难点、教学步骤、方法手段、错误动作与纠正、教学注意事项及训练要点与方法等内容进行了分析。通过本章的学习，使学生了解跳远运动的发展，明确跳跃技术原理，掌握挺身式跳远的基本理论知识、基本技术和基本技能，学会挺身式跳远技术的教学与训练方法。

第一节 跳远运动发展概述

跳远是田径运动中最古老的一个项目。公元前 708 年第 18 届古希腊奥运会上就设有跳远项目的比赛。当时跳远比赛是在竞技场上挖出一块土地作为"沙坑","沙坑"前面设置一块"门槛"状木板作为"起跳板",参赛者以敬神祭礼形式参赛,为显示其健美,比赛时参赛者都赤身裸体,两手各持一个哑铃状石块或金属物体(重 1.5~4.5 千克),用短程助跑,踏"门槛"起跳,在落地前向前抛出手中之物。裁判以参赛者落地点画线为标记,丈量远度,以美姿和远度兼顾进行评价。为了掌握跳的节奏,跳远时旁边有人吹笛子伴奏。这种跳远是当时尚武勇、重健美、奉宗教的社会产物。

近代跳远运动起源于英国,1800 年苏格兰运动会上已有跳远比赛。1851 年,跳远被列为英国牛津大学的田径比赛项目。最初的跳远比赛是在地面上起跳,而现在的跳法是 19 世纪中叶以后在英国的大学田径比赛中出现的,并于 1886 年开始采用起跳板,起跳板前有起跳线,起跳线前有用于判断运动员起跳是否犯规的橡皮泥显示板。

第一个有记载的跳远成绩是 1864 年英国人创造的 5.80 米。1899 年爱尔兰人把成绩提高到 7.49 米。现在的男子跳远世界纪录是美国运动员鲍威尔在 1991 年东京举行的第 3 届世界田径锦标赛上创造的 8.95 米,女子跳远世界纪录是 1988 年苏联运动员契斯佳柯娃创造的 7.52 米。我国男子跳远全国纪录是李金哲在 2014 年德国巴特朗根萨尔察进行的跳远专项赛上创造的 8.47 米,女子跳远全国纪录是姚伟丽在 1993 年全国田径锦标赛上创造的 7.01 米。男、女跳远分别于 1896 年和 1948 年被列为奥运会比赛项目。

现代跳远运动的发展是随着现代奥林匹克运动兴起、发展而兴盛起来的。在 100 多年的历史进程中,跳远运动的形式没有发生根本的变化,但跳远的技术、成绩、场地设施以及训练方法等方面都发生了深刻的变化。这一变化的过程大致经历了四个不同的发展阶段,即萌芽阶段(1860—1900 年)、研究探索阶段(1900—1935 年)、发展提高阶段(1935—1970 年)、成熟完善阶段(1970 年至今)。跳远的姿势曾出现过蹲踞式、挺身式、走步式、前空翻式(前空翻式跳远曾因危险性太大被国际田联取消)四种空中姿势,其中,"三步半"走步式空中姿势是当前男子跳远竞技场上最流行的姿势,而世界女子优秀跳远运动员多采用"挺身式"空中姿势,还有些女子运动员采用"挺身式"和"走步式"相结合的空中姿势。

第二节 跳远技术

跳远是由助跑、起跳、腾空和落地四个部分组成，各部分紧密联系成为统一的整体。

一、助跑

跳远的助跑是为获得水平速度并为快速准确地踏跳做准备。

（一）开始姿势

1. 从静止状态开始

一般采用两腿微屈，两脚平行或前后站立的"站立式"。此种开始姿势，第一步步幅和速度较稳定，有利于提高助跑的准确性。

2. 行进间开始

先走或慢跑几步踏上第一标志后，开始助跑。此种开始姿势动作比较放松、自然。

（二）加速方式

1. 平稳加速方式

与加速跑基本相同，开始阶段步频较慢，然后逐渐加大步长和提高步频，助跑最后几步保持步长，提高步频。此种加速方式动作轻松、自然。刘易斯即采用此种加速方式。

2. 积极加速方式

此种加速方式的特点是步频始终保持在较高的水平上，能够较早地摆脱静止状态和较早地获得较高的助跑速度。

（三）助跑速度

跳远助跑速度与腾起初速度关系密切，对跳远成绩影响很大。从理论上讲，在其他因素相同的情况下，助跑速度越快，跳远成绩就越好。优秀跳远运动员起跳前的速度，男子可达 10~11 米/秒；女子可达 9~10 米/秒。

（四）助跑距离

相比之下，"平稳加速方式"所需的助跑距离要长些；而"积极加速方式"所需的助跑距离要短些。

为了在起跳前达到高速度，就必须有足够的加速距离。男子助跑距离一般为 35~45 米；女子为 30~40 米。

（五）第二标志

为了加强助跑稳定性和准确性，可在助跑途中设置第二标志。一般设在最后 4~6 步处。

(六) 最后几步助跑

跳远最后几步助跑最为关键。在最后几步助跑时，既要达到助跑的最高速度，又要为起跳做好准备。

最后几步助跑有两种技术特征：一种是最后几步的步长相对缩短，步频明显加快。另一种是在步长相对稳定的情况下，加快步频。优秀运动员多采用后者。

(七) 起跳准备

助跑的最后几步（一般为最后3步）要为起跳动作做好准备。此时，身体重心适度下降，以便为完成高效的起跳动作做好准备。

二、起跳

起跳时，要充分利用助跑所获得的水平速度，在短时间内获得尽可能大的腾起初速度和适宜的腾起角度。起跳技术分为起跳脚着地、缓冲和蹬伸三个动作阶段。

(一) 起跳脚着地（踏板）

起跳脚应积极、主动地着地（即踏板）。这既可减小着地时的冲击力，又可使着地后身体重心快速前移。起跳脚着地时，足跟与足掌几乎同时着地。

(二) 缓冲

起跳脚着地至膝关节的弯曲程度达到最大时，这一过程为缓冲动作阶段。缓冲动作是在"身体快速向前移动"的作用下被动形成的。此时，蹬伸肌群处于被动拉长状态，从而为"爆发"用力蹬伸提供了条件。优秀运动员在缓冲阶段，膝关节弯曲的程度较小，这有利于快速有力地完成起跳动作。

(三) 蹬伸

蹬伸动作阶段是由膝关节的弯曲程度达到最大时开始，起跳脚蹬离地面瞬间结束。蹬伸时，起跳腿的髋、膝和踝关节乃至整个身体要快速充分地伸展。上体和头部保持正直，摆动腿大腿摆至水平位置或稍高些，小腿自然下垂，双臂前后摆起，肩、腰向上提起。优秀运动员的蹬地角为75°左右，身体重心的腾起角一般为18°~24°（图8-1）。

图8-1 蹬伸

三、腾空

结束起跳后,便进入腾空阶段。在腾空阶段,身体重心按助跑和起跳所决定的抛物线轨迹运行。运动员所做的动作都是为了克服身体前旋,从而维持身体平衡,为有效落地做好准备。

无论何种跳远姿势,腾空初期都要形成"腾空步"。其动作特征为:上体与头部大致与地面垂直,摆动腿保持屈膝高抬,起跳腿放松留在体后,两臂分别保持在身体前后。"腾空步"之后的身体空中姿势有三种形式,即蹲踞式、挺身式和走步式。

(一)蹲踞式跳远

蹲踞式跳远的"腾空步"时间较长,摆动腿大腿抬得较高。

"腾空步"后,起跳腿逐渐向摆动腿靠拢,然后两腿一起上举,使膝接近胸部。与此同时,头部保持正直,两臂上举,以加大整个身体的旋转半径,从而抑制身体前旋,避免过早落地。落地前,大腿上抬,接着小腿前伸,同时两臂向前下方摆动(图8-2)。

图8-2 蹲踞式跳远

(二)挺身式跳远

起跳后,保持"腾空步"的时间比"蹲踞式"短些。"腾空步"后,摆动腿下放并后摆与起跳腿靠拢,形成展髋姿势。与此同时,"体前臂"向下伸展并摆至身体的侧后外处,"体后臂"向下伸展,同时头和肩也向后运动,形成挺身姿势,片刻后,收腹举腿,同时双臂由体后回环摆至体上,并继续向前下方摆动。将要落地时,小腿前伸,双臂向后下方摆动(图8-3)。

图8-3 挺身式跳远

"挺身式"是通过加大转动半径来抑制身体前旋的速度,并可为"收腹举腿"的落地动作做更充分的准备。

(三) 走步式跳远

"走步式"有两步半和三步半两种。"腾空步"后,摆动腿下落并向后摆动,同时展髋,起跳腿屈膝前摆,在空中完成一个自然的换步动作,形成起跳腿在前、摆动腿在后的"跨步"姿势。

换步时,摆动腿由曲到直向后摆动,起跳腿由直变曲向前摆动,完成一个换步再接落地动作叫两步半走步式;完成两个换步再接落地动作的叫三步半走步式。

"走步式"的摆臂动作有两种:一种是与下肢动作协调配合的自然前后摆动;另一种是与下肢协调配合的直臂绕环动作(图8-4)。

图8-4 走步式跳远

"走步式"的优点在于：空中动作能与助跑和起跳动作紧密衔接，动作连贯。

四、落地

着地前两腿屈膝高抬，即将着地时，前伸小腿，以脚跟先接触地面，着地后，立刻屈膝，骨盆前移，两臂前摆，使身体迅速移过落点。

第三节 跳远教学

一、跳远技术的教学重点与难点

跳远技术是由助跑、起跳、腾空、落地几个紧密相连的技术环节组成，跳远教学的重点是助跑与起跳技术的紧密结合，在跳远教学中应把学习和掌握助跑起跳技术作为教学的重点，起跳与腾空的紧密结合是跳远教学的难点。

二、跳远技术教学步骤、方法与手段

跳远技术教学大多采用完整教学法与分解教学法相结合的教学方法。其教学顺序基本有三种：

（1）按助跑—起跳—腾空—落地顺序教学。
（2）按落地—腾空—起跳—助跑顺序教学。
（3）按起跳—助跑—腾空—落地顺序教学。

选择哪种教学顺序要根据具体情况而定，一般常用的教学顺序是按助跑—起跳—腾空—落地顺序教学。

（一）建立正确完整的跳远技术概念

（1）简介跳远运动的产生与发展。
（2）了解跳远完整技术的过程与构成部分，初步建立完整正确的技术概念。
（3）明确跳远项目的特点及重点与难点技术。
（4）简介跳远场地器材与规则要求。
（5）在跳远教学与练习时应注意的事项和要求。

（二）学习助跑起跳技术

1. 连续助跑起跳练习

50米慢跑中做起跳动作。其目的在于让学生自己确定起跳脚。
注意：不要对学生提动作要求；练习次数不能多。

2. 迈一步起跳练习

两腿前后站立，起跳腿在前，摆动腿在后，起跳腿向前迈步用全脚掌做"扒地"动作，随之蹬伸起跳腿，随着起跳腿的蹬伸动作，摆动腿屈膝前摆至水平位置。双臂配合腿的动作前后摆动。腾空时，基本保持起跳动作，形成"腾空步"姿势。在整个练习中，头和上体要保持正直。

注意：开始练习时腾空不要太高。

3. 50米连续助跑起跳练习

慢跑3~5步一跳。起跳时，头和上体保持正直，双臂前后向上摆起，起跳脚积极"扒地"并充分蹬直，摆动腿大腿摆至水平位置，小腿自然下垂，髋部前送。腾空时，基本保持起跳动作，形成头和上体正直、摆动腿大腿抬平、起跳腿保持在体后、双臂分别保持在身体前后的"腾空步"姿势。"腾空步"后，用摆动腿着地。为了充分体会"腾空步"，也可以用起跳腿在体后先着地。

注意：开始练习时，助跑速度要慢些，腾空不要太高。

（三）学习腾空与落地技术

1. 学习"蹲踞式"腾空与落地技术

4~6步助跑起跳并在空中形成"腾空步"后，起跳腿向摆动腿靠拢，双腿大腿用力上举，然后前伸小腿并以脚跟先落入沙池。与此同时，双臂先上举，然后配合双腿的"上举"向前下方摆动。

2. 学习"挺身式"腾空与落地技术

（1）"腾空步"接"挺身"练习。

在跑道上，3~5步助跑起跳形成"腾空步"姿势后，摆动腿和其异侧臂下放。摆动腿与起跳腿靠拢；其异侧臂由体前摆至身体的侧后方，另一侧臂在体侧后方下放。头部和上体保持正直，髋部前送，形成"挺身"姿势。然后，在保持"挺身"姿势的情况下，双脚前脚掌落地。

注意：一定要在慢速度助跑下进行此种练习，要逐渐提高腾空高度。

（2）"腾空步"接"挺身"再接落地动作练习。

在掌握了上述技术的基础上，在空中形成"挺身"动作后，然后高举双腿，接着前伸小腿并以脚跟先落入沙池。与此同时，双臂由身体的侧后方向上回环并配合双腿的动作向前下方摆动。

注意：助跑距离和速度随着技术的熟练而加长和提高；先在平地上起跳，在平地上起跳掌握不了动作的情况下，再借助于踏跳板进行练习。

3. 学习"走步式"腾空与落地技术

（1）"悬空"模仿"走步式"的空中动作。

（2）两臂支撑或悬垂在器械上，在空中体会"走步式"动作。

（3）借助踏跳板起跳，体会空中动作。

此练习可分为两个阶段进行：第一阶段体会在空中换两步的动作，形成起跳腿在前、摆动腿在后的"跨步"姿势落入沙池；第二阶段按"走步式"空中完整动作的要求，在空中走两步半后，用摆动腿靠近起跳腿双脚落入沙池。

注意：在进行上述练习时，要加大两大腿的动作幅度。

（四）学习跳远的完整技术

通过短距离和中距离助跑的跳远练习，在助跑速度较慢的情况下，掌握起跳和空中动作后，再进行全程助跑的完整技术练习。

(1) 反复进行全程助跑练习，基本上确定助跑距离和第二标记位置。
(2) 全程助跑跳远练习，不断熟练和巩固跳远的完整技术。
(3) 针对个人技术上存在的问题，采取相应的手段加以解决。
(4) 技术评定和运动成绩测验。

三、跳远技术教学中常见的错误动作及其产生原因和纠正方法

（一）助跑与起跳过程中常见的错误动作及其产生原因和纠正方法

1. 助跑步点不准

产生原因：起动姿势不固定；加速节奏不稳定，步长变化大。

纠正方法：

(1) 采用固定的起动姿势。
(2) 固定助跑的加速方式和节奏。

2. 助跑最后几步减速

产生原因：步点不准确；怕越板犯规。

纠正方法：

(1) 反复练习跑步点，特别注意调整最后 6~8 步的第二标志的设置点。
(2) 加强"果断起跳"的意识。

3. "制动"起跳

产生原因：助跑最后一步太大；起跳脚着地时身体重心落后，前伸小腿；过分追求腾空高度。

纠正方法：

(1) 通过调整助跑距离，缩短最后一步步长。
(2) 加强"扒地"练习。
(3) 强调"追求远度而不是高度"；强调合理的腾起方向。

4. 起跳腿蹬伸不充分

产生原因：起跳时身体重心太低；起跳动作速度不够快；急于做挺身动作。

纠正方法：

(1) 提高助跑的重心。
(2) 加强"快速起跳"练习。
(3) 加强助跑起跳接"腾空步"练习。

（二）空中姿势常见的错误动作及其产生原因和纠正方法

1. "蹲踞式"跳远空中身体前旋

产生原因：起跳时低头，上体前倾；起跳时摆腿不积极，摆动幅度小；急于做落地动作。

纠正方法：

(1) 在练习中，要求目视前方，头和上体保持正直。
(2) 加强起跳时的摆腿动作；可在适当的位置设一标记物，起跳后用摆动腿膝

部触及后再做落地动作。

2. "挺身式"跳远空中过早挺身

产生原因：起跳不充分，髋部"前送"不够，摆动腿摆动不积极；"腾空步"不充分。

纠正方法：

（1）加强起跳练习，强调"腾空步"姿势。

（2）可在适当的位置设一标记物，起跳后用摆动腿膝部触及后再做挺身动作。

3. "走步式"跳远空中两腿换步动作小，动作不协调

产生原因：换步时只摆动小腿，大腿没有摆动；换步时两臂的环绕配合不协调。

纠正方法：

（1）两臂支撑或悬垂在器械上，在空中体会"走步式"换步时大腿带小腿的动作。

（2）在踏跳板上起跳，在增加腾空时间的情况下，反复体会空中的换步动作。

（三）落地常见的错误动作及其产生原因和纠正方法

1. 落地时身体前倒

产生原因：腰腹力量不够；落地时伸腿不够。

纠正方法：

（1）发展腰腹力量。

（2）短程助跑跳远练习，要求落地前屈膝提至胸前，然后伸小腿越过标志点。

2. 落地后身体后坐

产生原因：脚跟落地时没有迅速屈膝；双臂没有及时前摆。

纠正方法：做立定跳远和短距离助跑的跳远练习，要求落地时迅速屈膝，双臂迅速向前摆动。

四、跳远技术教学的注意事项

（一）助跑与起跳相结合技术的教学注意事项

（1）教学中要重点掌握好快速助跑与快速起跳相结合的技术，助跑速度的发展应与快速起跳能力的发展相适应。

（2）教学要遵循循序渐进的原则，练习要由慢到快，动作幅度要由小到大，助跑距离要由近到远。尤其在跳远教学初期，应适当缩短助跑距离，降低助跑速度，以便学生更好地体会和掌握动作。随着教学的深入和学生能力水平的提高，可逐步加长助跑距离，提高助跑速度。

（3）在教学中要强调助跑起动方式和加速方式的相对稳定，尽量采用加速跑的形式，以加快步频的方式达到板前最大的助跑速度。

（4）要着重培养学生的快速"攻板"意识，板前4步节奏与快速上板衔接紧密。强调起跳脚上板时不宜重踏，强调着板后身体的快速前移。

（5）在练习中要强调起跳前保持较高的身体重心位置，不改变跑的技术结构，加强躯干的稳定性。

（6）起跳时要求上体接近正直，起跳腿充分蹬伸，摆动腿屈膝前摆。强调以摆

带蹬、以摆促蹬、蹬与摆结合的起跳技术意识。

（二）挺身式跳远空中动作的教学注意事项

（1）在教学中要使学生明确挺身式动作技术的正确概念，明确挺身式与蹲踞式空中动作的区别。

（2）在进行挺身式技术教学时，要注意摆动腿正确的下放动作和时机以及送髋动作的配合。

（3）在练习中应强调挺胸展体动作放松舒展，注意空中身体平衡的维持。

（三）落地技术的教学注意事项

（1）在教学中要明确落地技术在跳远中的实际作用，要根据学生的不同特点，灵活选用不同的落地技术。

（2）落地动作的教学应加强对收腹举腿和前伸小腿动作的掌握，注意两脚落坑后身体重心迅速前移以及两臂动作的协调配合。

（四）改进与提高跳远完整技术的注意事项

（1）教学中应确定适合个人能力水平和技术特点的全程助跑节奏和助跑与起跳相结合的技术方式，形成具有个人特点的助跑起跳技术。

（2）在这一阶段教学中，应逐步对动作完成的质量提出一定的要求，注意动作的连贯性和技术的完整性，在保证正确的动作结构与质量基础上做到：助跑快、踏板准、动作舒展、腾空稳和落地远。

同时，在跳远技术教学中，还应在不同的教学阶段，根据不同的教学对象和对技术的掌握程度等，有针对性地和不断地将跳远专项身体素质与能力训练贯穿于整个教学过程中，为促进技术的学习掌握、巩固提高创造有利条件。

五、跳远技术教学进度与教案范例

（一）跳远教学进度范例（表8-1）

本单元7次课（14学时），主要以"挺身式"跳远教学为主，同时介绍"蹲踞式"和"走步式"跳远技术。以助跑起跳相结合的技术以及"挺身式"的空中动作为教学的主要环节。通过本单元的教学，使学生掌握"挺身式"跳远的基本技术、基本理论和教学方法。

表8-1 体育教育专业田径普修跳远教学进度

课次	教学内容	主要练习手段	教学重点与难点
一	1. 介绍"挺身式"跳远技术 2. 学习助跑起跳技术	1. 观看技术图片、电影等 2. 迈一步起跳练习 3. 连续助跑起跳练习	1. 教学重点：蹬与摆，上下肢的协调配合 2. 教学难点：积极"扒地"起跳

续上表

课次	教学内容	主要练习手段	教学重点与难点
二	1. 复习助跑起跳技术 2. 学习"腾空步"接"挺身"练习	1. 连续助跑起跳练习 2. 在慢速度助跑起跳接"腾空步"动作的基础上,接"挺身"练习	1. 教学重点:摆动腿的下放,挺胸展髋动作 2. 教学难点:"腾空步"与"挺身"动作的衔接
三	1. 复习"腾空步"接"挺身"动作 2. 学习"腾空步"接"挺身"再接落地动作	1. 在慢速度助跑起跳接"腾空步"动作的基础上,接"挺身"练习 2. 在前一动作的基础上,接收腹举腿动作练习	1. 教学重点:"挺身"后的收腹举腿动作 2. 教学难点:落地动作时的收腹、举大腿、送髋、伸小腿,身体重心移过支撑点的协调配合与完成各技术环节的正确时机
四	1. 复习"腾空步"接"挺身"再接落地动作 2. 半程助跑跳远练习	1. 在慢速度助跑起跳接"腾空步"动作的基础上,接"挺身"再接收腹举腿动作练习 2. 8步助跑"挺身式"跳远练习	1. 教学重点:"挺身"动作后的收腹举腿动作 2. 教学难点:合理的落地姿势
五	1. 半程助跑跳远练习 2. 丈量步点	1. 8~10步助跑"挺身式"跳远练习 2. 在30米处开始助跑,根据踏板情况,不断调整	1. 教学重点:培养快速助跑的能力 2. 教学难点:上板的准确性
六	1. 跑步点练习 2. 全程助跑跳远练习	1. 反复跑步点,根据踏板情况,继续调整 2. 全程助跑"挺身式"跳远练习	1. 教学重点:快速助跑、快速起跳,踏板的准确性 2. 教学难点:"腾空步""挺身"和落地动作的合理衔接
七	1. 全程助跑跳远练习 2. 介绍"蹲踞式"和"走步式"跳远技术	1. 全程助跑"挺身式"跳远练习 2. 慢速度助跑体会"蹲踞式"和"走步式"跳远技术	1. 教学重点:步点准确,快速助跑与起跳的结合 2. 教学难点:"腾空步""挺身"和落地动作的合理衔接

（二）跳远教学教案范例（见表 8-2）

表 8-2　体育教育专业田径普修跳远教案

上课时间：　　年　　月　　日　　　　　　　　　　　　授课教师：

班级	级　班		第　周	场地器材媒体	场地：田径场跳远区 器材：沙扒一把 媒体：挂图
人数	男		挺身式跳远技术第2次课		
	女				
教材内容	挺身式跳远			教学任务或教学目标	1. 复习慢速度助跑的助跑起跳动作接"腾空步"动作 2. 复习助跑起跳接"腾空步"接挺身动作，并在上述练习的基础上学习收腹举腿动作
重点难点	"腾空步"动作和挺身动作				

教学过程	教学内容和达成目标	教学组织与方法		练习	
				次数	时间
开始部分(5′)	1. 了解学生的身体状况，以便对教学内容和运动负荷做必要的调整 2. 介绍本次课的内容与安排	提问和集中讲述	集中听教师讲述并回答问题和提出问题		
准备部分(25′)	1. 慢跑400米 2. 集体操 3. 个人活动 4. 游戏 达到热身的目的并培养学生的组织能力	讲述准备活动的基本内容和基本要求。要求学生带准备活动时口号洪亮，队列整齐，活动充分，游戏要力求有创新内容	由值日学生组织准备活动。全体同学积极配合值日同学的工作。慢跑和集体操作为一般活动，个人活动时根据自己的情况活动		20′
基本部分1(5′)	原地做起跳动作的模仿练习 以使学生在慢动作、低要求的情况下复习跳远起跳的基本动作	1. 示范并带领学生一起练习 2. 教师喊口令带领学生练习	排列成体操队形，前后两步，左右一步，在教师的带领下进行练习	10 10	2′ 2′

续上表

教学过程	教学内容和达成目标	教学组织与方法		练习	
				次数	时间
基本部分2（10′）	50米慢速度连续3步助跑起跳练习 通过连续的助跑起跳练习使学生在一定速度情况下复习助跑起跳和"腾空步"动作	结合挂图先做示范动作2~3次，然后提出动作要求：①积极扒地踏跳；②上体正直；③前后摆臂；摆动腿以膝关节为先积极前摆，大腿摆至与地面平行或接近平行	1. 两人一组，两组间隔5米，一组接一组轮流练习 2. 在练习中按教师的提示改进动作	5	5′
基本部分3（5′）	原地做起跳动作接挺身动作的模仿练习 使学生在慢动作、低要求的情况下复习挺身动作	1. 示范并带领学生一起练习 2. 把动作分为两个部分，口令一时做起跳模仿动作，口令二时做挺身模仿动作	1. 排列成体操队形，前后两步，左右一步，在教师的带领下进行练习 2. 按教师的口令进行练习	10 10	2′ 2′
基本部分4（15′）	30米慢速度连续3步助跑起跳接挺身练习 通过连续的助跑起跳练习使学生在一定速度情况下复习助跑起跳、"腾空步"接挺身动作	结合挂图先做示范动作2~3次，然后提出动作要求：①做好起跳动作和"腾空步"动作；②"腾空步"后摆动腿下放，摆动腿异侧臂同时引向体后外侧方	1. 两人一组，两组间隔5米，一组接一组轮流练习 2. 在练习中按教师的提示改进动作	6	10′
基本部分5（20′）	原地做助跑起跳接"腾空步"、挺身、收腹举腿动作模仿练习 使学生对挺身式跳远的完整技术有一个初步的感知	1. 边示范边讲述技术动作和要求 2. 示范并带领学生一起练习 3. 把动作分为三个部分，口令一时做起跳模仿动作，口令二时做挺身模仿动作，口令三时做收腹举腿的模仿动作	1. 集中听讲和观看示范 2. 排列成体操队形，前后两步，左右一步，在教师的带领下进行练习	20 20	8′ 8′
结束部分（5′）	1. 慢跑400米 2. 依次由上到下放松各主要用力肌群 3. 小结	1. 指导学生放松 2. 与学生一起总结上课情况	学生自我总结		3′

续上表

作业和参考文献	
病弱处理	
课后小结	

第四节 跳远训练

当前，跳远项目总的发展趋势是努力提高运动员的助跑速度和起跳腾起时的垂直速度，从而获得较大的初速度和适宜的起跳角度，以便跳出更远的距离。因此，跳远运动员的训练方向就是要不断提高跑的速度，特别是助跑的速度，在高速完成起跳动作的基础上，尽量加大腾起角。

一、跳远训练要点

跳远项目是一个技术性强，对运动员速度和爆发力等素质要求很高的非周期性项目。其训练特点与其他项目有着许多不同之处，主要体现在以下几方面：①速度训练是跳远训练中的核心内容，速度能力的训练是其训练中的重点部分；②重视绝对速度能力训练的同时，更应重视助跑起跳过程中利用绝对速度能力的训练；③全面发展身体素质，注重加强专项素质和专项能力的训练；④把握好身体素质发展与专项技术之间的协同发展关系，特别要注意培养快速、积极、准确、稳定地助跑，迅速有力地起跳以及助跑与起跳相结合的技术；⑤比赛与训练相结合，以赛促练、以赛带练；⑥加强心理训练，注重训练和比赛后的恢复和营养。

在对青少年进行跳远训练时，我们必须遵循以下几条原则：①全面发展身体素质，力量训练应遵循循序渐进原则，采用多样化训练手段发展各运动肌群；②重视和加强腰腹肌力量训练，提高脊柱的屈伸、旋转和支撑的稳定能力；③加强跳远基本技术的训练，狠抓技术动作的质量；④参加适宜的比赛，努力提高青少年的心理素质。

二、跳远周训练计划

周训练计划是根据阶段训练计划并结合训练的实际情况制定的一个星期的训练安排。周训练设计是最常用的、典型的小周期训练设计，它为每天、每次课的训练确立了基本的方向和训练安排。不同的训练阶段，周训练计划的任务和要求也不同。周训练计划包括本周训练的任务与要求、训练次数、每次的训练时间、每次训练课的内容和负荷等方面（表8－3）。跳远项目周训练设计的步骤如下：

(1) 本周训练任务的确定；
(2) 周负荷量级和节奏的安排；
(3) 训练单元的次数和训练时间与地点的安排；
(4) 每次训练课训练内容的确定；
(5) 训练方法、手段及负荷量（数量与强度均有要求）的安排；
(6) 制定恢复措施。

表 8-3 跳远项目周训练设计范例

训练阶段	主要训练任务及方法	周训练设计及训练内容
引导训练阶段	主要任务：提高一般训练水平；增强运动器官的功能。 主要方法： 1. 提高一般训练水平主要采用综合性有氧耐力（球类、游泳、耐力跑），心率控制在 155~160 次/分，每周 2~3 次 2. 增强运动器官功能的有效方法是跳跃练习（30~80 米）和力量耐力（30~40 千克）的负重练习	周一：有氧耐力训练 慢跑 40~45 分钟，柔韧练习 25 分钟 周二：身体素质训练 仰卧起坐、前后抛铅球练习、拉橡皮筋练习 周三：速度训练 30 米×5 次；60 米×4 次 周四：球类活动 周五：跳跃训练 直膝跳、单脚跳、跨步跳各（30~60）米×4 次；双脚跳栏架 8 个×5 次 周六：力量训练 抓举或挺举 10 个×2 次；卧推 15 个×3 次；杠铃半蹲 15 个×3 次 周日：全天休息
基础训练阶段	主要任务：完善专项能力和跳远技术 主要方法： 1. 短程专项跳远训练每周 2 次 2. 前两周主要采用 90% 的力量练习专项 3. 中间两周主要采用负重练习，以发展绝对力量的方法为主 4. 最后两周主要进行中短程专项跳远练习 5. 速度训练每周 2 次，强度为 80%~90%	周一：速度训练（强度 80%） 30 米×5 次；60 米×5 次 周二：专项技术训练（强度 80%） 中短程专项跳远练习 周三：速度训练（强度 70%） 30 米×6 次；100 米×3 次 周四：球类活动 周五：专项和身体素质练习 中短程专项跳远练习；左右脚单脚跳、跨步跳各 30 次×3 组；背肌、腹肌练习各 30 次×3 组 周六：力量训练 抓举或挺举 10 个×2 次；卧推 15 个×3 次；杠铃半蹲 15 个×3 次 周日：全天休息

续上表

训练阶段	主要训练任务及方法	周训练设计及训练内容
专项训练阶段	主要任务：提高速度和专项能力，完善专项跳远技术 主要方法： 1. 前两周提高助跑节奏和完善助跑起跳技术，全程助跑跳远训练每周2次，注意强度 2. 后三周主要提高专项强度，每周2次，速度训练每周2次 3. 力量和身体素质练习每周2次	周一：速度训练（强度100%） 30米×4次；60米×4次 周二：专项技术训练（强度100%） 全程专项跳远练习 周三：速度训练（强度100%） 30米×4次；100米×2次 周四：准备活动50分钟（以柔韧性练习为主） 周五：专项和身体素质练习（强度80%） 中短程专项跳远练习；左右脚单脚跳、跨步跳各30次×2组；背肌、腹肌练习各30次×2组 周六：力量训练（强度90%） 抓举或挺举10个×2次；卧推15个×3次；杠铃半蹲15个×3次；增加辅助小力量练习 周日：全天休息
赛前训练阶段	主要任务：使技术、专项素质和身体机能达到竞赛的要求 主要方法： 1. 专项技术以全程助跑跳远技术为主，加强最后10米的助跑速度和起跳相结合的训练 2. 速度训练以30米、60米为主（强度100%） 3. 力量训练要保证强度不低于80%	周一：速度训练（强度100%） 30米×3次；60米×2次；一般身体素质训练 周二：专项技术训练（强度80%） 全程专项跳远练习 周三：速度训练（强度100%） 60米×4次 周四：球类活动或准备活动 周五：专项技术训练（强度100%） 周六：力量训练（强度80%） 抓举或挺举10个×1次；卧推15个×1次；杠铃半蹲15个×2次 周日：全天休息

三、跳远项目专项素质常用训练手段

（一）单足跳（图8-5）

练习要求：

（1）起跳腿蹬直后折叠向前跳。

（2）摆动腿向前摆动。

（3）两臂与摆动腿协调配合。

图 8-5 单足跳

(二) 击地跳（图 8-6）

练习要求：

（1）膝稍屈，跳起在空中时脚尖上钩，着地时用力摆臂，用双脚掌同时用力击地跳起。

（2）整个动作协调、放松。

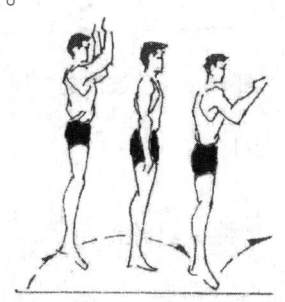

图 8-6 击地跳

(三) 立定跳远（图 8-7）

练习要求：

（1）起跳蹬地快。

（2）两臂后举，迅速摆动手臂。

（3）向前伸腿充分，屈膝着地，两臂前举。

（4）上、下肢协调配合。

（5）快速完成整个动作。

图 8-7 立定跳远

(四)"波浪起"(图8-8)

练习要求:

(1) 躯干成"S"形依次波动,同时两臂在体侧画图。
(2) 整个身体协调、放松。
(3) 注意用力的先后顺序和动作幅度。

图8-8 "波浪起"

(五) 双人抱腰下桥 (图8-9)

练习要求:

(1) 两人面对面错肩站立,交替练习并保护。
(2) 注意安全。

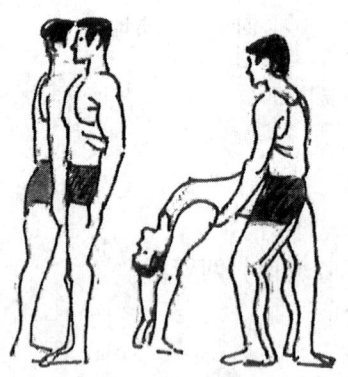

图8-9 双人抱腰下桥

(六) 连续立定台阶跳 (图8-10)

练习要求:

(1) 遵循立定跳远技术要求。
(2) 整个动作连贯、协调、放松、快速。

图 8-10　连续立定台阶跳

(七) 坐位压腿（图 8-11）

练习要求：

（1）上体正直，两臂位于体侧自然下垂，逐渐加大两腿之间的夹角，躯干上下振动，用力点放在后腿的腹股沟部。

（2）注意用力的大小和动作的幅度。

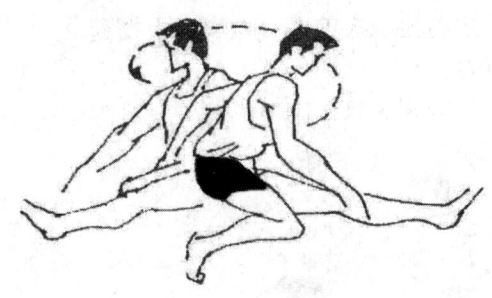

图 8-11　坐位压腿

(八) 台阶组合跳（图 8-12）

练习要求：

（1）单脚起跳，跨跳多个台阶，连续跳。
（2）整个动作快速、放松、协调、有力。

图 8-12　台阶组合跳

(九) 助跑越横杆跳（图 8-13）

练习要求：

(1) 连续单足跳，最后一跳越过一定高度的横杆。
(2) 整个过程节奏感明显，每跳富有弹性。

图 8-13　助跑越横杆跳

(十) 三步助跑上板起跳（图 8-14）

练习要求：

(1) 起跳腿蹬直，摆动腿积极前摆，两臂向上摆起。
(2) 起跳积极、有力。
(3) 整个动作自然、协调、放松。

图 8-14　三步助跑上板起跳

(十一) 弓箭步跳（图 8-15）

练习要求：

(1) 腾空阶段两腿交换，连续跳。
(2) 两臂与腿配合协调。
(3) 整个动作自然、协调、放松。

图 8-15　弓箭步跳

思考题

1. 跳远的完整技术由哪几部分组成？各部分的主要任务是什么？
2. 在跳远中起跳动作分为哪几个阶段？各阶段的技术要求是什么？
3. 跳远技术教学的重点与难点是什么？
4. 试述挺身式跳远的教学步骤与常用练习手段。
5. 在跳远起跳教学中常见的错误动作有哪些？如何纠正？
6. 试述在跳远技术教学中应注意的事项。

第九章

推 铅 球

学习要点：本章主要介绍了推铅球运动的发展概况、推铅球技术、推铅球教学和训练。通过本章的学习，使学生了解推铅球运动的起源、现状和发展趋势，建立推铅球技术的基本概念，提高技术水平，熟悉推铅球教学的程序和方法，掌握推铅球的训练手段与技术，科学指导训练工作的开展。

第一节　推铅球运动发展概述

一、推铅球的起源

推铅球是一项古老的运动项目。最早的推铅球运动起源于古代人类用石块猎取野兽或防御攻击的活动，后来又逐渐从军队的游戏中演化而来。古代奥运会没有设置推铅球比赛项目。推铅球运动真正形成主要是在中世纪到18世纪。这一时期，军队中有了炮兵，炮弹是圆形铅制的，为了使炮手在作战时装弹迅速、敏捷，以提高作战能力，平时让士兵用与炮弹重量近似的石头练习，并进行比赛。后来又用金属物或废炮弹代替圆石作为训练。"铅球"的名称也正是在这个时期获得的，因为当时炮弹都是由"铅"铸造而成，并且规定只能用手推"铅"球，而不能抛。当时炮弹的重量是16磅（约7.257千克），这一重量就一直沿袭成为男子铅球比赛的重量标准。1975年，铅球的重量改为7.26千克，并一直沿用至今。

推铅球作为田径运动项目最早出现于19世纪的英国。男子铅球在1896年被列为第1届现代奥运会的正式比赛项目。1948年，第14届现代奥运会把女子铅球也列为正式比赛项目，标志着现代铅球运动的全面兴起。

早期的推铅球没有统一的比赛规则，没有固定的方式。可以原地推，也可以助跑推；可以单手推，也可以双手推；还出现过按体重分级别的比赛。最早的铅球比赛规则产生于1860年，要求运动员必须在一个长为7英尺（约2.135米）的正方形场地内完成投掷动作。后来，规则不断演变，方形场地改为直径为2.135米的圆形场地，并要求铅球落在规定的投掷区内，投掷区的角度最初是90°，经过多次改变，现在是34.92°。

二、推铅球的发展

由于投掷场地的变革，限制了人的活动范围，并且对投掷的准确性提出了较高的要求，因而技术也就相应地改变。纵观铅球技术的发展，可以看出铅球技术经历的变革：

1. 垫步推铅球与侧向滑步推铅球初始阶段（1910年以前）

最初的推铅球是在一条直线后进行的，推铅球技术繁多，其中用得最多的是垫步推铅球技术。垫步推铅球技术是在投掷线后，身体侧向投掷方向，左腿连续摆动几次，以跳跃的方式向投掷方向移动，最后将铅球推出。这种投掷方式，助跑速度慢，身体扭紧角度小，重心起伏大，最后用力的工作距离短，出手初速度小，推出铅球几乎全靠上体力量。因而当时人们把铅球运动称为大力士运动。1893年加拿大的格雷采用该技术第一个突破14米大关。他的技术已大致具备了侧向滑步推铅球的技术特征。

侧向滑步推铅球是比较初级的技术，美国运动员R.罗斯是记载中的第一个创造者和使用者。其特点是：预备时站在投掷圈的后半部，身体左侧正对投掷方向，接着微微后倒，左腿预摆几次，右脚紧接着做一次较高的单脚跳，着地后身体仍保持一定程度的后倾，做推球动作。正是这种初级技术，使 R. 罗斯在力学效应上表现出了较前人延长器械做功距离的优势，使铅球成绩达到 15.54 米，这也是有正式记载的第一个铅球纪录，当时被人们认为是铅球运动的极限。

2. 半背向滑步推铅球技术（1921—1950 年）

1920 年前后出现了半背向滑步推铅球技术。这种技术的特点是：动作开始时，身体额状面与推铅球方向成 45°，躯干向后方倾斜，在滑步过程中躯干向后方转动，形成推球前姿势时，身体的额状面与推球方向成 135°左右，然后将球推出。这种技术与侧向滑步推铅球相比，加大了身体扭紧程度，加长了最后用力的工作距离，提高了铅球出手的初速度。半背向滑步推铅球技术兴盛了 30 年之久，美国运动员杰·福克斯是该技术的杰出代表，他于 1950 年创造了半背向滑步推铅球技术的 17.95 米的世界纪录。

3. 背向滑步技术开创了铅球运动的新纪元（1953—1973 年）

背向滑步技术的特点是：背对投掷方向，滑步过程中，眼睛始终注视前下方（推球反方向），躯干也与地面几乎平行，支撑腿弯曲较大，最后靠转体和抬体的力量将铅球推出。这种技术与侧向滑步和半背向滑步技术相比，铅球运行的路线加长，滑步过程中，右脚内扣 45°并与推球反方向成 135°左右，这样加大了身体扭紧的程度，加长了最后用力的工作距离，提高了铅球出手初速度。

整个 20 世纪 50 年代可以说是以奥布莱恩为代表的背向滑步推铅球技术的统治时代。从 1953 年到 1959 年，奥布莱恩共参加了 116 场比赛保持不败，11 次破世界纪录，是第一位突破 19 米大关的运动员。马特森于 1967 年创造了传统背向滑步推铅球的 21.78 米的世界纪录。在这一时期，推铅球的成绩从 19.75 米提高到了 21.78 米。进入 20 世纪 70 年代，美国运动员费尔巴哈采用背向转体技术将推铅球成绩提高到了 21.82 米。至此结束了从 20 世纪 50 年代到 70 年代初这二十多年来单一的背向滑步推铅球技术的时代，开始向多极化发展。基于传统背向滑步技术的类型主要有两种，一种是背向滑步转体技术，另一种是背向滑步短—长步点技术。背向滑步转体技术的代表人物是美国运动员费尔巴哈，其技术特点是滑步过程中右脚内扣 90°，重心相对较高，身体扭紧程度比传统背向滑步技术大，铅球出手速度快。背向滑步短—长步点技术的代表人物是民主德国运动员基斯，其技术特点是开始滑步时左脚不摆动，直接插向抵趾板附近，从而形成滑步短的特点。其滑步距离为 60 厘米左右，而最后用力距离达 1.4 米左右。

4. 铅球发展史百家争鸣的时代（20 世纪 70 年代至今）

1972 年慕尼黑奥运会的铅球比赛场地，出现了除传统的背向滑步推铅球技术之外的又一种类似掷铁饼技术的新式推铅球技术——旋转推铅球技术。采用该技术的运动员是 24 岁的苏联运动员巴什尼克夫。其一开始并未获得惊人的成绩，甚至连推铅球及格赛的标准也未达到，但经过四年钻研与实践，1976 年巴什尼克夫运用旋转推铅球技术以 22 米的优异成绩创造了新的世界纪录。旋转推铅球技术的特点是背对投掷方向，上体稍向前倾，旋转时以左脚为轴，像掷铁饼一样开始进入旋转180°，右脚落地后再继续旋转360°，共旋转540°，将铅球推出。

第二节　推铅球技术

目前，推铅球技术主要有背向滑步推铅球和旋转推铅球两种方法。旋转推铅球由于动作难度较大，大多被优秀运动员所采用；背向滑步推铅球因其技术动作较简单、实效性好而在教学中被普遍采用。下面主要介绍背向滑步推铅球技术。为了便于分析，把铅球技术分为握球和持球、滑步前的预备姿势、滑步、最后用力和维持身体平衡五个部分。

一、背向滑步推铅球

（一）握球和持球

握球的方法（以右手投掷为例）：五指自然分开，将球放在食指、中指和无名指的指根处，大拇指和小指扶在球的两侧，手腕背屈，防止球体滑动和便于控制出球的方向（图9-1）；握好球后，将铅球放在肩上锁骨窝处，紧贴于颈部，右臂屈肘，掌心向前，上臂与肩齐平或略低于肩，左臂自然上举，两眼平视前方（图9-2）。

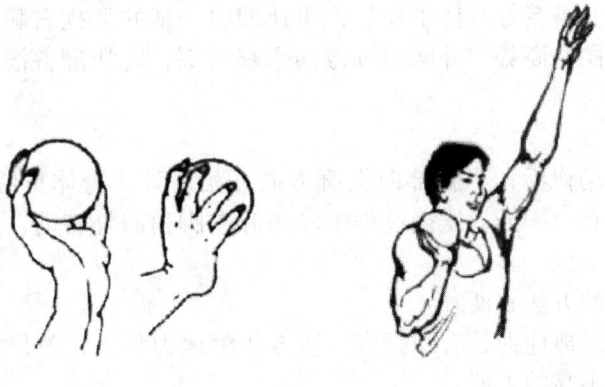

图9-1　握球　　　　　图9-2　持球

（二）滑步前的预备姿势

预备姿势是滑步前的准备动作，它对铅球运行的距离和保持身体的平衡有重要的作用，并为顺利地进入滑步动作创造良好的条件。滑步前的预备姿势可分为高姿和低姿两种。

高姿势：持球后，背对投掷方向，站在投掷圈内靠近后沿处，两脚前后开立，右脚在前，脚尖贴近投掷圈的后沿，脚跟正对投掷方向；左脚在后，自然弯曲，以前脚掌或脚尖着地；上体正直或稍前倾，持球臂的肘略低于肩或与肩齐平，左臂自然上举并稍向内,体重落在右腿上,两眼目视前下方3~5米处。

低姿势:持球后,背对投掷方向,站在投掷圈内靠近后沿处,两脚前后开立,右脚在前,脚尖贴近投掷圈的后沿,脚跟正对投掷方向;左脚在后,以前脚掌或脚尖着地;两腿弯曲,上体前屈并向圈外探出,左臂自然下垂并稍向内,体重落在右腿上,两眼目视前下方2~3米处。持球臂肘部自然下垂,铅球的投影点在右脚的右侧前方。

(三)滑步

1. 预摆与准备滑步

(1)高姿势。

做好预备姿势后,可以做1~2次预摆动作。双眼看投掷方向右下方,肩部稍右转,上体前屈,使躯干接近水平位置。左腿向后上方抬起,右腿微屈,使体重均匀地分布在整个右脚掌上。

完成预摆动作并维持好身体平衡后,紧接着低头、扣左肩、含胸收腹、前俯上体,右腿屈膝下蹲,左腿屈膝回收至靠近右腿处。随着屈膝团身,准备向投掷方向平移臀部,完成准备滑步动作(图9-3①~图9-3⑥)。

(2)低姿势。

做好预备姿势后,可以做1~2次预摆动作。预摆时,弯曲的左大腿平稳地向后上方摆动,同时上体保持前屈姿势,左臂前伸,头与背部基本呈直线。左腿摆动到一定的高度并保持身体平稳。右腿弯曲,体重均匀地分布在整个右脚掌上。

完成预摆动作并维持好身体平衡后,迅速回收左腿并靠拢右腿,与此同时右腿逐渐屈膝形成弓背团身姿势,并向投掷方向平移臀部,完成准备滑步姿势。后续动作同高姿势推铅球。

2. 滑步动作

完成准备滑步动作后,当臀部向投掷方向开始平移,身体重心移过支撑点时,左腿向抵趾板方向有力摆插,摆插过程中左膝和左脚稍向外转动,右腿积极有力地向投掷方向蹬伸。

右腿蹬离地面的方法有两种:

一种是以脚跟蹬离地面,右腿蹬直。该方法蹬地力量大,效果好,适合身材矮小和身体训练水平不高的人群。

另一种是用前脚掌蹬离地面,右腿不完全伸直。该方法简单省力,蹬地力量小,适合身材高大的人群和初学者。

由于左腿的摆动和右腿的蹬地会使身体产生向投掷方向移动的合力,所以应在右脚蹬离地面后,迅速拉收小腿,并向内转动,用前脚掌着地,落在投掷圈中心附近,与投掷方向约成130°角;同时左脚低而快地以前脚掌内侧贴紧抵趾板内下沿处压插着地。此时两脚落地间隔时间越短越好,左脚尖与右脚跟在一条直线上,左膝适度微屈用力支撑。收腹、含胸,肩部开始右转。左臂前臂内旋扣紧,稍向前运动,但仍指向投掷方向的后下方,头部保持向后方的姿势(图9-3⑦~图9-3⑬)。

图 9-3 背向滑步推铅球技术

完成滑步动作的同时，右腿的膝关节要保持弯曲，上体要保持与投掷方向的相反方向倾斜，体重大部分落在弯曲的右腿上，此时肩轴与髋轴保持扭紧状态，形成超越器械的良好姿势，为最后的用力阶段创造良好条件。

（四）最后用力

左脚着地瞬间即开始了最后用力动作。当滑步结束，左脚着地一刹那，右膝和右脚向投掷方向蹬转，推动右髋向投掷方向转动，此时被扭紧和拉长的腰、背、髋部的大肌肉群收缩，使上体迅速向投掷方向抬起。左臂由胸前向左上方牵引，使肩带肌肉拉长，身体左侧对着投掷方向，上体向右侧倾斜，左肩高于右肩，铅球处于较低部位，形成推球前的最佳姿势（图9-3⑭~图9-3⑮）。

紧接着两腿爆发式向上蹬伸，顶髋、拔腰、挺胸，左臂急剧下压，同时迅速向前上方推伸右臂，头后仰，在球即将离手时，压腕、推球，使铅球沿着适宜的出手角度（34°~40°）向投掷方向飞出。球出手瞬间，两腿要充分蹬伸，右手手指推球后指向右外侧，完成最后用力动作（图9-3⑯~图9-3⑳）。

（五）铅球出手后维持身体平衡动作

铅球出手时，由于身体重心较高，再加上有很大的向前的惯性，容易失去身体平衡而冲出投掷圈造成犯规。因此，铅球出手后要及时交换左右腿的位置，屈膝、屈髋降低重心或改变身体重心的运动方向，从而维持铅球出手后的身体平衡（图9-2-3㉑）。

二、旋转推铅球技术特征

运动员在投掷前，背对投掷方向站立，双脚平行与肩同宽。持握球的方法与背向滑步推铅球时技术相同，持球臂的肘部保持较高姿势。

预摆过程中，上体向右转动60°~90°，运动员结合个人技术特点，逐渐增加双腿屈膝幅度，最终双腿膝关节角度约成90°，同时运动员上体前倾角也可以有所不同。

旋转是以右前脚掌的蹬伸并转动右膝开始的，身体重心逐渐向身体左侧转移，当左膝向投掷方向转动超过90°时，右腿用力蹬离地面。这一阶段上体扭紧不明显，但肩轴不超过髋轴。

当左脚转动约270°并离开地面后，右肘以及肩轴和髋轴开始指向投掷方向，当右脚落地后，腾空阶段便结束。右脚落地缓冲后，右腿不停顿地、积极地屈膝转动，同时左腿迅速靠近右腿并向抵趾板方向摆动。左腿和腰部的快速运动以及右肩的滞后扭紧，便于身体形成良好的扭紧状态。在进入旋转时，左臂伸展。在腾空阶段右臂接近身体，此时左臂指向投掷方向。

当左脚落地后，便形成最后用力预备姿势。旋转推铅球与滑步推铅球的最后用力预备姿势有所不同，旋转推铅球双脚的位置更靠近而且上体更正直。

当双脚同时蹬伸用力后，便开始了最后用力阶段。在最后用力过程中，左腿的牢固支撑，其作用就像一个杠杆，对上体和双肩的高速旋转制动。同时，右臂也发挥一定的制动减速作用，投掷臂对铅球的加速在双腿还没有充分蹬伸时就开始了，并爆发式用力一直到动作结束，此时双脚均已蹬离地面。

铅球出手后，通过在旋转过程中降低重心并弯曲右腿，以维持身体平衡。

第三节　推铅球教学

一、背向滑步推铅球技术的教学重点与难点

背向滑步推铅球的技术教学可以分为滑步和最后用力两部分。最后用力是教学的重点，滑步与最后用力的结合是教学的难点。

二、推铅球技术教学步骤、方法与手段

（一）建立背向滑步推铅球的技术概念

（1）通过讲解、示范、观看录像和图片，以及多媒体辅助教学等方法，使学生初步了解推铅球的技术。

（2）简要介绍推铅球的发展情况、比赛场地和器材规格。

（3）提出推铅球教学中的安全措施及具体要求，强调安全问题的必要性和重要性。

（二）学习原地推铅球的技术

（1）讲解原地推铅球的动作要领，突出用力顺序。

（2）徒手做原地推铅球模仿练习。

（3）用橡胶球、实心球、铅球等器械，做原地推铅球练习：

①原地正面单手推橡胶球、实心球或铅球。正对投掷方向，两脚前后开立稍比肩宽，左腿在前，脚尖略内扣，右脚在后，脚尖正对投掷方向，右手持球，贴于颈部。然后上体向右扭转，左臂和左肩稍向内扣，目视投掷方向，利用躯干和手臂的力量将球向前推出。

②原地侧向推铅球。左侧对投掷方向，两脚左右开立，右脚与投掷方向约成90°，左脚与投掷方向约成45°，站距约一肩半，左脚尖与右脚跟几乎在一条直线上，身体向右倾斜，左脚自然伸直，左脚前脚掌内侧着地。右腿弯曲，体重压在右腿上。然后右腿蹬转，结合躯干和手臂力量将球推出。

③原地背向推铅球。在原地侧向推铅球的基础上，两脚左右成"外八字"开立，加大躯干向右转的幅度，推球前上体背对投掷方向。

（三）学习背向滑步推铅球技术

（1）简要讲解背向滑步推铅球的动作要领，强调两腿的摆蹬配合。

（2）徒手背向滑步练习：

①预摆与"团身"练习。持球姿势站立，身体前倾，左腿向后上方抬起，左臂

自然下垂。待身体平稳后，右腿弯曲，左腿收回靠近右腿，形成"团身"姿势。练习时要求动作放松，身体平稳。

②摆动腿的摆动练习。成"团身"姿势，然后臀部稍向后移，接着左腿以大腿带动小腿向身体后下方用力摆出，带动身体向投掷方向移动，将重心落在两腿之间，此时上体仍保持"团身"时的姿势。开始练习时，可用左手或双手拉着约同髋高的橡胶带或同伴的手进行拉收右腿练习。

③持橡胶球、实心球或铅球背向滑步练习。

④背向滑步推铅球练习。

（四）改进和巩固背向滑步推铅球技术

（1）圈内进行完整技术练习。
（2）根据个人存在的问题，选择有针对性的练习进行个别辅导与纠正。
（3）技评和达标。

三、教学中常见的错误动作及其产生原因和纠正方法

（一）推球时手腕、手指用不上力，或挫伤手指

1. 产生原因
（1）手腕、手指力量薄弱。
（2）推球时右肘下降或没有屈腕拨指动作。
（3）推球时手指过于放松。
（4）用力顺序不正确，手臂用力过早。

2. 纠正方法
（1）加强手腕、手指的力量练习，如持杠铃杆或轻杠铃屈腕练习等。
（2）向下对地推球练习，手腕、手指适当紧张，体会推拨球动作。
（3）注意正确的用力顺序，养成自下而上的用力顺序。

（二）滑步距离太短

1. 产生原因
（1）左腿摆动和右腿蹬地力量不够，两腿配合不协调。
（2）右腿收腿不积极。

2. 纠正方法
（1）在地上画出右脚落地的标志，要求滑步后右脚落在标志上。
（2）徒手或持球做摆蹬结合的练习。

（三）滑步后上体过早抬起，身体重心移至两腿之间

1. 产生原因
（1）右腿收腿动作不好，主要表现在收拉距离短，右腿未落在身体重心下方。
（2）滑步中头和非投掷臂过早地向投掷方向转动。

2. 纠正方法
（1）练习者双手或左手拉住同伴或橡胶带做滑步练习。

（2）滑步中要始终注视地上 2~3 米处的标志。

（四）滑步后停顿，不能与最后用力紧密衔接

1．产生原因
（1）左腿向上摆动或下落不积极。
（2）腿部力量弱或爆发力较差。
2．纠正方法
（1）徒手或持球做滑步摆腿练习，注意摆腿的方向。
（2）加强腿部力量，尤其是爆发力练习。

（五）推球时身体向左倒

1．产生原因
（1）上体过早用力。
（2）左臂过分向左后方摆动。
（3）左脚落地的位置过于偏左。
2．纠正方法
（1）滑步后保持上体正确姿势和左臂用力方向。
（2）画线限制学生左脚落地位置。

四、推铅球技术教学的注意事项

（一）建立背向滑步推铅球的技术概念

教学初期对技术的讲解，不宜过多、过细，应以技术结构为主，突出技术特点。

（二）学习原地推铅球的技术

（1）原地推铅球是推铅球技术的重要部分，教学时数较多，当学生基本掌握原地推铅球的技术后，应及时转入滑步推铅球的完整技术练习。但在后续的教学中，每次课仍要抽出一定的时间进行复习、巩固和提高。

（2）采用橡胶球、实心球、铅球和徒手的各种专门练习，有助于学生获得正确的本体感觉，学会正确的用力顺序和快速发力的方法，不仅对掌握技术有很大作用，而且对发展专项运动素质也有重要意义。因此在教学初期应广泛采用，尤其要选用那些与最后用力有关的练习。

（三）学习背向滑步推铅球技术

（1）滑步技术比较复杂，特别是蹬摆动作的结合和快速拉收右腿的动作难度较大。为了便于学生掌握技术，应多采用一些诱导性练习。

（2）在滑步教学中，当学生基本掌握徒手滑步动作后，应及时转入滑步推球练习。

（3）在背向滑步教学中，始终要抓住以下技术重点：
①左腿摆动的速度、方向和摆、蹬动作的配合。
②右腿蹬地后收腿的速度和距离。
③滑步后两脚的落位及身体姿势。

（四）改进和巩固背向滑步推铅球技术

（1）应根据学生的个人情况，提出不同要求。在技术细节和具体要求上，对每个学生不要强求一致。

（2）改进技术应以专门练习、诱导性练习和分解练习为主，提高技术应以完整技术为主。

（3）在这一阶段，要加强学生教学能力的培养，练习中让学生相互观摩、纠正动作。

五、推铅球教学进度及教案范例

（一）推铅球教学进度范例（表9-1）

表9-1　体育教育专业田径普修推铅球教学进度

课次	教学内容	主要练习手段	教学重点与难点
1	1. 介绍推铅球的技术与发展概况，场地、器材和比赛规则 2. 学习推铅球的专门练习 3. 学习握持铅球的方法 4. 学习原地推铅球 5. 对学生进行安全教育	1. 双手向前掷实心球 2. 原地转体练习 3. 单手推实习球 4. 柔韧性练习 5. 原地推铅球	1. 重点：正确的用力顺序 2. 难点：原地推铅球的鞭打动作
2	1. 复习推铅球的专门练习 2. 复习原地推铅球 3. 学习侧向推铅球技术 4. 培养学生的学习能力	1. 柔韧性练习 2. 转体练习 3. 原地推铅球 4. 侧向推铅球模仿练习 5. 侧向推铅球练习	1. 重点：掌握转体动作 2. 难点：全身协调用力
3	1. 复习推铅球的专门练习 2. 复习原地和侧向推铅球 3. 学习背向推铅球技术 4. 培养学生发现和解决问题的能力	1. 各种模仿练习 2. 原地和侧向推实心球 3. 徒手模仿练习 4. 背向推铅球练习	1. 重点：推铅球最后用力的正确顺序 2. 难点：送髋挺身技术
4	1. 复习推铅球的专门练习 2. 复习原地和背向推铅球 3. 学习背向滑步技术 4. 发展学生的专门投掷能力 5. 介绍推铅球的技术教法	1. 原地模仿练习 2. 原地和背向推铅球 3. 背向滑步徒手练习 4. 持铅球做背向滑步练习	1. 重点：背向滑步技术 2. 难点：以摆带蹬，摆、蹬的方向一致
5	1. 复习背向滑步技术 2. 复习原地和背向推铅球 3. 学习背向滑步与最后用力相结合技术	1. 柔韧性练习 2. 滑步练习 3. 背向滑步与最后用力相结合练习	1. 重点：背向滑步技术 2. 难点：背向滑步与最后用力相结合技术

续上表

课次	教学内容	主要练习手段	教学重点与难点
6	1. 复习背向滑步技术 2. 复习背向滑步与最后用力相结合技术 3. 培养学生的组织能力和裁判工作能力	1. 柔韧性练习 2. 转体练习 3. 完整推铅球练习 4. 裁判工作实习	1. 重点：背向滑步与最后用力相结合技术 2. 难点：背向滑步与最后用力相结合的速度与节奏
7	1. 复习背向滑步与最后用力相结合技术 2. 改进完善推铅球技术 3. 掌握比赛规则	1. 协调性练习 2. 完整推铅球练习 3. 教学比赛性练习	1. 重点：背向滑步与最后用力相结合技术 2. 难点：背向滑步与最后用力相结合的速度与节奏
8	1. 复习背向滑步推铅球技术 2. 改进完善推铅球技术 3. 掌握比赛规则	1. 完整推铅球练习 2. 教学比赛性练习	1. 重点：背向滑步与最后用力相结合技术 2. 难点：背向滑步与最后用力相结合的速度与节奏
9	1. 提高背向滑步推铅球技术 2. 组织进行技评和达标	1. 完整推铅球练习 2. 推铅球的技评和达标	1. 重点：背向滑步与最后用力相结合技术 2. 难点：背向滑步与最后用力相结合的速度与节奏

（二）推铅球教学的教案范例（表9-2）

表9-2　体育教育专业田径普修课推铅球教案

上课日期：　　　年　　月　　日　　　　　　　　　　授课教师：

班级			第　周 第1次课	场地器材媒体	场地：铅球场地 器材：5千克铅球 媒体：平板电脑
人数		男			
		女			
教材内容	1. 学习推铅球基本知识 2. 学习原地推铅球技术 3. 身体素质练习			教学任务或教学目标	1. 掌握推铅球基本知识 2. 掌握原地推铅球技术 3. 提高身体素质
重点难点	原地推铅球技术 正确用力顺序				

续上表

教学过程	教学内容和达成目标		教学组织与方法	练习	
				次数	时间
准备部分 25′	1. 课堂常规：形成较好的上课气氛	值日生集合队伍，检查人数，向教师报告人数 师生问好，教师宣布本课内容和任务	成二列横队集合： ×××××××× ×××××××× T		
	2. 慢跑，全面活动身体	绕田径场慢跑两圈，注意保持好队形，速度不要太快	二路纵队绕田径场慢跑		5′
	3. 徒手操，活动身体各肌肉和关节	徒手操，要求学生动作规范到位，精神振作	成体操队形进行徒手操活动		15′
基本部分 60′	1. 学习并掌握铅球基本知识（场地、器材、规则等）	1. 场地介绍 2. 器材介绍 3. 规则介绍 教师讲，学生听	1. 直径为2.135米，投掷区角度为34.92° 2. 男子铅球为7.26千克，女子为4千克 3. 成绩丈量、旗势、比赛次数、成绩确定等		
	2. 建立正确的推铅球技术概念	教师通过技术图片、完整推铅球动作示范及声像教学手段，使学生建立完整的推铅球表象	学生观看后，试着推铅球2~5次 两列横队背向站立进行原地推铅球练习		15′
	3. 学习并掌握握球和持球方法	教师示范讲解	握持球练习	5	
	4. 学习掌握推铅球最后用力技术 （1）向下拨球 （2）正面双手推球 （3）正面单手推球	教师示范讲解 1. 球离手时肩、肘充分伸展和伸臂的力量将球向下推出 2. 正面双手推球 3. 正面单手推球 教师喊口令，学生按练习要求练习	1. 二列横队成体操队形散开进行练习 2. 二组相背对进行练习正面双手推球练习 3. 二组相背对进行正面单手推铅球练习 （20次一组；立定三级跳6次×3组）	8 8 8 1 3	30′ 10′
	5. 身体素质练习				

续上表

教学过程	教学内容和达成目标	教学组织与方法		练习	
				次数	时间
结束部分 5′	1. 放松运动 2. 收拾器材 3. 小结本课学习情况	1. 统一和分散练习相结合 2. 由班长分配给学生完成 3. 教师讲学生听	1. 统一做放松操两节，做甩手和捶腿练习 2. 两人一组相互按摩放松 3. 班长分配学生收拾好器材		3′
作业和参考文献推荐	1. 张贵敏. 田径运动教程［M］. 北京：人民体育出版社，2005：336-349. 2. 美国田径运动协会. 美国田径训练指南［M］. 刘江南，等编译. 北京：人民体育出版社，2002：197-201.				
病弱处理					
课后小结					

第四节　推铅球训练

一、推铅球的训练要点

（1）在同一训练单元内综合安排技术、力量与专项能力练习：在一个训练单元内，交替安排技术训练、身体训练及能力训练是现代高水平铅球运动员训练普遍采用的方法。中国女子铅球攻关组提出"完整技术天天练，关键素质不间断"，而这里的关键素质就是指速度力量素质。投掷练习一般用来改进技术和发展专项投掷能力，在同一训练单元里，这两项任务经常交织在一起，多数情况下，后者所占比重更大一些。因此，投掷强度就显得很重要，但大强度练习是以减少练习量为代价的，否则，运动员恢复时间加长，将影响下一单元的训练。把技术训练、身体训练（特别是力量训练）和专项能力训练混编在同一单元中的方法，可以在一定程度上解决这一矛盾。在同一单元训练中推铅球次数少，可以保证推铅球练习的质量；推铅球与身体练习交替进行，可以使大脑神经中枢不同区域的兴奋和抑制交替转换，提高练习效果。

（2）在训练安排上更加强调专项技能的适应性：近年来，俄罗斯与澳大利亚的学者认为，长时间的基础训练后，再引入专项训练，只适合低水平运动员的训练。而高水平运动员经常作为一个整体参加比赛，将基础训练与专项训练分离"会导致技能适应性的分离，使最终的训练效果不平衡和不确定"。因此高水平运动员的训练应根据运动员具体情况将基础训练与专项训练综合安排，并且专项训练优先。苏联有些学者甚至认为高水平运动员在训练中除采用一些杠铃练习外，只能采用一些与投掷技术某一阶段的动作结构相似的力量练习或抗阻练习，而一般身体训练只能作为恢复手段来使用。

（3）单元训练实施中的个性化：在制订单元训练计划时，教练员应以不同运动员的具体情况为依据进行训练。在训练过程中，运动员的自身情况和训练环境在不断变化，不仅从计划制订到实施的这段时间里运动员的情况会发生变化，即使在训练计划的实施过程中，这种变化也是很难准确预料的。若在运动员情况已经改变的条件下，仍继续实施既定计划，则不能达到预想的训练效果。

（4）练习强度更加突出：现代推铅球训练的另一个要点是练习强度逐渐加大。大强度力量与投掷能力训练发展的正是推铅球所需要的快速力量。大强度的投掷练习，不但可以发展推铅球的专项速度力量，而且有助于运动员体验到大强度投掷时特有的肌肉用力感觉和技术动作感觉，这种感觉对掌握和巩固技术是非常重要的。

（5）利用比赛进行训练：把一些比赛作为提高投掷能力的大强度训练课来对待，是现代铅球训练的发展趋势之一。比赛时有一种平时训练所没有的特殊气氛，它可以使运动员产生强烈的推铅球冲动，从而以更高的质量完成技术动作。只有在比赛的环境下，运动员才能获得相应的生理和心理体验。所以，许多教练员和运动员已把一些重大赛事之外的比赛纳入训练范畴，使比赛次数逐年增多。

二、推铅球周训练计划

成年女子铅球运动员准备期周训练计划（表9-3）。

表9-3 推铅球准备期周训练计划

日 期	任 务	手 段
周一	素质练习 技术练习	卧推60千克×5次，80千克×5次，100千克×5次，110千克×5次×5组，80千克×5次。体前快推40千克×8次×5组。下蹲100千克×5次，120千克×5次，140千克×5次×5组。半蹲100千克×7次×5组。滑步推铅球30次（5千克20次、4千克10次）。加速跑60米×5次
周二	技术练习 素质练习	滑步推铅球30次（4.5千克20次、3.5千克10次）。高翻60千克×5次，80千克×5次，90千克×5次×5组。双手推壶铃（20千克+20千克）×10次×5组。肩负杠铃体侧屈20千克×10次×5组。轻松跨步跳100次
周三	素质练习 技术练习	卧推80千克×5次×5组。半蹲100千克×5次×5组。滑步推铅球20次。加速跑60米×5次
周四	技术练习 素质练习	滑步推铅球30次（4.5千克20次、3.5千克10次）。高翻60千克×5次，80千克×5次，90千克×5次×5组。双手推壶铃（20千克+20千克）×10次×5组。肩负杠铃体侧屈20千克×10次×5组。轻松跨步跳100次
周五	素质练习 技术练习	卧推80千克×5次×5组。半蹲100千克×5次×5组。滑步推铅球20次。加速跑60米×5次

续上表

日　期	任　务	手　段
周六	技术练习 素质练习	滑步推铅球30次（4.5千克20次、3.5千克10次）。高翻60千克×5次×5组。双手推壶铃（20千克+20千克）×10次×5组。肩负杠铃体侧屈20千克×10次×5组。轻松跨步跳100次
周日	素质练习 技术练习	卧推60千克×5次，80千克×5次，100千克×5次，110千克×5次×4组。体前快推40千克×10次×5组。下蹲100千克×5次，120千克×5次×5组。半蹲100千克×5次×5组。滑步推铅球20次（4千克）。加速跑60米×5次

三、推铅球常用训练手段及方法

（一）推壶铃（图9-4）

预备姿势：两脚左右开立，与肩同宽，投掷臂单手持壶铃放于颈部，另一臂上举。

动作要点：用力推时，两腿下蹲膝关节弯曲，身体稍向右转，然后两腿快速蹬伸用力，将壶铃举至头上。

作用：发展全身协调用力的能力，提高上下肢的力量。

练习方法：每次练习6~8组，每组10~15次。

图9-4　推壶铃

（二）卧推（图9-5）

预备姿势：仰卧于专用卧推凳上，两手正握杠铃，握距宽度大于肩宽。

动作要点：慢速下放杠铃至胸部，然后快速发力将杠铃推起。

作用：发展肩带肌群和肘关节伸肌群的力量。

练习方法：可采用金字塔式的练习法，每次练习6~8组，每组2~10次。注意保护。

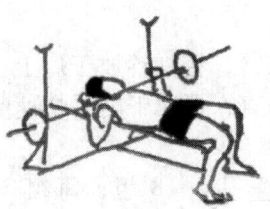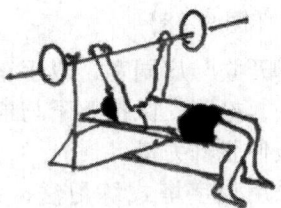

图9-5　卧推

(三) 抓举（图9-6）

预备姿势：双手正握杠铃，握距约为两个肩宽，曲膝下蹲，杠铃杆靠近小腿。

动作要点：双腿发力，展体，将杠铃举至头上，可以连续进行多次。

作用：发展全身爆发力，增强腿部和肩带肌群力量。

练习方法：可采用金字塔式练习法，每次练习6~8组，每组2~6次。

图9-6 抓举

(四) 快挺（图9-7）

预备姿势：双手正握杠铃，将杠铃举至胸前。

动作要点：双腿用力蹬伸，将杠铃快速向前上方推出再回收至胸前，如此反复多次。

作用：发展全身爆发力，增强腿部和肩带肌群力量，提高肌肉用力的协调性。

练习方法：可采用金字塔式练习法，每次练习3~6组，每组2~6次。

图9-7 快挺

(五) 负重深蹲（图9-8）

预备姿势：两脚开立与肩同宽，双手正握杠铃，将杠铃放于肩上。

动作要点：抬头，挺胸，保持躯干与地面垂直，慢速下蹲后快速起立。

作用：发展下肢伸肌群力量。

练习方法：可采用金字塔式练习法，每次练习6~8组，每组2~6次。注意保护。

图 9-8 负重深蹲

(六) 负重腰绕环（图 9-9）

预备姿势：双手握杠铃片，双脚开立约一肩半宽，身体前倾。

动作要点：可向左或向右大幅度绕动转体。

作用：发展躯干肌群的力量。

练习方法：可采用适当重量的杠铃片，每次练习 4~6 组，每组 8~12 次。

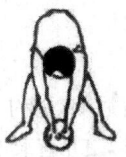

图 9-9 负重腰绕环

(七) 前后抛铅球（图 9-10）

预备姿势：原地站立，两脚与肩同宽，双手持球，面对或背对抛球方向。

动作要点：下蹲后充分屈膝，然后适当向前或向后移动髋部，两腿快速蹬伸，展体，将铅球抛出。前后抛时，铅球出手后，练习者应顺势前迈或后退 1~2 步。

作用：有助于掌握自下而上的用力顺序，发展下肢力量和全身的爆发力。

练习方法：先前抛再后抛，每个练习 10~20 次。

图 9-10 前后抛铅球

(八)双脚交换跳台阶(图9-11)

预备姿势:左脚放于台阶上,右脚放于台阶下,躯干与地面垂直。

动作要点:左腿快速用力蹬伸,右腿积极摆动,两臂协调摆动,尽量使身体向上跃起,落下时两腿交换,连续重复多次。

作用:发展下肢伸肌群的力量。

练习方法:每次练习3~6组,每组15~20次。也可负重进行此练习。

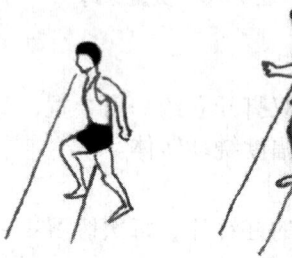

图9-11 双脚交换跳台阶

(九)双手抛掷杠铃片(图9-12)

预备姿势(以右手投掷为例):双手持片,两脚自然前后开立约一肩半宽。

动作过程:直臂双手持片于胸前,身体重心移向右腿,向右转体并降低重心。右腿、右髋转蹬发力,向投掷方向带动上体和上肢将铃片抛出。

作用:发展腿、髋和躯干肌群的专项力量和速度,建立投掷用力意识。

要求:开始时身体重心充分压在右腿上,下肢以转动用力为主。铃片出手时,身体重心移到左腿上。

预备姿势　　　　开始姿势　　　　结束姿势

图9-12 双手抛掷杠铃片

思考题

1. 滑步前的预备姿势有哪两种?
2. 推铅球的技术由哪几个部分组成?
3. 试述推铅球最后用力的动作要领。
4. 在学习推铅球技术时,容易出现哪些错误?其产生的原因是什么?如何纠正?

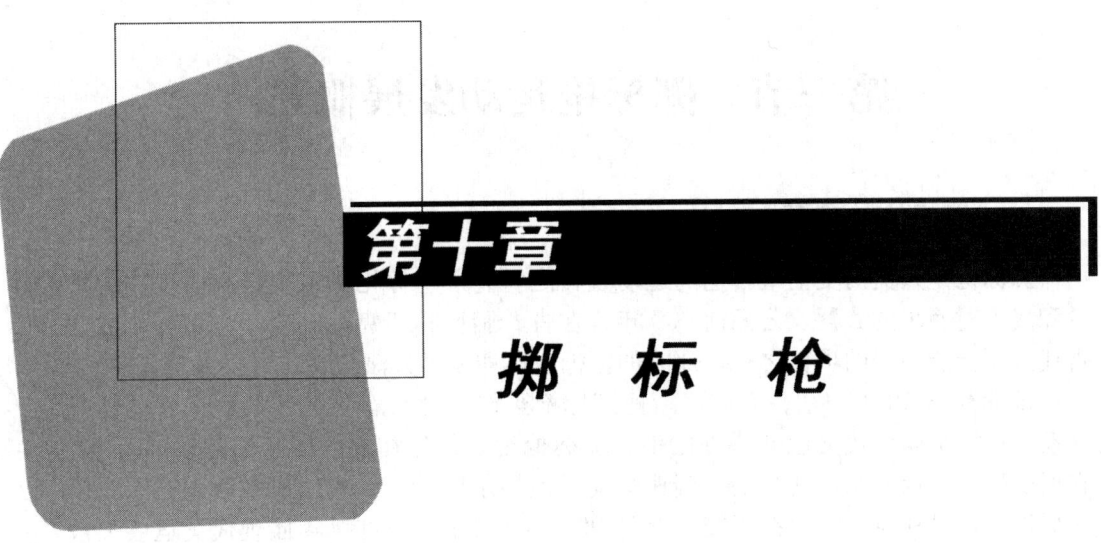

第十章

掷 标 枪

学习要点：本章主要介绍了掷标枪运动的发展概况、掷标枪技术、掷标枪教学和训练。通过本章的学习，使学生学会如何进行掷标枪的教学与训练，学会分析掷标枪教学中常见的错误动作，掌握错误动作的产生原因和纠正方法，学会设计掷标枪技术教学进度、教案以及训练的周计划、训练的负荷和手段。

第一节　掷标枪运动发展概述

一、掷标枪的起源

掷标枪是人类历史上最古老的运动项目之一。最初标枪是人类狩猎时使用的工具和战争时使用的武器。公元前708年，在古希腊奥林匹克运动会上，掷标枪成为古代五项全能比赛的项目之一。那时的标枪规格和投掷方法与现在有很大差异。

19世纪末20世纪初，人们逐渐把掷标枪当作一种具有挑战性和娱乐性的体育活动。在第1届现代奥运会举办之前，掷标枪运动首先在北欧国家兴起。1886年，在斯堪的纳维亚国家运动会上，瑞典运动员威格尔以35.81米的成绩获得冠军。当时标枪的重量和长度与现在比较接近。1908年，男子标枪在第4届现代奥运会上被列为正式比赛项目。而女子标枪直到1932年第10届现代奥运会上才被列为正式比赛项目。

二、掷标枪的发展

同其他运动项目一样，随着时代的变化，掷标枪技术也在不断演变与发展。纵观其发展过程，大致可分为以下四个阶段。

1. 第一阶段：技术自由发展阶段（1886—1912年）

在这一时期，参加标枪比赛的运动员基本上采用"自由式"投掷方法，投掷方法各种各样，比赛时运动员可以采用任何方法进行投掷。最初规定，投掷者只能在2.5米见方的区域内完成投掷，后改为有10米长的助跑，直至1908年才取消助跑距离限制。

2. 第二阶段：技术趋于统一阶段（1913—1953年）

1912年第5届奥运会后，取消了其他投掷方法，规定用单臂掷枪，这时期的技术逐渐得到统一。在这一时期，人们对技术的合理性进行了广泛的探索，采用前交叉步的"芬兰式"投掷方法占据了主导地位，而以动作流畅性为主的"美国式"技术也显露了较强的优势。所谓"芬兰式"技术的特点是采用直线助跑和"弧线"引枪，并以"交叉步"代替过去的单足跳，以加大用力距离。这种技术比以往提高了助跑速度，促进了人体力量潜能的进一步发挥，有利于保持助跑与投掷的方向一致，有利于对标枪飞行的控制，大大提高了运动成绩，为现代掷标枪技术的建立奠定了基础。

3. 第三阶段：技术逐渐完善阶段（1954—1986年）

在这一时期，掷标枪技术得到了很大发展，运动成绩突飞猛进。首先是滑翔标枪的出现，大大提高了标枪的滑翔性能。随后瑞典人设计制造的"超级爱丽特"标枪，不仅进一步提高了标枪的滑翔性能，而且还减少了标枪在飞行中的震动。此时，大量研究成果从运动学和人体解剖学等方面分析了身体各环节类似"鞭打"式的动作机制，并提出了"人体运动链"理论，对提高掷标枪的技术产生了深远影响。同时，塑胶跑道的出现，使标枪运动员的助跑速度加快，助跑效率大大提高，更有利于发挥运动员的速度和力量优势。

4. 第四阶段：技术稳定发展阶段（1987年至今）

在这一时期，掷标枪技术处于稳定发展阶段，人们在很多方面对掷标枪技术达成了共识。随着高速摄像机、多维测力平台等现代化科学仪器在运动实践中的广泛应用，对"鞭打""最后用力"及"满弓"的动作机制和用力效果的认识更加深入，人们对很多投掷技术细节的把握达到了前所未有的高度，促使掷标枪技术日趋稳定和成熟。

第二节　掷标枪技术

掷标枪是田径运动中技术比较复杂的项目之一。合理的掷标枪技术要求运动员在快速助跑中，充分发挥人体的力量以正确的动作将标枪掷出。

为了便于分析，通常把掷标枪技术分为握枪、持枪助跑、最后用力、缓冲四个部分。下面以右手投掷为例。

一、握枪

掷标枪时，投掷者应用单手握在标枪把手处。目前标枪运动员握枪方法主要有两种，将标枪把手斜放在手掌心中间后，第一种方法是用右手拇指和食指末端扣住标枪把手后端边缘；第二种方法是用右手拇指和中指末端扣住把手后端边缘，其余手指自然扶握在枪身上（图10-1）。

 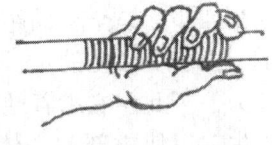

图10-1　两种标枪握法

二、持枪助跑

（一）持枪

持枪是指在预跑过程中，运动员携带标枪的姿势。目前运动员多采用肩上持枪法，其要求是：右手持枪于肩上，持枪手靠近头部右侧，枪尖向前，标枪纵轴与地面平行或枪尖稍向下倾斜。

（二）助跑（以肩上持枪为例）

助跑通常可分为预跑和投掷步两个阶段，助跑全程通常需跑12~18步。

1. 预跑

运动员通常采用周期性的助跑动作，以获得一定的水平速度。这一段通常要跑

8~14步。开始预跑前,运动员应测量助跑的距离,在助跑道外侧地面上放两个标志物,第一标志物为运动员开始助跑的标志,第二标志物为开始投掷步的标志。助跑时运动员面对投掷方向,上体与地面垂直,两眼平视前方,单手持枪于肩上,跑的动作放松且富有弹性,两腿积极蹬摆,用前脚掌着地,左臂摆动同正常跑,持枪臂可随跑的动作做小幅度前后自然摆动。

助跑的速度应逐渐加快,世界优秀标枪运动员掷标枪时助跑速度可达到6~8米/秒,助跑的最高速度应与投掷者个人的身体素质和专项技术水平相适应。

2. 投掷步

预跑结束后进入投掷步阶段,这一阶段的任务是在尽量保持助跑速度的基础上,完成引枪和超越器械动作,做好最后用力前的准备并不停顿地进入最后用力,投掷步通常为四步,第一、二步完成引枪,第三步为交叉步,第四步过渡到最后用力。

当运动员左脚踏上第二标志线进入投掷步后,迈右腿开始引枪,此时躯干向右转,投掷臂向后伸展,使标枪由肩上沿标枪纵轴延长线后引,当左腿前迈时,上体完全转至侧对投掷方向,投掷臂伸直,标枪靠近身体,完成了引枪动作。

引枪时上下肢动作应协调配合,下肢蹬摆动作应积极有力,躯干与地面基本垂直,标枪长轴与躯干保持垂直。

第三步为交叉步,此时左腿积极向后蹬地,右腿屈膝以大腿带动小腿快速有力地向前上方摆出。两腿的积极蹬摆动作使下肢加速向前,躯干后倾并加大向右转体,形成合理的超越器械姿势,为最后用力创造良好条件。交叉步时身体腾空较高,步长较大,步时也较长,以便于做好用力前的准备。

交叉步右脚落地时,左腿已摆至右脚前方,躯干后倾角(躯干中轴与垂直面之间的夹角)为20°~25°,右脚与投掷方向的夹角约为45°。

投掷步的第四步,是全程助跑中唯一没有腾空的一步,也是助跑与最后用力衔接的关键环节。由于交叉步的步长通常较大,身体腾空较高,右脚着地时,右腿承受着较大的冲力,因此,右脚着地后,右腿应适度被动屈膝缓冲,减小水平方向的制动和速度损失,以使髋部和人体重心尽快移过右脚支撑点上方,然后积极蹬伸,加快左脚落地。左脚着地瞬间,应保持躯干后倾角基本不变,使最后用力有较大的工作距离。

投掷步各步的步长和步时决定了投掷步的速度,形成了一定的动作节奏,并对最后用力动作效果产生直接或间接的影响。根据国内外优秀标枪运动员的数据,可以用步长/身高指数作为确定投掷步各步步长的依据,表10-1中以四步投掷步为例给出了各步的步长/身高指数,当一名运动员的身高为1.80米时,其最后一步的适宜步长为1.44米。

表10-1 标枪运动员投掷步各步步长/身高指数

第一步	第二步	交叉步	最后一步
1.10	1.05	1.20	0.80

三、最后用力

最后用力通常是指最后一步左脚着地瞬间至标枪出手瞬间的动作过程。最后用力的任务是充分利用助跑的速度,最大限度地发挥人体的力量,使标枪获得较大的初速度和最佳飞行初始条件,标枪在这阶段获得的速度约占出手速度的70%。

(一)发力时机

交叉步右脚着地后,身体随惯性前移,当身体重心移过右脚支撑点上方而左脚尚未落地之前,右腿开始了蹬伸用力,这时右腿主动蹬地,使髋部加速前移,髋轴向投掷方向转动,进一步扭紧和拉长了躯干和肩带肌群。

为了使助跑与最后用力更好地衔接,右腿的及时发力和左脚的快速落地对于提高投掷成绩具有重要意义。世界优秀标枪运动员最后一步的时间和标枪出手的时间具有一定的规律,表10-2是1995年世界田径锦标赛中获得男女标枪前三名运动员投出该次比赛最好成绩时的时间参数。

表10-2 标枪运动员的交叉步、最后一步和标枪出手的时间

姓名	性别	交叉步/秒	最后一步/秒	T1/秒	成绩/米
泽莱兹尼	男	0.24	0.16	0.10	89.58
巴克利	男	0.20	0.22	0.12	87.50
亨利	男	0.20	0.20	0.12	86.08
谢科连科	女	0.22	0.18	0.12	67.56
娣里娅	女	0.26	0.26	0.12	65.22
英格伯格	女	0.24	0.14	0.12	65.16

注:T1指左脚着地瞬间至标枪出手瞬间的时间。

(二)用力顺序

在掷标枪最后用力过程中,人体的下肢、躯干和投掷臂形成了一个完整的运动链,在最后用力的过程中,首先是腿部蹬伸用力,使髋部加速前移并转向投掷方向,躯干呈反弓形,然后是胸部快速前振,带动投掷臂向前,继而上臂、前臂和手相继快速挥动,完成"鞭打"动作,将标枪掷出。最后用力时身体右侧肢体的动作顺序依次为腿、髋、胸、肩、肘、腕和手。掷标枪时人体运动链上的各环节从下到上依次实现肌肉收缩→环节加速→制动减速的过程,使身体环节的速度按照一定的规律逐渐加大,最后使标枪获得较大的初速度,从而飞得较远。表10-3和表10-4是世界优秀标枪运动员在比赛中的身体(右侧)环节的峰值速度和出现峰值速度的时间(以最后一步左脚着地瞬间的时间为零)。

"鞭打"是掷标枪用力的重要动作特征,是发挥人体生物力学优势的核心。以髋关节为起点的躯干"鞭打"动作和以肩关节为轴的投掷臂"鞭打"动作与左腿有力的制动支撑和蹬伸动作相配合,是完成投掷动作和获得较大出手速度的关键环节。

表10－3　世界优秀标枪运动员投枪时身体环节的峰值速度

单位：米/秒

环节	髋	肩	肘	腕	手	标枪	平均成绩/米
男子（n=12）	7.7	9.1	15.4	20.9	23.5	28.3	80.47
女子（n=12）	6.9	7.5	13.6	18.4	20.6	23.0	60.50

表10－4　世界优秀标枪运动员投枪时身体环节峰值速度出现的时间

单位：毫秒

峰值速度出现时间	左脚着地	髋	肩	肘	腕	手	平均成绩/米
男子（n=12）	0	16	56	83	121	127	80.47
女子（n=12）	0	21	35	92	129	136	60.50

（三）身体左侧的动作

在最后用力的过程中，身体左侧的动作通常指左腿、躯干左侧和左臂的动作。左腿的作用主要表现为两个方面：其一是制动性的支撑动作，左脚落地后，左腿采用强有力的制动动作，可大大加快上体和标枪向前的速度。其二是在时间极为短暂的被动屈膝缓冲后左腿快速蹬伸，使人体和标枪获得向上的垂直速度，使标枪获得适宜的出手角度和较大的出手速度。表10－5中是1995年世锦赛的男子标枪前三名运动员投枪时左膝关节角度的变化和比赛成绩。

表10－5　优秀男子标枪运动员比赛中的左膝关节角度

运动员	左膝关节角/度			成绩/米
	左脚着地时	最大弯曲时	标枪出手时	
泽莱兹尼	177	169	180	89.58
巴克利	173	152	152	86.30
亨利	168	151	154	86.08

在最后用力的过程中，左臂的动作对于提高投掷效果也具有重要作用。在投掷时，左臂沿弧形路线经胸部前上方摆至身体左侧然后快速制动，可有效拉长胸部和右侧肩带肌肉，提高用力效果，并可加快身体右侧的动作速度。

（四）用力方向

在最后用力过程中，运动员鞭打动作的用力方向应通过标枪的纵轴，这样标枪可以获得较好的飞行姿态和较大的飞行距离。当用力方向偏离标枪纵轴时，标枪出手时可能出现较大的初始迎角和初始俯仰角速度，枪尖在飞行时抬头或过早低头，影响飞行远度。

四、缓冲

标枪出手后，运动员应及时向前跨出一大步，降低身体重心，同时上体前倾，两臂自然摆动，维持身体平衡，防止犯规。世界优秀运动员最后一步左脚着地点至投掷弧的距离通常在2米左右。

第三节 掷标枪教学

一、掷标枪技术的教学重点与难点

根据各动作部分对整个技术和投掷成绩的影响程度以及动作的复杂情况，教学中的重点通常是最后用力、投掷步，以及投掷步与最后用力的结合等部分。技术难点也表现在投掷步与最后用力的有机结合。

二、掷标枪技术教学步骤、方法与手段

掷标枪技术比较复杂，对初学者的教学应先采用分解教学方法，然后过渡到完整教学方法，以利于学生掌握正确的技术。

（一）建立掷标枪技术的正确概念

（1）完整投掷标枪动作示范。

（2）讲解掷标枪技术要领。

（3）介绍掷标枪的场地、器材和比赛规则。

（二）学习掷标枪最后用力技术

（1）学习和掌握掷标枪的专门练习。

①利用肋木、橡皮带、标枪等做"满弓"练习。

②手持小树枝做"鞭打"练习。

③投掷小球或小石子。

（2）学习现代式握枪方法（拇指和中指握法）。

（3）学习肩上持枪方法。

（4）学习正面插枪。

技术要领：投掷者面对投掷方向，两脚前后开立，左脚在前，右手持枪于肩上后方，上体后倾，右膝弯曲，枪尖低于枪尾，枪尖指向前下方7~10米远处。用力时，两腿用力蹬伸的同时以胸带臂将标枪掷出，用力方向通过标枪纵轴，尽力使标枪插向前下方的地面。

（5）学习原地侧向掷标枪。

技术要领：身体侧对投掷方向站立，左脚在前，右脚在后，两脚前后距离约一肩半，左右距离约一脚，左脚尖内扣约10°，右脚与投掷方向约成45°，右腿弯曲并承担身体重量，躯干适度后倾，左臂稍弯曲位于身体前方，右手持枪稍高于肩部，右臂自然伸直，标枪平行于肩轴并靠近身体，枪头靠近前额，两眼注视投掷方向。用力时两腿用力蹬伸，以躯干带动投掷臂做鞭打动作将标枪掷出，出手角度约为34°。

（三）学习助跑掷标枪技术

1. 学习助跑与最后用力衔接技术

（1）持枪上一步成"满弓"练习。

（2）上一步徒手"鞭打"或掷小球（石块）练习。

（3）上一步掷标枪。

技术要领：身体侧对投掷方向站立，右脚在前方，左脚位于右脚后方并以前脚掌着地，投掷臂自然伸直于肩轴延长线上，上体稍后倾，身体重心放在弯曲的右腿上。投掷时，左脚前迈一步，将标枪掷出。

（4）持枪上三步接"满弓"练习。

（5）上三步徒手"鞭打"、投掷小球（石块）。

（6）上三步掷标枪。

技术要领：两腿积极蹬地和前摆，在交叉步时做出适宜的超越器械，不停顿地过渡到最后用力。

2. 学习投掷步（4步）掷标枪技术

（1）学习引枪动作（原地引枪至走2步引枪）。

（2）投掷步练习，持枪走步至慢跑4步，接翻肩和"背弓"动作。

（3）投掷步接"鞭打"动作或掷小球（石头）。

（4）投掷步掷标枪。

技术要领：前2步完成引枪动作，第3步为交叉步，做出适宜的超越器械动作，第4步的步长较小，没有腾空，过渡到最后用力。

3. 学习短助跑掷标枪技术

（1）预跑4步接投掷步，做引枪与"满弓"练习。

（2）预跑4步接投掷步做"鞭打"动作，掷小球或石块。

（3）预跑4步接投掷步投轻标枪和标准标枪。

技术要领：助跑时两腿积极有力蹬摆，逐渐加速，投掷步的步长和步频适宜。助跑与最后用力衔接。

4. 学习全程助跑掷标枪技术

（1）预跑8～12步接投掷步。

（2）预跑8～12步接投掷步做"鞭打"动作，也可投小球或石块。

（3）预跑8～12步接投掷步掷轻标枪（中等强度）。

（4）预跑8～12步接投掷步掷标准标枪（中等强度至大强度）。

技术要领：确定预跑步数，学会测量和调整助跑距离，助跑速度适宜，助跑与最后用力衔接，鞭打动作快速有力，用力方向通过标枪纵轴。

（四）巩固和完善掷标枪技术

（1）确立个人的技术特点，分析存在的技术问题，有针对性地选择练习手段，增加投掷次数。

（2）提高练习强度。

（3）参加比赛。

三、掷标枪技术教学中易犯错误及其产生原因和纠正方法

（一）握枪和持枪时常见错误动作及其产生的原因和纠正方法

1. 握枪时没有用手指握住把手的末端

产生原因：对正确握枪的部位不清楚或感觉正确握枪时枪头较沉。

纠正方法：教师讲解正确握枪的方法和意义，逐一检查和纠正握枪动作。

2. 持枪时标枪头过高，未与地面保持平行

产生原因：对正确持枪的姿势不清楚，持枪时未用视线的余光检查标枪角度。

纠正方法：教师讲解正确握枪的方法和意义，逐一检查和纠正握枪动作。

（二）助跑时常见错误动作及其产生的原因和纠正方法

1. 助跑速度和节奏不合理，在用力前明显减速或停顿

产生原因：预跑段速度过快，在投掷步阶段被迫减速；投掷步阶段两腿未积极蹬地和摆腿；交叉步右脚落地后，右腿未及时发力。

纠正方法：调整预跑的速度，使之适应投掷者的水平。上步或短助跑投枪，强调右腿发力时机。做持枪交叉步跑，强调两腿积极蹬地和摆动。

2. 助跑距离不准确，投掷时经常犯规

产生原因：未掌握测量预跑和投掷步助跑距离的方法；不会在练习和比赛时调整助跑距离；助跑的步数、步长和节奏经常改变。

纠正方法：在平时练习时学会测量和调整助跑距离的方法。养成使用标志物标明助跑距离的习惯。反复进行助跑练习，确定助跑的步数、步长和节奏。

（三）最后用力时常见错误动作及其产生的原因和纠正方法

1. 最后用力时，用力顺序不正确，上肢提前用力

产生原因：对正确的自下而上的用力顺序理解不清楚，上体过早前移发力。

纠正方法：以各种姿势掷实心球，强调自下而上的用力顺序。原地和上步接翻肩的练习。

2. 没有翻肩动作，导致用轮摆动作投掷标枪

产生原因：对翻肩动作理解不清楚；上体过早前移，来不及翻肩。

纠正方法：理解翻肩动作的时机和要求。原地和上步做翻肩练习。

3. 用力方向未沿标枪纵轴，标枪飞行姿态异常

产生原因：未控制好标枪，在翻肩时标枪姿态角变化；出手时机过晚；没有翻肩动作。

纠正方法：理解正确的用力方向应通过标枪纵轴。投掷小球或小石子，掌握正确的出手时机和方向。手拉橡皮条做原地和上步翻肩练习。

四、掷标枪技术教学注意事项

（一）重视身体的专项柔韧性与灵活性

由于掷标枪技术比较复杂，对身体素质尤其是髋、腰、肩等部位的速度力量、

柔韧性、灵活性要求较高，因此，在教学初期要多安排一些诱导练习和专门练习，帮助学生建立正确的肌肉用力感觉，为学习和掌握掷标枪基本技术、防止错误动作、预防伤害事故、发展掷标枪所需要的柔韧性和灵活性创造条件。

（二）重视初学者对沿标枪纵轴用力技术的掌握

最后用力"鞭打"动作和沿标枪纵轴用力是掷标枪的技术特征，是取得良好的投掷效果和提高标枪飞行远度的重要方面。教学中，采用"拉满弓"、持软树枝挥臂、投掷小垒球或轻器械等练习，有利于初学者掌握正确的"鞭打"用力技术，形成自然、放松的投掷动作。通过各种持枪练习（持枪助跑、引枪、插枪等），可帮助学生熟悉器械，提高控制标枪的能力，学会沿标枪纵轴用力的方法。

（三）选择适宜的助跑速度与节奏

在助跑掷标枪教学的开始阶段，要使学生理解选择适宜的助跑速度的重要意义，注重有控加速助跑意识的培养，这对学习和掌握完整技术极为有利。投掷步是助跑的重要组成部分，教学中应以学习引枪、交叉步动作为主，要求学生做好超越器械姿势，努力表现出投掷步动作的放松、协调与连贯。在教学中要根据教学对象的差异、教学阶段的不同，对助跑速度与技术节奏提出不同的要求，并适时予以调整，保证技术动作的顺利完成。

（四）发展专项投掷能力，有针对性地改进技术

在教学中发现，学生不能很好地掌握技术的原因有时并非技术概念的问题，而是专项素质与能力的缺乏。因此，有针对性地发展专项素质和投掷能力是掷标枪技术教学不可忽视的环节。在教学中应经常采用投掷不同形状或不同重量器械的练习，以达到既增强专项能力，又改进、提高技术的目的。如投掷较重的标枪、铁球、实心球等练习可以增强专项力量，并对掌握正确的最后用力动作顺序有帮助；而采用轻标枪、小垒球、小石头等进行练习，则可以提高投掷臂的鞭打动作速度，并有利于掌握正确的出手动作和良好的器械感。因此，有针对性地变换器械进行投掷练习对于掷标枪技术教学有着特殊的意义。

（五）加强安全措施，培养安全习惯

由于投掷距离相对较远，标枪受技术和外界因素（如风力、风向等）的影响较大，在教学中伤害事件的偶发概率相对增大。因此，在教学中必须高度重视安全问题，在教学组织、手段选用、练习安排、示范观察等方面都要充分考虑安全因素。同时，在教学中应向学生传授相关的经验和安全防护措施，使学生形成良好的安全习惯。

五、掷标枪技术教学进度与教案范例

（一）掷标枪教学进度范例（表 10-6）

表 10-6　体育教育专业田径普修掷标枪教学进度

课次	教学内容	主要练习手段	教学重点与难点
一	1. 介绍掷标枪的技术与发展概况，场地、器材和比赛规则 2. 学习掷标枪的专门练习 3. 学习标枪的握法和持枪方法 4. 学习原地和上步掷标枪 5. 对学生进行安全教育	1. 柔韧性练习 2. 单手鞭打练习 3. 单手投小球 4. 双手掷实心球 5. 原地和上步掷标枪	1. 重点：体会正确的用力顺序 2. 难点：掷标枪的鞭打动作
二	1. 复习掷标枪的专门练习 2. 复习原地和上步掷标枪 3. 学习引枪和投掷步投枪 4. 培养学生的学习能力	1. 柔韧性练习 2. 鞭打练习 3. 原地和上步掷标枪 4. 引枪和投掷步模仿练习 5. 投掷步投枪	1. 重点：引枪过程中控制标枪的能力 2. 难点：引枪与投掷步的协调配合
三	1. 复习掷标枪的专门练习 2. 复习原地和上步掷标枪 3. 复习投掷步投枪 4. 学习短助跑投枪 5. 培养学生发现和解决问题的能力	1. 各种模仿练习 2. 原地和上步掷小球 3. 原地和上步掷标枪 4. 投掷步投枪 5. 短助跑模仿练习和投枪	1. 重点：投掷步技术 2. 难点：投掷步的合理步长
四	1. 复习掷标枪的专门练习 2. 复习原地和上步掷标枪 3. 学习全程助跑投枪技术 4. 发展学生的专门投掷能力 5. 介绍掷标枪的技术教法	1. 鞭打练习 2. 掷小球 3. 原地和上步掷标枪 4. 全程助跑投标枪 5. 各种掷标枪的专门练习	1. 重点：全程助跑技术 2. 难点：全程助跑的速度与节奏的平稳性
五	1. 复习掷标枪的专门练习 2. 复习原地和上步掷标枪 3. 改进全程助跑投枪技术 4. 介绍标枪教学中经常出现的错误动作和纠正方法	1. 柔韧性练习 2. 鞭打练习 3. 原地和上步掷标枪 4. 持枪跑和交叉步跑 5. 全程助跑投标枪	1. 重点：全程助跑的节奏 2. 难点：超越器械
六	1. 复习掷标枪的专门练习 2. 复习原地和上步掷标枪 3. 提高全程助跑投枪技术 4. 介绍掷标枪的练习手段	1. 柔韧性练习 2. 鞭打练习 3. 原地和上步掷标枪 4. 全程助跑投标枪 5. 掷标枪的专门练习	1. 重点：投掷步与最后用力的协调配合 2. 难点：超越器械
七	1. 复习掷标枪的专门练习 2. 复习原地和上步掷标枪 3. 提高全程助跑投枪技术 4. 介绍标枪比赛规则	1. 柔韧性练习 2. 鞭打练习 3. 原地和上步掷标枪 4. 全程助跑投标枪	1. 重点：投掷步与最后用力的协调配合 2. 难点：超越器械

续上表

课次	教学内容	主要练习手段	教学重点与难点
八	1. 改进全程助跑投枪技术 2. 掷标枪技评与达标	1. 全程助跑投标枪 2. 掷标枪的技评与达标	1. 重点：比赛能力的培养 2. 难点：最后用力与左侧支撑技术的协调配合

（二）掷标枪的教案范例（表10-7）

表10-7 体育教育专业田径普修教案

上课日期： 年 月 日　　　　　　　　　　　授课教师：

班级	级　班	第　周	场地器材媒体	场地：田径场标枪场地 器材：标枪20根，橡皮筋12根 媒体：优秀标枪运动员技术图片
人数	男 女	第2次课		

教材内容	掷标枪		教学任务或教学目标	1. 复习原地掷标枪及上步掷标枪的技术，发展力量、速度、灵敏、协调等素质 2. 学习并初步掌握4步投掷步的技术，发展协调素质 3. 培养学生坚毅、果断、克服困难的顽强意志品质及分析、研究、解决掷标枪学习中实际问题的能力

重点 难点	重点：投掷步技术。 难点：投掷步与最后用力的衔接

教学过程	教学内容和达成目标	教学组织与方法	练习	
			次数	时间
开始部分 5′	1. 课堂常规 集合整队，检查人数，师生问好，宣布本单元的教学进度及本次课任务，提出学习的要求，指出学习的难点和重点，安排见习生 2. 集中注意力练习单双报数（方法：略） 3. 达成目标 （1）检查课外作业完成的情况，了解教学效果 （2）加强组织纪律教育及安全意识	1. 督促学生集合 2. 让学生明确学习的内容和任务，提出教学要求，启发学生讲解上次课所学内容的技术要点，然后进行补充 3. 教学中要注重利用学生已有经验，多采用启发式讲解 4. 将讲解、动作示范与学生的本体感受紧密结合起来，强化本体感觉	上课时队形： 〇〇〇〇〇〇〇〇〇〇 〇〇〇〇〇〇〇〇〇〇 Ω 1. 集合迅速，队伍整齐，报告清楚 2. 认真听讲，了解计划，明确本次课任务 3. 见习生随堂认真听讲，力所能及进行练习		3′

续上表

教学过程	教学内容和达成目标	教学组织与方法		练习	
				次数	时间
准备部分 20′	1．准备活动 （1）慢跑：600～800米 （2）徒手操 ①双臂绕环 ②体侧运动 ③体转运动 ④体前屈腹交叉 ⑤朴步压腿 ⑥弓步压腿 ⑦纵横劈腿 2．专门练习 （1）原地引枪转髋送肩成背弓 （2）原地引枪上步练习 （3）引枪上步转髋练习 （4）引枪上步成背弓练习 3．达成目标 （1）培养学生理论与实践相结合的能力 （2）为后续的教学活动做好身心准备，预防和减少运动损伤的发生	1．准备活动的第一、二项内容由值日生按教案认真执行，其他学生应自觉、主动、积极地配合值日生完成上述教学内容 2．教师对值日生所带的准备活动进行讲评 3．掷标枪的专门练习由教师示范并提示要领要求，学生集体进行练习 4．专门练习以纠正错误动作和发展柔韧、协调性为主要目的	沿田径场跑道集体慢跑 徒手操队形如下： ＯＯＯＯＯＯＯＯＯＯ ＯＯＯＯＯＯＯＯＯＯ 　　　　Ω		4×8 20 20 15 20	4′ 8′ 5′
基本部分 50′	1．复习原地、上步掷标枪技术 （1）原地插枪练习 （2）原地投枪练习 （3）上步插枪练习 （4）上步投枪（上一步）练习 （5）连续上步投枪（二、三步）练习	1．以优秀运动员的技术图片讲解掷标枪的完整技术 2．示范、讲解技术动作要领，提出练习要求 3．练习过程中视情况，及时纠正主要错误动作，教师集体纠正和学生相互纠正错误动作相结合（运用正误对比和互相观摩等方法纠正错误动作）	1．分组依次进行练习，练习组织如下： ＯＯＯＯ→ ＯＯＯＯ→ ＯＯＯＯ→ ＯＯＯＯ→ 　　Ω 2．按规定完成动作要求，体会感觉动作要领		6～8 6～8 6～8 6～8	10′ 15′

续上表

教学过程	教学内容和达成目标	教学组织与方法		练习	
				次数	时间
基本部分 50′	2. 改进4步投掷步技术 （1）听口令徒手慢走练习 （2）自由慢走练习 （3）听口令持枪慢走练习 （4）持枪慢走自由练习 3. 投掷步技术的练习 （1）原地练习投掷步的第一步 （2）在跑动中连续跨步伸枪练习 （3）持枪慢跑练习投掷步（包括引枪、交叉步，不出枪） （4）完整投掷步练习 4. 改进投掷步投枪技术 （1）听口令集体练习，不出枪 （2）自己模仿练习，不出枪 （3）投掷步轻投练习 （4）正式投掷场地依次投枪 达成目标： 体会掷标枪最后用力顺序的肌肉感觉及投掷步的技术，发展速度、灵敏、协调等素质	4. 强调安全意识，以免受伤 5. 注意事项 （1）在学习投掷步的开始阶段，应把每一步的任务和方法向学生讲清楚，让学生按口令进行练习，基本掌握动作之后逐渐加快节奏 （2）练习4步投掷步时，要求学生一定要做好第一步，因为第一步起着承上启下的作用，若第一步做不好，引枪、交叉步、最后用力也会受到很大的影响。同时在练习过程中要不断提示学生，不能急于求远度，注意每个动作的技术要领	3. 针对个人情况改进不足，不断完善技术动作 4. 互相观察，善于发现问题并提出问题 5. 练习要求 （1）复习内容的练习要求同前一次课 （2）在练习投掷步时，必须做好第一步，这是投掷步的关键，第四步的步幅要大，这是为了更好地超越器械，给最后用力创造条件 （3）投掷步第一步跳的不能太高，转体时要高于肩，交叉步和最后用力结合紧密，中间不能有停顿，不要急于求远度，要注意各环节的技术要领，这样才能提高投掷步的完整技术	10 10 10 10 10 6~8	10′ 12′

续上表

教学过程	教学内容和达成目标	教学组织与方法	练习	
			次数	时间
结束部分 5′	1. 放松活动 （1）慢跑150米左右 （2）放松操3～5节 2. 本次课小结 3. 布置课外作业 4. 通告下次课学习任务，布置有关事项 5. 值日生归还器材 6. 师生道别	1. 使学生由负荷状态逐渐过渡到相对安静状态 2. 提出问题，反馈辅导，总结表扬	按上课时的队形集合，结合调整呼吸做手臂、腰腹及下肢的放松练习		3′
作业和参考文献推荐	1. 全国体育院校教材委员会. 田径运动教程［M］. 北京：人民体育出版社，1999：560. 2. 全国体育院校教材委员会. 田径［M］. 北京：人民体育出版社，1991：403.			
病弱处理	随堂见习、观摩并做好笔记，待身体状态恢复之后，可向掌握较好的学生或老师求学，自觉补上所缺内容			
课后小结				

第四节　掷标枪训练

一、掷标枪训练的要点

掷标枪训练是一个系统的多年训练过程，在这一过程中，可分为基础训练阶段，初级专项训练阶段、专项提高阶段和高级专项训练阶段等多个阶段。在13至15岁的基础训练阶段中，训练任务是全面发展身体素质，重点提高速度、柔韧、灵敏、协调和爆发力等素质，掌握掷标枪的基本技术，发展快速鞭打能力，培养青少年具有良好的思想道德和意志品质。在16至17岁的初级专项训练阶段中，应提高全面身体素质水平，掌握掷标枪的完整技术，进一步发展快速鞭打能力，培养比赛能力。在18至22岁的专项提高训练阶段，应巩固和熟练完整投掷技术，重点提高和发展专项投掷能力和力量素质，继续提高全面身体素质水平，提高比赛能力和专项成绩。

在掷标枪多年训练的过程中，应逐年提高专项投掷的次数和强度，并做到因人而异,有针对性地安排训练内容和负荷(表10-8)。表10-9、表10-10分别是男、女子标枪运动员的成绩与身体素质指标的相关数据。

表10-8 标枪运动员的多年训练安排

年龄段	12~13岁	14~15岁	16~17岁	18~20岁	21~22岁
全面身体训练比例	80%	60%	50%	40%	30%
专项训练比例	20%	40%	50%	60%	70%
投枪/(次/年)	1 500	3 000	4 000	5 000	6 000
其他抛掷/(次/年)	1 500	3 000	4 000	5 000	6 000
速度练习/(千米/年)	45~50	45~50	40~45	40~45	40~45
跳跃练习/(组/年)	2 000~3 000	2 500~3 500	3 000~3 500	3 000~3 500	3 000~3 500
比赛标枪重量(男)	500克	600克	700克	800克	800克
比赛标枪重量(女)	400克	500克	600克	600克	600克

表10-9 男子标枪运动员的成绩与身体素质指标

指标	50米	60米	70米	80米
助跑投小球(125克)	65米	80米	90米	100米
助跑双手投实心球(2千克)	18米	22米	28米	32米
后抛铅球(7.26千克)	11米	13米	15米	17米
原地投枪(800克)	36米	42米	50米	55米
30米起跑/秒	4.3	4.1	4.0	3.9
立定三级跳远/米	7.80	8.20	8.80	9.20
抓举/千克	60	80	90	100

表10-10 女子标枪运动员的成绩与身体素质指标

指标	40米	50米	60米	70米
助跑投小球(125克)	55米	60米	75米	85米
助跑双手投实心球(2千克)	13米	15米	17米	20米
后抛铅球(4千克)	11.5米	13米	15米	17米
原地投枪(600克)	30米	35米	42米	50米
30米起跑/秒	4.7	4.5	4.3	4.1
立定三级跳远/米	6.80	7.40	7.80	8.20
抓举/千克	40	55	70	85

在标枪运动员的全年训练中,各时期训练内容的比例也有所不同,投掷运动员在准备期常用的训练负荷安排方法见图10-2。在图中可见,在准备期开始阶段,

一般身体训练的内容所占比例较大,并最先达到最大负荷后再逐降低负荷量,然后逐渐加大最大力量训练的负荷。在准备期的后段,专项技术训练所占负荷比例逐渐达到最大。这种训练安排,可使运动员在训练中逐渐适应训练内容的负荷安排,减小受伤情况的出现,取得较好的训练效果。

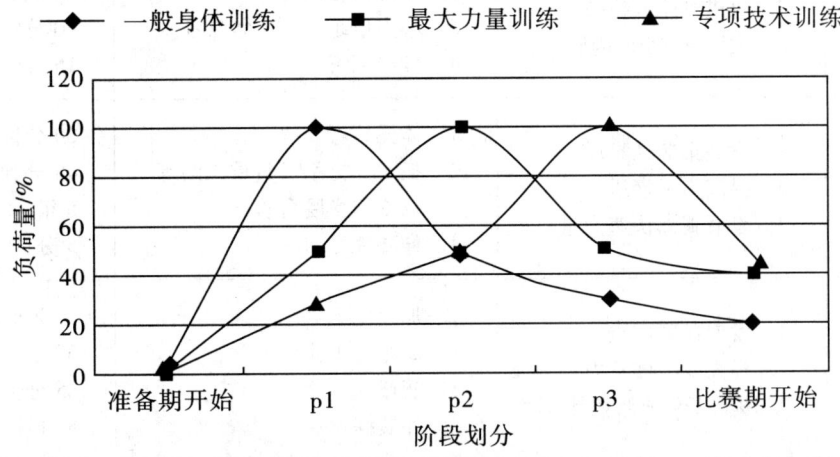

图 10-2 投掷运动员准备期训练负荷的安排

二、掷标枪训练计划

根据初级专项训练阶段的任务,安排了每周六次训练课的周训练计划内容,每次课时间约 90 分钟(表 10-11)。

表 10-11 标枪运动员初级专项训练阶段准备期周训练计划示例

日期	任务	手段	负荷量
周一	1. 改进助跑投枪技术 2. 发展爆发力素质 3. 提高速度素质	1. 助跑投不同重量标枪 2. 前后抛铅球 3. 加速跑 4. 伸展练习	30 次 各 15 次 60 米×5 次 15 分钟
周二	1. 发展柔韧性素质 2. 提高力量素质 3. 发展腿部快速力量	1. 体操练习 2. 抓举,挺举,负重深蹲等 3. 跳绳 4. 伸展练习	30 分钟 45 分钟 6 组×30 次 5 分钟
周三	1. 发展专项力量 2. 改进最后用力动作 3. 提高专项速度	1. 原地和上步掷实心球 2. 最后用力的模仿练习 3. 持枪跑 4. 伸展练习	各 30 次 30 分钟 30 米×10 次 15 分钟

续上表

日期	任 务	手 段	负荷量
周四	1. 发展灵活和协调性 2. 改进助跑投枪技术 3. 发展身体小肌肉群力量	1. 球类活动 2. 助跑投标准枪 3. 小力量练习（6个练习） 4. 伸展练习	30 分钟 30 次 60 分钟 15 分钟
周五	1. 发展柔韧性素质 2. 提高力量素质 3. 发展腿部快速力量	1. 体操练习 2. 抓举，挺举，负重深蹲等 3. 双腿交换跳台阶 4. 伸展练习	30 分钟 45 分钟 5 组×20 次 5 分钟
周六	1. 发展速度素质 2. 提高专项爆发力 3. 提高身体协调和灵活性	1. 加速跑 2. 助跑投小棒球 3. 篮球 4. 伸展练习	60 米×5 次 30 次 45 分钟 5 分钟

三、掷标枪专项素质常用的训练手段及方法

（一）背弓（图10－3）

预备姿势：背对肋木，双手握住适当高度的肋木，下蹲时右膝弯曲，左腿伸直。

动作要点：用力时，右腿快速蹬伸，送髋，两臂保持伸直，身体呈背弓形，左腿伸直。

作用：体会自下而上的用力顺序，发展躯干和肩关节的柔韧性。

练习方法：每组可快速重复多次。经过一段时间练习后，可适当降低双手握木的高度。

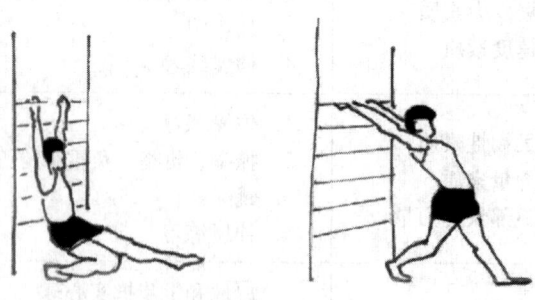

图 10－3 背弓

（二）翻肩（图10－4）

预备姿势：身体背对肋木侧向站立，右臂伸展，右手掌心向上握住肋木，左手向前扶握肋木。

动作要点：右腿快速蹬转送髋，左腿前迈，身体转向投掷方向，投掷臂向上翻转。

作用：体会掷标枪时的翻肩、转体和背弓动作。

练习方法：每组可连续重复多次。经过一段时间练习后，可适当降低右手握木的高度。

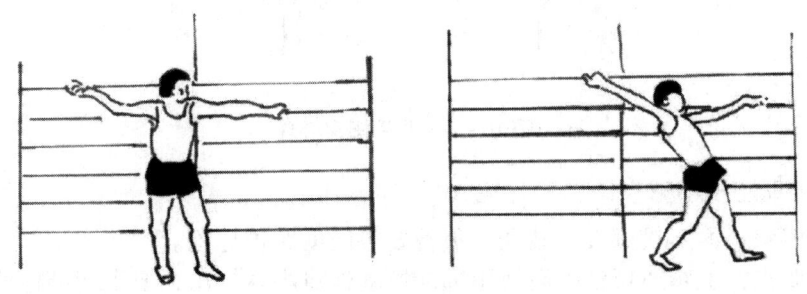

图 10 - 4　翻肩

（三）鞭打（图 10 - 5）

预备姿势：单手持小树枝，身体侧对投掷方向，投掷臂平举，手掌心向上。

动作要点：右腿蹬转送髋用力，推动身体重心前移至左腿上方，左腿快速蹬伸，以胸带臂向前上方鞭打。两腿蹬伸动作、胸部快速前振和投掷臂的鞭打动作协调配合。

作用：有助于掌握正确的鞭打动作和用力方向，体会正确的用力顺序，发展投掷的爆发力。

练习方法：可采用原地、上步和助跑等多种姿势做鞭打练习。

图 10 - 5　鞭打

（四）双手掷实心球（图 10 - 6）

预备姿势：面对投掷方向站立，双手持实心球于头后，两臂弯曲后伸，左脚在前，身体适度后倾。

动作要点：采用自下而上的用力顺序，以胸带臂将球掷出。

作用：有助于掌握正确的用力顺序，发展躯干和上肢的投掷力量。

练习方法：可原地和上步或短助跑投掷。

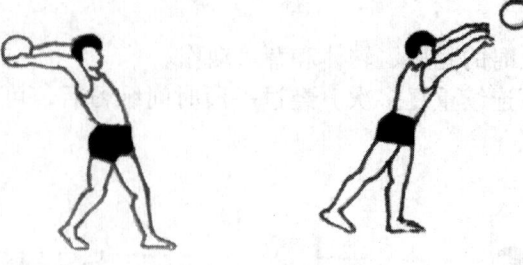

图 10-6　双手掷实心球

（五）助跑投小球

预备姿势：面对投掷方向站立，预备姿势同助跑掷标枪。

动作要点：上步或短助跑后使用掷标枪动作将小球掷出，要求同掷标枪。

作用：改进助跑节奏，发展投掷爆发力和快速鞭打能力，改进用力方向。

（六）连续跳栏架（图 10-7）

预备姿势：面对栏架站立。

动作要点：经 2~3 步助跑后，双脚起跳连续越过适宜高度的栏架。

作用：提高下肢快速力量和身体的灵活性。

练习方法：栏架高度和栏间距离适宜，每次练习 4~6 组，每组连续跳过 3~8 个栏架。

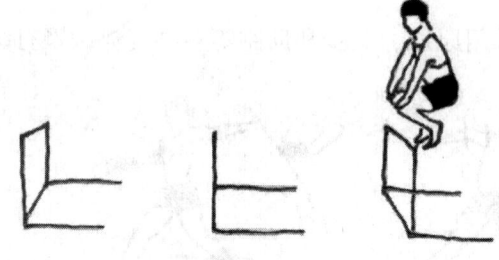

图 10-7　连续跳栏架

（七）单手拉起重物（图 10-8）

预备姿势：背靠跳马或山羊站立，单手持杠铃片或重物上举，向后下方放至最大限度，身体后倾呈背弓状。

动作要点：双腿用力支撑，投掷臂用力将重物快速向上拉起。

作用：发展投掷臂肩带肌群的力量，提高专项力量。

练习方法：可持适宜重量杠铃片或壶铃进行练习。每次练习 3~6 组，每组 6~12 次。

图 10-8　单手拉起重物

（八）前后抛铅球或实心球（图 10-9）

预备姿势：原地站立，两脚与肩同宽，双手持球，面对或背对抛球方向。

动作要点：下蹲后充分屈膝，然后适当向前或向后移动髋部，两腿快速蹬伸，展体，将铅球抛出。前后抛时，铅球出手后，练习者应顺势前迈或后退 1~2 步。

作用：有助于掌握自下而上的用力顺序，发展下肢力量和全身的爆发力。

练习方法：先前抛再后抛，每个练习 10~20 次。

图 10-9　前后抛铅球或实心球

（九）高翻杠铃（图 10-10）

预备姿势：下蹲，两手握住杠铃，握距与肩同宽，杠铃靠近小腿。

动作要点：自下而上用力，将杠铃提至胸前并翻至肩上。

作用：有助于掌握自下而上的用力顺序，发展全身的力量和爆发力。

练习方法：采用 60%~90% 的负荷，每次练习 5~6 组，每组 3~6 次。

图 10-10　高翻杠铃

（十）持枪跑

预备姿势：单手肩上持枪，面对投掷方向站立。

动作要点：逐渐加速，自然跑进，控制好标枪与地面角度。

作用：发展专项速度，提高控制标枪的能力。

练习方法：持枪跑 15～30 米，练习 10 次，计时。

思考题

1. 试述掷标枪技术发展的阶段及其特点。
2. 试述掷标枪技术的助跑、最后用力的动作过程。
3. 试述掷标枪技术教学的步骤。
4. 掷标枪技术教学中有哪些常见的错误动作？如何纠正？
5. 简述掷标枪的训练要点。

第十一章

其他田径运动项目介绍

学习要点：本章共十节，分别介绍了竞走、接力跑、中长跑、障碍跑、马拉松、三级跳远、撑竿跳高、掷铁饼、掷链球、全能运动等十个项目的基本技术及其基本的教学步骤与方法，以帮助学生了解这些运动项目，为进一步的学习和提高奠定一定的基础。

第一节 竞 走

走是人类活动的基本技能,而竞走是在普通走的基础上发展起来的一项田径运动。竞走与普通走在步长和步频以及动作的外形上都有较大差异。普通走的步长一般为 60~80 厘米,步频为 80~100 步/分,而竞走步长可达 110~120 厘米,步频可超过 200 步/分。竞走时要求脚着地至垂直支撑阶段腿必须伸直,而普通走则没有限制。通过竞走锻炼,可以发展腿部肌肉力量,增强心血管系统和呼吸系统的机能,改善神经系统的活动能力,增强顽强的意志品质。

一、竞走技术(图 11-1)

竞走是单脚支撑和双脚支撑交替进行的周期性运动。规则规定,竞走时必须前脚着地后,后脚才能离地,即两脚不能同时离地;向前迈进的脚在着地过程中,腿必须有一瞬间的伸直(膝关节不得弯曲),特别是支撑腿在垂直部位时必须伸直,这是掌握竞走技术应该注意的主要问题。

竞走技术与普通走步有所不同,其主要特点是:步频快、步幅大、摆臂有力、节奏感强,脚跟领先着地的动作明显。支撑腿在垂直部位伸直和后蹬迅速有力。骨盆主要沿身体垂直轴转动幅度明显等。竞走时,上体姿势基本是正直的。眼看前方,颈部肌肉放松。

图 11-1 竞走技术

腿部动作是竞走技术中的主要动作，当身体处于垂直部位时（此时身体重心恰好在支撑腿的上方），支撑腿伸直，全脚着地，摆动腿处于摆动状态，其膝关节比支撑腿膝关节略低。此时身体应适当地放松，以节省体力。当身体重心前移超过支撑点的垂直部位时，开始后蹬，使身体前进。在后蹬快要结束、摆动腿脚掌即将着地进行双支撑的一瞬间，应伸直膝关节，并用脚跟着地，此时支撑腿膝关节充分蹬伸，用前脚掌蹬地，形成竞走的双脚支撑的姿势。支撑腿蹬离地面后，开始后摆动作，当摆动腿向前摆动超过身体垂直部位时即开始前摆动作，在摆动腿脚掌即将着地时，向前伸直膝关节，并用脚跟着地。摆动腿的脚跟着地点应使两脚的内缘接近一条直线，着地方法是脚跟领先着地，膝关节自然伸直，脚掌迅速滚动至全脚支撑。

竞走时躯干与摆臂动作主要在于维持身体平衡，加大步长和加快步频。两臂的摆动应自然、轻松而有力。上体与两臂配合两腿的动作，沿着身体的垂直轴转动，起到维持身体平衡，加强后蹬的效果，减少身体重心偏离直线的程度。

二、竞走教学

竞走教学应以"走得快，能省力，不犯规"为目标，这是竞走技术教学的难点，而骨盆沿垂直轴前后转动及下肢动作应作为教学的重点。

其教学步骤和方法一般为：

（一）帮助学生了解竞走技术的概念

主要通过教师简要讲解竞走的技术要点、比赛的项目与规则、示范竞走的技术等，使学生初步了解竞走技术特点。

（二）学习竞走时下肢动作和骨盆沿身体垂直轴转动的技术

（1）沿直线做普通的大步走（要求脚跟先着地，逐渐加大步幅地走）。

（2）慢速和中速竞走 100~200 米（要求逐渐加大动作幅度和骨盆转动，增大步幅）。

（3）骨盆转动与髋关节灵活性练习。如原地变换支撑脚练习；原地和行进间的交叉步练习；反复练习身体在垂直部位时向前迈步，髋部前送，做前腿脚跟着地和后腿脚蹬地的动作。

（三）学习摆臂技术

（1）讲解和示范摆臂技术要领。

（2）原地摆臂练习。听口令、掌声等信号做不同快慢节奏的摆臂练习。

（3）在不同速度的竞走中做摆臂练习，掌握摆臂与腿部和躯干动作的协调配合技术。

（四）完整技术练习

（1）由两臂自然下垂的普通大步走过渡到中速、较大步长的竞走。

（2）步长较小的快步频竞走。

（3）步长大、小及步频快、慢交替变化的变速竞走练习。

（4）中速或快速竞走 400~800 米。

第二节 接力跑

接力跑是田径运动中以队为单位，每队由4人组成，每人跑完一定的距离，用接力棒进行传递，相互配合跑完全程的集体径赛项目。同队选手之间以30厘米长的金属圆棒为传接工具，必须在接棒区内接棒。如果站出了跑道或选手已离开接棒区时仍未完成接棒者，全队会被取消资格。目前，在田径场跑道上正式比赛的接力跑有男、女4×100米和4×400米。

一、接力跑技术

（一）起跑技术

（1）第一棒运动员起跑技术。

第一棒运动员起跑技术与弯道起跑技术基本相同，不同的是第一棒运动员，必须手持接力棒起跑。持棒的方法一般用中指、无名指和小指握住棒的末端，用拇指和食指分开撑地（图11-2）。

（2）接棒运动员的起跑技术。

接棒运动员多采用半蹲式或站立式起跑。接棒运动员起跑姿势的选择，主要取决于能否快速起跑和进入加速跑，并能清晰地看到传棒运动员的跑进以及设定的起动标志。

图11-2 持棒起跑握法

（二）传、接棒方法

目前普遍采用的传、接棒方法有"上挑式"和"下压式"两种。

（1）上挑式。

接棒人手臂自然后伸，尽量减小摆动，手臂与躯干呈40°~45°角，掌心向后，虎口张开朝下。传棒人将棒由下向前上方"挑"送到接棒人手中（图11-3）。

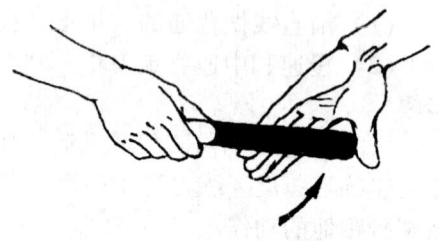

图11-3 上挑式传接棒

（2）下压式。

接棒人手臂后伸，与躯干成50°~60°角，掌心向上，虎口向后，拇指向内。传棒人将棒的前端由上向下"压"送到接棒人的手中（图11-4）。

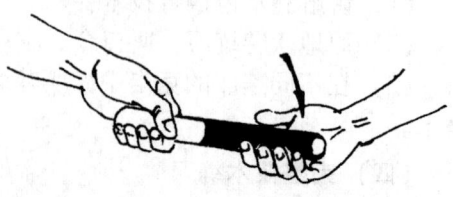

图11-4 下压式传接棒

（三）传、接棒的时机

4×100米接力跑中，在20米的接力区加上10米预跑区的30米距离内，传、接双方运动员都能发挥出接近自己最高跑速，此时为传、接棒的最佳时机,一般在离接力区末端 3~4.5 米处。此时传棒运动员仍处于高速之中,而接棒运动员也能加速到一定的水平。

(四) 接棒运动员起跑标志的确定

起跑标志的作用是当传棒人跑到此标志点时接棒人开始起跑。此标志点离预跑线的距离是根据传棒和接棒双方的跑速以及传接棒技术的熟练程度等因素决定的。

二、接力跑技术教学

接力跑技术教学一般安排在短跑教学结束之后进行。接力跑的重点是传、接棒技术。教学中一般采用分解和完整相结合的教学方法。

(1) 讲解接力跑的相关知识,建立正确的接力跑技术概念。

(2) 学习传、接棒技术。首先,学生站成两列横队,2 人一组,原地按统一口令做"上挑式"和"下压式"的传、接棒练习。然后,2 人一组在慢跑和中速跑中做上述练习。

(3) 学习接力区的传、接棒技术。2 人一组,当传棒人快速跑至标志线时,接棒人迅速起跑,在高速跑进中完成传、接棒技术练习。

(4) 学习全程接力跑技术。4 人成队地连续进行 50~100 米的接力跑练习。

第三节 中 长 跑

中长跑是中距离跑和长距离跑的合称。中长跑是耐力性的运动项目,动作周期和用力方式与短跑基本相同,特别之处是中长跑更加注意跑的节奏和放松能力。中跑是对速度耐力要求较高的项目,长跑是以耐力为主的项目。尽管两者在许多方面有相同之处,但在跑的技术和训练方法等方面,又都有不同的特点。由于中长跑不受年龄、性别、场地和器材等条件的限制,近年来在世界范围内越来越受到人们的欢迎,中长跑运动现已成为社会各阶层锻炼身体的重要手段。

一、中长跑技术

中长跑的技术基本上是相同的,但由于各项目之间的距离不同,在技术动作的速度和幅度及用力程度上有所不同。对各项目的一般要求是:身体重心位移平稳,动作实效、经济、轻松、自然,并保持良好的节奏。高步频、积极有效的伸髋和快速有力的摆动动作,是现代中长跑技术的主要特征。

中长跑各个项目的完整技术均分为起跑、起跑后的加速跑、途中跑和终点跑等主要技术环节。

中长跑采用站立式起跑。听到枪声后,两腿用力蹬地,后腿蹬地后迅速前摆,两臂配合两腿的蹬摆做快而有力的前后摆动,使身体快速向前冲出,过渡到起跑后加速跑阶段。加速跑时,两腿应迅速有力地蹬伸和积极地摆臂,在短时间内达到预定速度。加速跑的距离依项目、个人能力及战术而定。一般中跑的加速距离稍长。

无论在直道或弯道上起跑，都应该按切线方向跑进，在规则允许的范围内，抢占有利的战术位置，然后进入有节奏的途中跑。

途中跑是决定中长跑运动成绩的主要环节。中长跑的途中跑技术与短跑的技术结构相同，只是动作速度、幅度和用力程度较短跑的小，更加应强调轻松、省力、节奏好。中长跑除了因战术的需要改变跑的节奏外，一般多采用匀速跑。

终点跑是各项目跑全程结束前的最后一段距离的冲刺跑，也是相对于途中跑的一段快速跑。冲刺时，运动员应加大摆臂，加快步频和增加躯干的前倾角度，终点撞线技术与短跑撞线技术相同。

二、中长跑的呼吸

中长跑时，应注意呼吸的节奏。呼吸的节奏取决于个人特点和跑的速度，一般是跑2或3步一呼气，跑2或3步一吸气。随着跑速的提高，呼吸频率也相应加快。呼吸应自然和有一定的深度。随着疲劳的出现，应着重加深呼气。在强度大、竞争激烈的情况下，为了提高呼吸效率，仅用鼻呼吸是不够的，应采用半张口与鼻同时呼吸来最大限度地满足机体对氧气的需要。

在跑的途中，由于氧气的供应落后于肌肉活动的需要，跑到一定阶段会出现胸部发闷、呼吸困难、动作无力、跑速降低、不愿跑下去或难于继续坚持跑下去的感觉，这种生理现象称为"极点"。这是跑的过程中正常的现象，它与准备活动、训练水平和运动强度等有关。"极点"现象是可以控制和克服的，当"极点"出现时，可适当降低跑速，注意加深呼吸，特别是加深呼气，同时要以顽强的意志坚持下去。

三、中长跑技术教学

途中跑技术是中长跑技术教学的重点，蹬与摆的配合、呼吸是中长跑技术教学的难点。

由于中长跑练习比较辛苦，在中长跑的教学中，要加强对学生思想教育和心理训练，培养不怕困难和吃苦耐劳的精神。技术教学一般是采用完整教学法。以学习途中跑技术为主要内容。在教学过程中，应采取多种教学形式与练习方法，调动学生学习的积极性。

（一）使学生初步了解中长跑的技术和基本知识

（1）介绍中长跑的技术特点与价值。

（2）学生用中等强度跑一次规定的距离。如男生中速跑200～350米，女生中速跑150～250米，体会中长跑的技术动作。

（3）根据学生的实际体能情况跑完规定的距离，体会中长跑全程跑的技术。

（二）学习途中跑的技术

在全身动作协调配合的情况下，让学生领会并掌握中长跑技术与合理的呼吸方法，掌握合理的体能分配，进行意志品质的培养教育。

(1) 匀速跑 80～150 米。
(2) 加速跑 80～150 米。
(3) 加速跑—匀速跑—加速跑—加速跑后的惯性跑。
(4) 匀速定时跑、变速跑和接力跑游戏。

（三）学习站立式起跑和起跑后加速跑的技术

(1) 讲解与示范站立式起跑的技术要点。
(2) 让每个学生体会站立式起跑的技术要点。
(3) 原地站立，直体前倾后顺势跑出，保持身体前倾姿势加速跑 30～50 米。
(4) 个人或分组在直道或弯道上按口令做站立式起跑和起跑后加速跑 60～150 米。

（四）掌握与改进中长跑的技术

(1) 按水平的高低分组进行各种形式跑的练习。
(2) 以水平大致相同分组进行匀速跑 400～1 600 米。
(3) 以学生自己的体能分配方案跑：男生 1 600～3 000 米，女生 400～1 600 米。

第四节 障 碍 跑

障碍跑是中长距离跑和跨越障碍相结合的田径运动项目。它要求运动员在具备较强的平跑速度能力的同时，还要具备较好的跨越障碍栏架和水池的技术。运动员不仅要具有较高的有氧代谢基础和很强的无氧代谢能力，还要有较强的意志品质和专项能力。

国际田联审定的田径规则中，有 3 000 米和 2 000 米的两种距离的障碍跑。3 000米障碍跑要越过 28 次障碍架和 7 次水池，2 000 米障碍跑要越过 18 次障碍架和 5 次水池。

一、障碍跑技术

（一）跨越障碍架的技术

障碍跑的起跑、起跑后加速跑和障碍架间途中跑的技术与中长距离跑的技术基本相同。途中过障碍架主要有"跨栏法"和"踏上跳下法"两种。

用"跨栏法"越过障碍架的技术与 400 米栏技术无太大的差异，但因障碍架稳固在跑道上，为了顺利跨越栏架，其起跨点较 400 米栏要近，过障碍架时身体重心也较过 400 米栏时要稍高些，过障碍架之前应适当加速。

用"踏上跳下法"越过障碍架前，应目测起跨点，调整步长，加快节奏。当起跨腿的脚踏上起跨点时，摆动腿迅速屈膝向前上摆（图 11-5①～图 11-5④），两臂向上摆，帮助身体重心上升。当起跨腿蹬离地面后，借助蹬地的反作用力顺势屈膝上提向摆动腿靠拢，形成团身姿势（图11-5⑤～图11-5⑦）。随着身体重心借惯性前移，摆动腿的脚由上而下以前脚掌踏上横木并积极迅速地屈膝缓冲。此时上体加大前倾（图11-5⑧），起跨腿顺势过栏跳下向前跑进（图11-5⑨～图11-5⑩）。支撑在障碍架上的腿，在离障碍架时不应用力蹬障碍架，而应使其只起过渡作用。

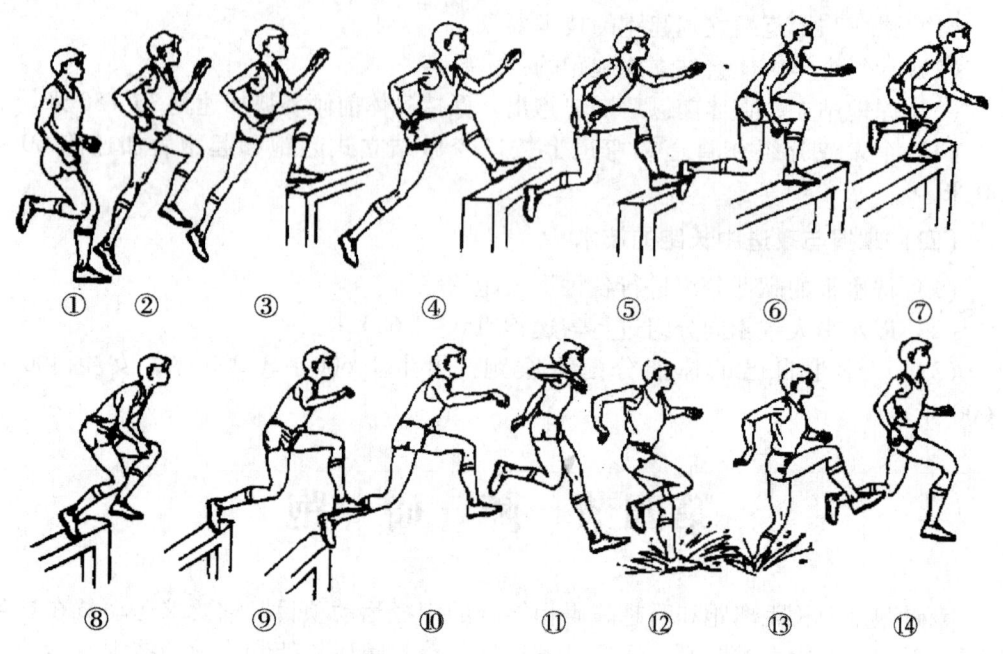

图11-5 跨越障碍架和过水池技术

在实际比赛中，可以交替运用上述两种方法。在体力充沛的前半程采用跨栏法，后半程体力下降时改用踏上跳下法。

（二）过水池的技术

过水池的方法有两种：一是采用"踏上跳下法"先踏上水池前的障碍架，再从障碍架上跨越过水池；另一种是采用"跨栏法"既跨越障碍架又越过水池。

采用"踏上跳下法"过水池时，踏上障碍栏架的动作应与跑上栏架一样（图11-5）。踏上栏架的脚，从上向下柔和地踏在障碍架的横木上，身体重心较低。随着身体向前移动，以脚掌前两排鞋钉扒住横木的前沿。当躯干移过栏架时，弯曲的支撑腿开始用力向前蹬伸，使身体进入第二次腾起，形成一个向前、向下的跨步姿势，然后前腿自然下放落地。在落地脚尚未接触水池前，后腿应超过落地腿，以便落地支撑后能迅速向前跑出，落点在离水池前沿30～40厘米的水中。

采用"跨栏法"过水池时，应在距水池15～20米处开始加快跑速，力争跨越障碍架的一步（跨栏步）能跨得更远些。起跨的方向是水池的上方。越过障碍架后，起跨腿向摆动腿靠拢，在摆动腿落入水池前，起跨腿要超过摆动腿，摆动腿落在水池较浅的地方。

二、障碍跑技术教学

障碍跑的教学应安排在中长跑和跨栏跑教学之后,教学的重点与难点是跨越障碍架和越过水池的技术。

教学步骤和方法主要有:

(一)介绍3 000米障碍跑的特点与规则及比赛场地和障碍设置的情况

(二)学习"踏上跳下法"过障碍架的技术

(1)结合示范,讲解动作要点。

(2)学生在短距离助跑后,利用跳箱或其他类似器械做"踏上跳下法"的练习。

(3)在障碍跑的正式障碍架上练习动作。

(三)学习"跨栏法"过障碍架技术

(1)复习跨栏跑的专门练习,栏高逐渐升到91.4厘米。

(2)用中等速度跨越障碍架,改进与适应过障碍架的技术。

(3)短、中程距离助跑做跨越障碍架的练习。

在第(2)、(3)个练习时应尽可能要求学生体会与掌握两腿都能过栏的技术。应强调在障碍架前的加速度与节奏,目测能力和基本准确的起跨点,蹬地腾起时的身体适当前倾的动作要点,以便使学生掌握正确的动作。

(四)学习跨越水池的技术

(1)讲解动作要点与注意事项后,在沙坑内画假设的水池界线,让学生练习跨越水池的技术。先让学生在障碍架横木上做2~3次蹬地腾起路上障碍架横木后过水池的技术练习。

(2)跨越不放水的障碍水池,落地点应放上垫子等,要注意安全。

(五)学习3 000米障碍跑的完整技术

(1)跨过1~2个障碍架后再跨越水池的练习。

(2)跑一圈越过5次障碍(含1次水池障碍)的练习。

第五节 马 拉 松

马拉松是国际上非常普及的长跑比赛项目,全程距离42.195公里。目前常见的比赛分为全程马拉松(Full Marathon)、半程马拉松(Half Marathon)和四分马拉松(Quarter Marathon)三种,以全程马拉松比赛最为普及。

一、马拉松技术

马拉松跑的技术和长跑技术相似。由于距离长,主要赛程是在公路上进行,因此跑的技术上也有其特点。在马拉松跑中最基本的技术要求是动作协调自然与省力,节奏良好。跑动中身体重心移动平稳、直线性好，跑速均匀，符合运动员的个人特点。跑时上体正直或微前倾，后蹬、前摆的力量和大腿向前上方的摆动幅度均较小，蹬地后小腿上摆的动作幅度也较长跑小。每一步中脚的着地点离身体重心投影点较近，用全脚掌或脚的外侧先着地，再过渡到全脚，着地动作柔和而有弹性，膝部适度地弯曲缓冲。上肢技术要求两肩下沉，以肩为轴两臂自然摆动，幅度不大。在加速跑、上坡跑和终点跑时，两臂配合腿的动作做积极的摆动。

整个马拉松跑过程中，呼吸的节奏要和跑速相适应，呼气有适宜的深度。只有掌握正确的呼吸方法才能符合马拉松跑时以有氧代谢为主的能量供应特点。步长与步频应结合途中的不同地形进行调整，保证以比较均匀的速度跑完全程。

当遇到上坡跑时，身体稍前倾，步长较短，步频加快，两臂积极摆动，用前脚掌着地。遇到下坡跑时，步长较大，可用全脚掌或脚跟先着地，上体稍后仰，并适当控制跑速，保持适宜的步长和步频。

二、马拉松跑的注意事项

（一）饮食

马拉松跑距离长，人的体力消耗大，一般需要3～5小时才能跑完全程，人体在马拉松跑时处于较长时间的运动状态，因此运动员的胃不宜过饱或过空。过饱容易引起跑动中腹部的不适感甚至疼痛；胃过空则容易在长时间的运动中产生饥饿感和体力不支感。两者都不利于马拉松跑的顺利完成。因此要注意赛前饮食和赛中、赛后的能量补充问题。

赛前饮食一般在马拉松跑前2～3小时进食为宜，食物应以易于消化、高能量、富含维生素的为主，应包括足够的蛋白质和脂肪，特别是碳水化合物，以获取足够的能量供应马拉松运动中的机体需要。

赛中可以根据身体需求适当补充水分。规则规定，马拉松运动员可在比赛途中设置的饮料站、饮水站取用自备饮料或大会提供的饮料和水。运动员可根据比赛时的气温、出汗量来决定饮用量和次数。但要注意每次饮用量不要过多以免胃部过度充盈而影响比赛。

由于马拉松跑使人体能量消耗过大，因此赛后要及时补充能量。可以适当进食高能量和易于消化的食物，饮用适量的含有维生素、盐分的饮品。之后几天，要注意休息和补充营养，多吃蔬菜、水果、植物性脂肪，多喝牛奶、蜂蜜，避免酒精饮料。

（二）运动服装和鞋袜

马拉松跑时穿着的服装要合身、柔软、轻便，不要穿新的背心、短裤，避免由于长时间运动的摩擦而损伤皮肤。运动中的鞋、袜要合脚，最好穿用过、洗过的鞋袜。袜口不能过松，以免跑动途中脱落。

第六节 三级跳远

一、三级跳远技术

三级跳远技术的本质特点是：助跑后沿直线连续进行趋于水平方向的三次跳跃。第一跳（单足跳）须用起跳腿着地，第二跳（跨步跳）须用摆动腿着地，第三跳（跳跃）是用双脚落入沙坑。

三级跳远的完整技术是由助跑、第一跳（单足跳）、第二跳（跨步跳）、第三跳（跳跃）四个部分组成的。

（一）助跑

三级跳远助跑的方法和要求与跳远基本相同，由于三级跳远助跑后要向前连续进行三次水平跳跃，因此，助跑技术又有着不同于跳远的自身特点。

三级跳远助跑的距离较跳远近些，步数也少些，其助跑距离一般为 35～45 米，跑 16～24 步。

三级跳远助跑的起动方式有两种，一种从静止状态开始起动，另一种从行进间起动。其助跑节奏分为逐渐加速和积极加速两种。

（二）第一跳（单足跳）

三级跳远的第一跳是从起跳脚踏上起跳板开始至起跳腿的脚再次着地时结束，通常都是以有力的腿作为起跳腿，整个过程包括起跳腿着板、身体重心移过垂直支撑点和蹬离起跳板。

起跳腿着地后，因重力和地面反作用力的作用，膝关节被迫弯曲，随着身体重心的前移，踝关节背屈加大，此时，上体和骨盆应快速前移，同时摆动腿积极前摆。

起跳离地后先完成"腾空步"姿势，在保持一段"腾空步"后（约在腾空距离的 1/3 处），摆动腿向下、向后大幅度摆动，起跳脚屈膝前抬，大、小腿收紧，足跟靠近臀部。接着摆动腿后摆，起跳腿要向前高抬，小腿自然下垂，完成换步着地动作。

第一跳应采用前后摆臂方式（即单臂摆）较适宜，以减小水平速度的损失。在腾空过程中两臂前后摆动，配合下肢的换步动作。

（三）第二跳（跨步跳）

第二跳的起跳是从第一跳的着地动作开始的。当第一跳的起跳腿着地时，要积极下压，同时做有力的"鞭打式"扒地动作，着地时腿不能完全放松，膝部、踝部和大小腿后群肌肉都要保持适度紧张，使身体重心保持在较高的位置上，同时，摆动腿和摆动腿的异侧臂要做有力的向前摆动动作，并配合起跳腿有力的蹬伸动作。

第二跳腾空跨步姿势要保持较长时间，在身体向前腾越的过程中，要尽量保持两大腿间较大的夹角,维持腾空时的身体平衡,为第三跳做好准备(图 11-6②)。第二跳腾空高度较低,腾起角也较小,优秀运动员的腾起角度一般为 13°~15°。

图 11-6 三级跳远

(四)第三跳(跳跃)

第三跳要充分利用剩余的水平速度,在保持一定水平速度的前提下,动员全部力量,尽可能提高垂直速度,以获得一个较高、较远的腾空轨迹,跳出第三跳的最大距离(图 11-6③)。

优秀运动员第三跳的腾起角度一般为 16°~20°。第三跳的空中动作和落地动作与跳远基本相同。

二、三级跳远教学

三级跳远对学生各项身体素质的要求较高,特别是对速度、力量、协调性等级素质的要求较高。因此,三级跳远教学一般都在短跑、跳远等项目教学后进行。三级跳远技术比较复杂,练习强度大,宜采用分解练习与完整练习相结合的教学方法,前一段注意简化练习手段,降低练习强度,以掌握基本技术为主。

(一)掌握三级跳远技术的正确概念

(1)完整三级跳远技术动作示范(看三级跳远技术图片或技术录像)。
(2)讲解三级跳远技术要领。
(3)介绍三级跳远的场地和比赛规则。

(二)学习三级跳远着地技术

(1)学习原地着地技术。
(2)学习行进间着地技术。
(3)学习跨步跳着地技术。

技术要领:体会脚后跟先接触地面,然后滚至全脚掌着地技术。

(三）学习单足跳与跨步跳相结合技术

（1）学习原地立定单足跳连接跨步跳。
（2）学习3~5步助跑，单足跳连接跨步跳。
（3）学习5~7步助跑，单足跳连接跨步跳反复做50米。

技术要领：体会两臂和摆动腿前后摆动，起跳腿蹬地后屈膝折叠向前摆出技术。

（四）学习第二跳和第三跳相结合技术

（1）学习原地跨步跳连接跳跃落入沙坑技术。
（2）学习3~5步助跑做跨步跳动作，摆动腿着地向前落入沙坑。
（3）学习5~7步助跑跨步跳，摆动腿着地起跳，两脚落入沙坑。

技术要领：在第二跳腾空的后三分之一时，体会着地动作，第二跳落地后，支撑腿缓冲蹬伸，摆动腿和两臂积极配合向前上方摆动。

（五）学习完整三级跳远技术

（1）学习原地立定三级跳远技术。
（2）学习3~5步助跑三级跳远技术。
（3）学习7~9步助跑三级跳远技术。
（4）学习全程助跑三级跳远技术。

技术要领：起跳积极，换腿时机适宜，技术协调，节奏快，三跳远度比例合理。

第七节 撑 竿 跳 高

一、撑竿跳高技术

撑竿跳高技术分为持竿助跑、插穴起跳、悬垂摆体和展体、拉引转体和推竿、腾越过杆和落地等技术阶段。

（一）持竿助跑

握竿和持竿的目的是使运动员在助跑和准备起跳时完成一个有效的和有攻击性的插竿动作。

持竿的基本方法：两手握距同肩宽，上手拇指在撑竿外侧，下手拇指在撑竿内侧，两肩正对跑道且放松，上握点位于同侧髋附近。运动员持竿时竖起竿头，竿头与其体侧垂直，这样能使助跑更加有效。

助跑的距离存在着个体差异，范围在30.5~45.7米或7~10个复步。优秀运动员的助跑距离为18~20步。为了平稳地衔接举竿插穴动作，在助跑后程竿头要逐渐下降至水平位置。

降竿时上手仍保持在异侧髋附近，不要后移。随着前翻拉力的增加，运动员要力争保持正直的上体姿势。运动员在"追"着撑竿跑时，为了防止身体前翻，必须高抬大腿、加快步频，这同时也满足了撑竿跳高技术在助跑后程的步态要求。

（二）插穴起跳

插穴起跳是撑竿跳高的关键环节。最后 4 步应该用一种快速的、节奏明显的方式跑进，插穴是在起跳前 3~3.5 步开始的。如果运动员用 9 步（18 个单步）助跑，若不稍微提前，插穴动作应该在第 8 步（第 8 个右步）着地时开始。运动员的持竿动作应与开始插穴时的动作协调一致，当撑竿通过水平位置时，运动员迈出右脚开始进入插穴阶段。当倒数第 2 步右脚着地时，运动员应向前和向上推举撑竿。当倒数第 2 步左脚着地时，左臂应该移过头部，同时双臂继续向前和向上推竿。当左臂移到上方时，上体稍微转向左侧，以便运动员向上推举插穴时，撑竿继续靠近左侧肩。

在整个举竿插穴过程中，左手始终不能低于左肘的高度，这样左手臂就形成了一种依托状态，从而可以更好地支撑撑竿的重量。另外，左手高于左肘也可以加大撑竿与地面的夹角，这一角度对于竖竿是十分重要的。

助跑的最后 1 步相对较短，起跳腿积极快速地进行起跳（起跳点的位置应是起跳脚在上握竿点垂线下方），上手臂充分伸直，下手臂紧张用力支撑撑竿（肩关节大于 90°，肘关节一般不小于 90°），这种支撑有利于弯竿及竿上动作的平衡。起跳腿缓冲不宜过大，蹬伸动作积极充分，摆动腿屈膝前摆，头部稍抬并正对前方。

（三）悬垂摆体和展体

悬垂摆体实质上是起跳的延续，要求人体离地后，利用助跑起跳所获得的速度使躯干继续快速前移，深入竿下，并把起跳腿保留在体后，使身体形成最大背弓（良好的技术特征是在悬垂结束时上手握竿点与起跳脚基本保持在一条垂线上）。

良好的摆体技术应在摆体的第一部分（悬垂结束到身体摆至 45°时）呈现出鞭打用力的特征，即在悬垂结束时下握点有所制动（下手推离撑竿），随之肩部制动（这样躯干的动量就会逐渐向下传递），同时起跳腿以较直的状态做"兜扫"式摆动，其发力点应是起跳脚（起跳脚形成鞭梢效应）。如果单从动作的外形来观察，这种摆体方式在身体与地面形成 45°角时，上手臂、躯干、髋关节和起跳腿应处在一条直线上，尤其是髋、膝关节没有明显的弯曲。

摆体的第二部分即人体的屈膝团身。屈膝团身时两脚的运动方向应指向上握竿点，不要抬头，动作具有"团身"的外形特征。团身结束时良好体位是两膝在臀部垂直面以内，同时臀略高于肩。

展体阶段是人体利用撑竿弹性力量的主要阶段，其效果将直接影响运动员的腾越高度。人体的运动与撑竿的运动协调配合，充分并有效地利用撑竿的反弹力量，努力把人体推向尽可能的高度，是伸展阶段的主要任务。而伸展阶段技术上的重点则应放在人体的伸展方向和伸展速度方面。

由于撑竿的反弹方向不仅向上，而且也向前，所以在伸展的开始部分，双腿应向后上方伸出，这样才能保证人体有一个向上的合力。为了保持这一合力，向后压肩、双手用力控制身体以及臀部向上握竿点靠拢等动作就显得相当重要。

展体时人体的运动速度要尽量与撑竿的反弹速度相和谐，以保证身体充分展开，所以积极快速的动作就显得尤为重要，它可以使运动员及时完成良好的屈膝团身动作，从而保证足够的伸展时间和合理的伸展方向。伸展后程，下手臂肘关节角度逐渐缩小，以至前臂贴紧撑竿。伸展结束时（撑竿此时即将弹直），良好的身体姿势为"直臂倒悬垂"创造了有利的条件。

（四）拉引转体和推竿

当人体和撑竿几乎伸直时，两臂即开始沿撑竿纵轴做拉引动作。在拉引过程中，身体要完成一个绕纵轴转体的动作，这时要注意收紧下颌，两腿伸直并靠拢，特别是起跳腿不能向前伸转，以尽量保证身体靠近撑竿运动。引体和转体是连贯性的用力过程，不应有任何停顿，否则会影响撑竿反弹力的充分利用。

在推竿过程中，两腿不要过早放下，要积极有力地向下推展上手臂的肩、肘关节，这样不仅可以增加向上的动力，而且良好的单臂支撑倒立姿势也有助于增加腾越高度。推竿完成瞬间上手应顺势将撑竿推向助跑道方向，以免撑竿碰落横杆或触动竿架震落横杆，造成失败。

（五）腾越过杆和落地

推离撑竿后即转入无支撑的腾空阶段，这时要注意调整身体各部分的位置，充分利用其补偿效应。当身体重心上升到最高位置时，已越过横杆的双腿有所下压，并收腹、含胸成弓身姿势。当臀部越过横杆时，向上展臂、抬头，使整个身体依次越过横杆。落地时要注意安全，正确的落地动作是背部柔和地平落在海绵包上。

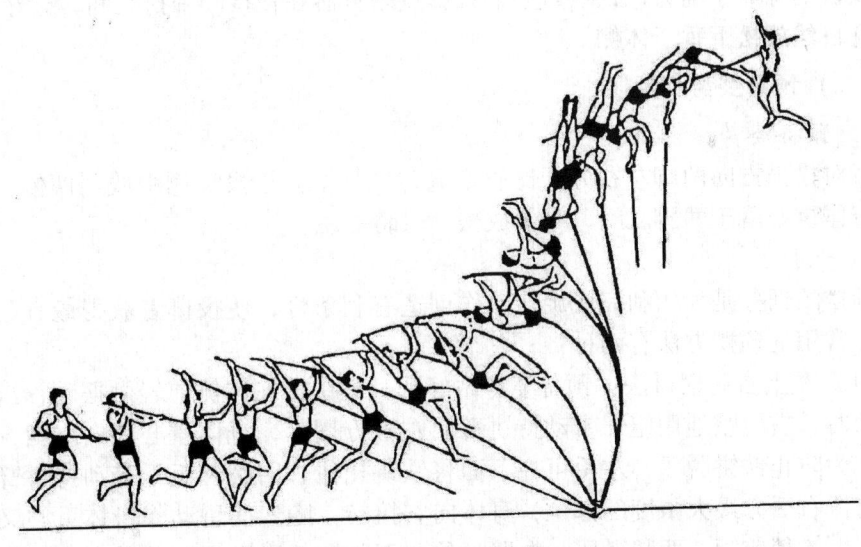

图 11-7　撑竿跳高的完整技术

二、撑竿跳高技术教学

(1) 建立正确的技术概念。
(2) 学习持竿与持竿助跑技术。
(3) 学习竿上悬垂。

（4）学习举竿插穴与起跳技术。
（5）学习悬垂摆体接后倒举腿技术。
（6）学习拉引转体与过杆技术。
（7）学习撑竿跳高完整技术。

第八节　掷　铁　饼

一、掷铁饼技术

掷铁饼是一项技术较为复杂、对运动员身体素质要求较高的运动项目，比赛在直径2.50米的投掷圈内进行，运动员背对投掷方向，用手指扣住铁饼边缘，经过预摆、旋转，最后用力将饼投出，运动员须等铁饼落在规定的落地区后从圆圈后半圈走出，成绩方为有效。掷铁饼的方法，现今国际上的优秀运动员普遍采用背向大幅度快速旋转一周半的技术。这一技术被称之为背向旋转掷铁饼技术。

（一）握持方法

五指自然分开，拇指和手掌平靠铁饼，其余四指末节扣住铁饼的边缘，手腕微屈，铁饼上缘靠于前臂，铁饼重心的投影点垂直落在食指和中指之间，握好铁饼后，持饼臂自然放松下垂于体侧。

（二）预备姿势和预摆

1. 预备姿势

背对投掷方向两脚左右分开比肩略宽，平行站立于投掷圈中线的两侧，两膝微屈，身体重心落于两脚之间，身体放松，眼睛平视。

2. 预摆

预摆的任务是为顺利完成旋转动作创造有利条件，使投掷者获得最有利的工作状态。常用的预摆方法有两种：

（1）左上右后摆饼法：预备姿势站好后，持饼臂在体侧前轻微摆动，当铁饼摆到体后时，右腿蹬地用躯干带动持饼臂向左上方摆起，身体重心移向左腿，身体稍左转，为防止铁饼脱手，左手可在下面将铁饼托住。回摆时躯干带动持饼臂把铁饼摆到身体右后方最大限度的部位，身体向右扭转，随着摆饼动作身体重心又移到右腿上，上体稍前倾，两腿微屈，左臂自然屈于胸前，眼平视。此种方法较为简单易学，多使用于初学者。

（2）体前左右摆饼法：预备姿势站好后持饼臂在体侧前后轻微自然摆动，当铁饼摆到体后时，身体重心移向右腿。然后躯干扭转带动放松的投掷臂经体前方向左摆动，当铁饼摆至身体前面时，持饼手掌逐渐翻转向上，右肩稍前倾身体重心靠近左腿，然后将铁饼向身后回摆，持饼手掌逐渐翻转向下，身体重心由左向右移动，右腿弯曲同时上体向右充分转动，使身体形成扭转拉紧状态。

无论采用哪种方法，在预摆过程中都必须做到平稳、协调，放松而自然，以躯干的转动带动投掷臂摆动，合理地移动身体重心，加大摆饼幅度，预摆结束时身体要充分扭转拉紧。

（三）旋转

掷铁饼的旋转由双腿支撑起转、左腿单支撑旋转、腾空旋转和右腿单支撑旋转衔接最后用力这四个连续的动作阶段组成。

预摆结束后，弯曲的右腿蹬地，髋部向左移转，重心由右腿逐渐移向弯曲的左腿，左膝外转，左脚以前脚掌为轴积极向投掷方向转动，上体保持收腹并稍向前倾，左肩转向投掷方向，同时左臂自然伸展低于左肩向投掷方向摆动，身体重心逐渐下降，当左脚脚尖转至与投掷方向约45°时，右脚蹬离地面进入左腿单支撑旋转阶段。

右脚离地后，左膝、左肩继续向投掷方向转动，形成左侧旋转轴。右脚靠近地面，以右髋带动右大腿围绕左侧旋转轴向投掷圈中心大幅度摆动，左腿屈膝支撑继续向投掷方向转蹬，身体重心加速向投掷圈中心转移，左臂协助身体控制好转动方向和维持身体平衡。右髋和右腿积极内转，左腿蹬离地面使人体进入短暂的低腾空阶段。

腾空后，身体在转动中向前移动，左臂屈于胸前，与落在体后的右臂保持平衡，左腿积极向右腿靠拢，为完成髋轴超越肩轴、右脚着地后连贯转动和左脚快速落地创造条件。

右腿单支撑旋转衔接最后用力是旋转技术的重要阶段，在完整的技术中起着承上启下的关键作用。右脚以前脚掌在投掷圈圆心附近着地，着地后右腿不停地转动，上体前倾，重心落在弯曲的右腿上，左肩内扣（约在右脚上方），左臂微屈于胸前，铁饼远远地留在身体后方，保持躯干充分扭紧并围绕身体右侧轴加速转动，同时左脚贴近地面并快速插向落点，以前脚掌内侧着地，形成最后用力预备姿势。

（四）最后用力

当左脚着地时，右脚继续蹬转，使右髋积极向投掷方向转动和前送。头向投掷方向转动，左臂微屈于胸前，胸部开始向前挺出，身体重心移向左腿，右腿继续蹬伸用力，以爆发式的快速用力向前挺胸挥饼。与此同时，左腿迅速用力蹬伸，左肩制动，成左侧支撑，使身体右侧迅速向前转动，将全身的力量集中在铁饼上，当铁饼挥至与右肩同高并稍前时，从小指到食食指依次用力拨饼，使铁饼沿顺时针方向转动出手，向前飞行。铁饼出手的适宜角度约为35°。

（五）维持身体平衡

在铁饼出手后，应迅速做两腿交换的动作或继续向左减速转动，同时降低身体重心，维持身体平衡。

二、掷铁饼技术教学

（一）使学生了解掷铁饼的基本知识

在了解学生基本情况的基础上，教师通过讲解示范与观看技术图片和录像等多种手段，使学生了解掷铁饼的一般知识，建立正确的掷铁饼技术概念，提出学习的要求。

（二）学习握饼、预摆和掷铁饼技术

（1）结合示范或通过图片等直观教具，讲解铁饼的握法、预摆方法与拨饼方法，使学生了解技术要求和动作要领。

（2）持铁饼练习。

（3）投掷臂伸直持握铁饼，做与地面形成不同角度的小幅度摆铁饼练习，提高学生控制饼的能力。

（4）做左上右后或体前左右方向的摆铁饼练习，逐步加大动作幅度，体会摆动动作。

（5）拨饼和滚饼练习。

（三）学习和掌握原地掷铁饼技术

（1）原地正面掷铁饼练习。面对投掷方向，两脚左右分开比肩稍宽站立，预摆铁饼1~2次，当铁饼最后一次摆到体后时，躯干向左转动，双腿微屈并降低身体重心，随铁饼摆动做蹬伸双腿并前送右髋，以胸带动投掷臂将铁饼掷出。

（2）原地侧面投饼练习。身体侧对投掷方向，两脚左右分开比肩稍宽站立，左脚尖与右脚跟在一条直线上，完成预摆动作时身体重心移向右腿，并降低重心，右腿向投掷方向蹬转用力送髋，带动上体和投掷臂将铁饼掷出。

（四）学习和掌握旋转掷铁饼技术

（1）正面旋转掷铁饼练习。面对投掷方向两脚开立，左脚在前，右脚在后，两腿膝关节微屈，身体重心落于两腿之间，持铁饼臂放松，前后自然摆动，当铁饼摆至体后时，右腿蹬地向前跨出，同时左腿蹬地形成腾空，在空中右腿内扣带动身体转动，然后右脚着地，并保持右膝关节弯曲，随着右脚转动，左腿划弧经右膝后方落地支撑，形成侧向原地掷铁饼的准备姿势，接着转蹬两腿将铁饼掷出。

（2）侧向旋转掷铁饼练习。身体侧对投掷方向，两脚左右站立比肩稍宽，最后一次预摆后上体右转，铁饼摆至右后方时，两腿膝关节弯曲，随即身体重心移向左腿并进入旋转，当左膝转至投掷方向时，右脚蹬离地面并向投掷圈圆心方向转扣，以前脚掌着地，左腿蹬地腾空，沿右膝方向划弧后伸，并以前脚掌着地，形成侧向原地掷铁饼准备姿势，紧接着做最后用力将铁饼掷出。

（3）背向旋转掷铁饼练习。身体背对投掷方向站立，两脚左右开立，比肩稍宽，开始练习时可在投掷圈外做些徒手的或持易于控制的投掷物，如小胶球或铁棍等进行完整技术模仿练习和投掷练习，在初步掌握技术动作的基础上适当增加动作幅度、速度和力量，最后在投掷圈内做背向旋转掷铁饼练习，练习时着重掌握背向旋转和旋转与最后用力相结合的技术。

（五）改进和提高背向旋转掷铁饼的完整技术

（1）反复进行背向旋转掷铁饼练习，体会技术细节，掌握旋转节奏，增大动作幅度，加快动作速度，全面改进和提高完整技术。

（2）根据个人情况选择有效的练习手段，改进主要技术环节动作，提高背向旋转掷铁饼技术。

（3）组织教学比赛或进行技术评定，巩固完整技术，提高专项成绩。

第九节　掷　链　球

掷链球运动是通过旋转在专项运动方向上产生器械最高出手速度的速度力量型投掷项目。该项目要求运动员具有高协调性和在高速的旋转中维持身体平衡的能力。链球的球体用铁制成，上面安有链子和把手。掷链球必须在直径为2.135米的圆圈内进行。运动员双手握住柄环，站在投掷圈后沿，经过预摆和3~4圈连续加速旋转及最后用力，将链球掷出。

一、掷链球技术

掷链球技术可分为握法、预备姿势、起摆与预摆、进入旋转与旋转、最后用力和缓冲六部分。

（一）握法

先用左手四指的中指关节将链球的柄环勾住（以向左侧旋转为例），然后用右手的四个手指紧紧地扣包在左手上，右手的拇指放在左手食指上，左手的拇指再放在右手的拇指上，使两手拇指相互交叉，紧握柄环。若运动员力量较强或经过一段时间的练习，可用左手的第一关节勾住柄环，以加大旋转的半径。

（二）预备姿势

根据起摆技术的不同，预备姿势有两种。一种是运动员背对投掷方向，两脚左右开立约同肩宽，脚尖稍向外分开，站在投掷圈的后缘。两腿弯曲，上体向右转并稍前倾，体重大部分位于右脚上。将链球放在投掷圈外右侧方的地面上，两臂伸直并与钢丝成一直线。另一种是运动员背对投掷方向站立，两腿弯曲，将链球放在身体正前方或稍向左的圈外地上。

（三）起摆与预摆

目前起摆有两种技术：一种是将链球放在身体的右侧方，起摆时利用右腿的蹬转和上体的左转来使链球进入预摆；另一种是将链球置于身体正前方或稍向左的圈外地上，起摆时双臂于胸前使链球左右摆动，在链球位于右侧方时进预摆。

目前，大多数运动员采用第二种方法，因为它可以使进入预摆的动作更加有节奏和更加圆滑。

预摆开始时，两腿微微蹬伸，上体左转，重心逐渐移向左腿，两臂保持伸直，随着身体的转动，链球向左上方的移动，重心移向右侧。当链球摆至左侧最高点时，两臂弯曲，上体急速右转，两臂经头上向右侧移动。当链球从体后向右侧下方运动时，与两臂逐渐伸直和两腿逐渐弯曲相配合，预摆时链球的最低点一般位于运动员的右前方。在预摆过程中，应使骨盆始终保持向链球相反的反向移动。随着第二圈预摆速度的逐渐加大，身体姿势与动作幅度应跟着进行相应的调整。目前运动员一般预摆两或三圈。

（四）进入旋转与旋转

进入旋转是指预摆和第一圈旋转之间的技术动作，是链球投掷技术中一个较为关键的环节。它起始于预摆结束即运动员的肩轴和髋轴平行时，此时链球基本位于运动员的正前方，而结束于右脚离地前。开始时，身体重心逐渐移向弯曲的右腿，以右脚后跟的外侧为轴进行转动，右脚前掌蹬地转动，当左脚尖指到100°左右时，左脚离开地面。

旋转是指从预摆结束到旋转最后一圈右脚落地之间的技术动作过程。在此过程中，运动员一般向投掷方向旋转三或四圈。第一圈的旋转是在预摆的基础上进行的，随着链球摆至最低点时进入第一圈旋转，此时两腿弯曲，上体保持与地面垂直，重心较低，左脚以脚跟为轴，前脚掌积极向左后方转动，同时逐渐伸直左腿，右脚以前掌支撑地面，脚跟外转使两脚动作协调配合，推动身体向左转动。在两脚支撑转动中，肩部放松，两臂伸直，随着身体转动带引链球向左侧最高点运行，左腿保持膝关节自然伸直，臀部稍向后，以维持身体平衡，对抗离心力。

当身体左转约90°时，右脚离地，进入单脚支撑阶段。此时，膝关节弯曲，右腿尽量靠近左腿并围绕左腿转动，以加快下肢转动速度，此时肩、髋轴之间形成一定程度的夹角。右脚转过一圈后，积极下落，两腿弯曲，结束第一圈的旋转。在第二、三、四圈旋转时，由于链球运行速度的加快，躯干动作应根据旋转的速度，向链球相反方向更为倾斜，降低重心以维持身体的平衡。在旋转过程中，双臂与肩要始终构成稳固的"三角形"，充分伸展双臂，右脚"晚抬早落"，加大双支撑阶段链球运行的角度。左脚以脚跟—脚外侧—脚掌外侧为轴，滚动向前，右脚落地时以脚掌外侧向拇指侧滚落下。

（五）最后用力

最后用力阶段主要是产生附加速度并在出手前将此速度转移到链球上。在最后一圈旋转结束时，右脚的前脚掌与地面积极接触后，运动员应位于投掷圈的前沿，并使其背部指向投掷方向。当链球到达运行轨迹低点时，双腿快速蹬伸，右脚积极蹬地，右髋转到前面，当髋轴正对投掷方向时，身体左侧突停。双臂以鞭打动作向左挥动。当肩轴指向投掷方向时，链球出手。

（六）缓冲

链球出手后，要继续转体动作，并使左脚抬离地面，同时屈腿降低身体重心。

二、掷链球教学

掷链球要求将人和链球视为一个整体，是人带着链球旋转投掷。由于链球技术复杂，动作结构又是生活中所没有的。所以，在教学中要遵循其特有的技术环节和自身规律，既要加快旋转速度，又要克服由于旋转所产生的离心力；既要加大旋转半径，又要保持一个稳定的旋转轴。因此，旋转是链球技术教学的核心。在整个教学过程中要始终围绕学习和掌握掷链球的旋转技术安排教学步骤和方法。

掷链球技术教学采用链接法教学模式，即先将投掷的整体技术分成若干简单的部分进行教学，再将分解技术链接成整体技术。在教学与设计中，可按照以下几个步骤进行：

（一）学习链球握法和链球轮摆技术

（1）双手向前抛实心球。

（2）背向后抛实心球。

（3）背向后抛实心球转身接反弹球。

（4）背向转身抛实心球。

（5）介绍链球握法。

（6）徒手抡摆。

（7）持实心球抡摆。

（8）持带球抡摆。

（二）学习掷链球旋转技术

（1）徒手旋转一圈至多圈。

（2）持木棒旋转。

（3）持链球旋转。

（4）摆动接旋转。

（三）学习掷链球的最后用力动作

（1）徒手最后用力。

（2）最后用力掷实心球。

（3）最后用力掷链球。

（四）学习旋转掷链球技术

（1）旋转掷链球。

（2）摆动接旋转掷链球。

（3）摆动链球多次，旋转两圈掷链球。

（4）掷链球完整技术。

第十节 全能运动

一、全能运动项目特点

（一）项目设置

全能运动的项目设置具有项类的组合性，一般在跑、跳、投三类中进行不同项目的组合并表现出比赛项目的顺序性和时间性。全能比赛按照不同性别、年龄分为成年男女、青年男女、少年男女等不同组别，并按照不同年龄、性别组别采用不同的栏架高度、距离，以及不同重量的投掷器械和不同的比赛顺序及时间（表11-1～表11-4）。

表11-1 成年组全能项目

组别	项目	比赛顺序	比赛时间
成年男子	五项全能	跳远、标枪、200米、铁饼、1 500米	同一天内
成年男子	十项全能	第一天：100米、跳远、铅球、跳高、400米 第二天：110米栏、铁饼、撑竿跳高、标枪、1 500米	连续两天内
成年女子	七项全能	第一天：100米栏、跳高、铅球、200米 第二天：跳远、标枪、800米	连续两天内
成年女子	十项全能	第一天：100米、铁饼、撑竿跳高、标枪、400米 第二天：100米栏、跳远、铅球、跳高、1 500米	连续两天内

表11-2 室内全能项目

组别	项目	比赛顺序	比赛时间
成年男子	五项全能	60米栏、跳远、铅球、跳高、1 000米	同一天内
成年男子	七项全能	第一天：60米、跳远、铅球、跳高 第二天：60米栏、撑竿跳高、1 000米	连续两天内
成年女子	五项全能	60米栏、跳高、铅球、跳远、800米	同一天内

表11-3 少年组全能项目

组别	项目	比赛顺序	比赛时间
少年男子	七项全能	第一天：110米栏、跳高、标枪、400米 第二天：铁饼、撑竿跳高、1 500米	连续两天内
少年女子	五项全能	第一天：100米栏、铅球、跳高 第二天：跳远、800米	连续两天内

表11-4 少年乙组全能项目

组别	项目	比赛顺序	比赛时间
少乙男子	四项全能	第一天：110米栏、跳高 第二天：标枪、1 500米	连续两天内
少乙女子	四项全能	第一天：100米栏、跳高 第二天：标枪、1 500米	连续两天内

注：少年全能项目是我国根据具体情况而设。

(二) 专门评分表

评分表是全能运动计算比赛成绩的依据，是综合评定运动员全能水平的有效方法，对促进全能运动发展具有前瞻性的引导意义。随着全能运动内容的演变和水平的提高，国际田联曾对男女全能评分表做了多次修订。这一事实说明全能运动一直在不断地演变中向更高、更强、更全面的方向发展。从目前查分表的分值分布和演变情况分析，分值具有向跑、跳、跨项目倾斜的趋势。

(三) 特殊的比赛规则

在全能比赛时，除在编排原则、分组原则上与单项比赛不同外，在规则上也有不同。除采用各有关单项的规则外，尚有下列特殊规定：

1. 检录

（1）全能项目每天第一项的检录由赛前控制中心进行，后续项目由全能裁判员自行检录。

（2）全能径赛项目只有一个赛次。

2. 起跑

在全能比赛中，如果一名运动员两次起跑犯规将被取消该项目的参赛资格。

3. 高度

在比赛高度的项目中，全能比赛的升高计划自始至终不变，跳高为3厘米，撑竿跳高为10厘米。

4. 时限

全能比赛的跳高限时为2分钟，撑竿跳高限时为3分钟。

5. 远度

全能比赛每人只有3次试跳（试掷）机会。

6. 名次和成绩相等

全能是以各单项得分之和排定名次，总积分最多者获胜。如果总分相等，则以得分较高的单项数量多者为优胜。如仍然成绩相等，则以任何一个单项得分最高者为优胜。如成绩再次相等，则以第二得分高的单项分数较高者名次列前，并依此类推。此方法适用于全能比赛中任何名次的成绩相等情况。

7. 总分和名次计算方法

运动员必须按规定的顺序和时间参加全部项目的比赛，方可计算其总分和名次。如有任何一个单项弃权，则不得计算总分和名次。

8. 风速

凡需计风速的单项成绩，每秒平均风速在4米以下者，其全能运动的纪录可予承认。如果每秒平均风速超过4米，仍可按其总分计全能的名次，但不能作为正式全能纪录。

9. 计时方式

全能运动中的径赛项目采用电动计时或人工计时均可，但不得混合使用，应分别设置纪录。

二、全能运动教学训练特点

全能运动是一个综合性的独立项目,它必须有一整套完整而独立的训练体系,把它所包括的各个单项有机地联系在一起。在训练中充分利用各项技术和素质之间的共同属性,注意限制和缩小技术与素质之间互相制约和对抗的不利因素。跑的技术训练可以发展速度和速度耐力,同时又关系到对全能运动技术的掌握,应作为重点贯彻始终。在力量训练时,既要重视相对力量的训练,也要重视绝对力量的训练。人们长期认为耐力训练与力量训练之间存在着难以统一的矛盾。但从20世纪70年代以来,由于重视了呼吸和心血管系统的训练,采用各种段落跑、越野跑和变速跑等训练手段,使男女全能选手的800米和1 500米跑成绩大幅度提高,成为全能运动成绩突飞猛进的重要因素之一。全能运动的训练比其他单项训练更重视全年和多年训练的系统性。同单项相比,技术训练的比重也要大得多。由于单纯的技术训练不能满足素质的需要,因此身体素质的训练,特别是力量和协调性的训练必须与技术训练紧密结合。大量的专门练习、模仿练习、负重或不负重的练习交错进行,对掌握技术和提高训练质量都是十分有效的。

全能比赛具有运动量大、时间长的特点。据统计,一次十项全能比赛的能量消耗相当于一次马拉松比赛能量消耗的2.5~3倍。因此,除了平时要重视专门能力的训练外,还要注意训练期的营养和比赛时的能量补充。

思考题

1. 竞走和普通走技术有何异同?
2. 试述"上挑式"和"下压式"传接棒技术的动作要领及两种传接棒方法的利弊。
3. 试述4×100米接力跑各棒次运动员的安排原则。
4. 试述中长跑中"极点"产生的原因和克服方法。
5. 3 000米障碍跑的跨越障碍架的方法有哪两种,技术如何?
6. 马拉松跑有哪些注意事项?
7. 简述三级跳远技术的教学重点与难点。
8. 试述撑竿跳高的技术结构和技术特点。
9. 简述掷链球技术的教学步骤。
10. 简述掷铁饼技术教学中常见错误动作及其产生原因和纠正方法。

参 考 文 献

[1] 全国体育院校教材委员会. 田径运动教程 [M]. 北京：人民体育出版社，1999.

[2] 文超. 田径运动高级教程 [M]. 北京：人民体育出版社，1994.

[3] 全国体育院校教材委员会. 田径 [M]. 北京：人民体育出版社，1991.

[4] 体育院、系教材委员会《田径》编写组. 田径 [M]. 北京：人民体育出版社，1978.

[5] 文超. 田径热点论 [M]. 北京：人民体育出版社，1996.

[6] 李秉德. 教学论 [M]. 北京：人民教育出版社，1997.

[7] 季浏. 体育与健康课程与教学论 [M]. 杭州：浙江教育出版社，2003.

[8] 广州体育学院粤港台学校体育发展战略课题组. 九七前后四地区学校体育：粤港澳台学校体育现状比较与发展对策的研究 [M]. 北京：人民体育出版社，1997.

[9] 邢文华，李晋裕，马志德，等. 体育测量与评价 [M]. 北京：北京体育学院出版社，1985.

[10] 西安体院科研处情报资料室. 田径教学参考书 [M]. 西安：西安体院体育科技服务中心，1984.

[11] 吴志超，刘绍曾，曲宗湖等. 现代教学论与体育教学 [M]. 北京：人民体育出版社，1993.

[12] 体育院、系教材编审委员会《运动生理学》编写组. 运动生理学 [M]. 北京：人民体育出版社，1983.

[13] 樊临虎. 体育教学论 [M]. 北京：人民体育出版社，2002.

[14] 周登嵩. 学校体育学 [M]. 北京：人民体育出版社，2004.

[15] 姚蕾. 体育教学论学程 [M]. 北京：北京体育大学出版社，2005.

[16] 范晓玲. 教学评价论 [M]. 长沙：湖南教育出版社，1999.

[17] 侯光文. 教育评价概论 [M]. 石家庄：河北教育出版社，1996.

[18] 中国田径协会. 田径竞赛规则（2014—2015）[M]. 北京：人民体育出版社，2014.

[19] 王倩. 田径竞赛裁判手册 [M]. 北京：人民体育出版社，1999.

[20] 李相如，王港. 田径裁判新视角 [M]. 北京：人民体育出版社，2004.

[21] 张思温，沈纯德. 中国田径裁判五十年 [M]. 北京：北京体育大学出版社，2001.

[22] 李老民. 田径竞赛裁判工作手册 [M]. 北京：北京体育大学出版社，2005.

[23] 李东河. 田径裁判员晋级考试指南 [M]. 北京：人民体育出版社，2002.
[24] 李老民. 田径运动科学探蹊 [M]. 北京：北京体育大学出版社，2003.
[25] 美国田径运动协会. 美国田径训练指南 [M]. 刘江南，等编译. 北京：人民体育出版社，2002.
[26] 王保成，王川. 田径运动理论创新探索 [M]. 北京：北京体育大学出版社，2003.
[27] 张贵敏. 田径运动教程 [M]. 北京：人民体育出版社，2005.
[28] 全国体育学院教材编写委员会. 田径：上册 [M]. 北京：人民体育出版社，1989.
[29] 全国体育学院教材编写委员会. 田径：下册 [M]. 北京：人民体育出版社，1989.
[30] 袁作生. 竞体教学训练大纲 [M]. 北京：北京体育大学出版社，2004.
[31] 吕乙林. 田径身体训练手段与运用1 500例 [M]. 北京：人民体育出版社，1991.
[32] 李杰晨. 中长跑 [M]. 北京：人民体育出版社，1997.
[33] 谭志刚. 现代中长跑运动 [M]. 长沙：湖南大学出版社，2005.
[34] KOMI P V. Stretch-shortening cycle: a powerful model to study normal and fatigued muscle [J]. Journal of biomechanics, 2000, 33 (10): 1 197 – 1 206.
[35] 马明彩，熊西北. 田径运动技术教学理论与方法 [M]. 北京：北京体育大学出版社，1999.
[36] 袁作生，南仲喜. 现代田径运动科学训练法 [M]. 北京：人民体育出版社，1997.
[37] 刘建国，等. 田径运动 [M]. 北京：高等教育出版社，2002.
[38] 阪本孝男. 跳高 [M]. 李鸿江，等译审. 北京：人民体育出版社，2001.
[39] 李鸿江. 田径 [M]. 3版. 北京：高等教育出版社，2014.
[40] 席凯强，李鸿江. 田径技术教学程序与设计 [M]. 北京：北京航空航天大学出版社，2011.
[41] 拉尔夫. 掷链球的生物力学 [J]. 田径，1993 (3): 33 – 35.
[42] 张英波. 旋转推铅球技术特点及其与背向滑步推铅球技术生物力学参数对照 [J]. 田径，1994 (4): 20 – 24.
[43] 王倩. 标枪飞行轨迹的计算机仿真及实际应用 [J]. 体育科学，2001 (1): 76 – 81.
[44] 张英波. 掷铁饼：现代投掷技术与训练 [M]. 北京：北京体育大学出版社，2003.
[45] 熊西北，等. 田径基础教程 [M]. 北京：北京体育大学出版社，1997.
[46] 中国田径协会. 中国田径教学训练大纲 [M]. 成都：成都科技大学出版社，1999.